Auf Schatzsuche

12 Expeditionen ins Innere des Christentums

Andreas Ebert

AUF
SCHATZSUCHE

12 Expeditionen ins
Innere des Christentums

Claudius Verlag München

*Der Basisgemeinde „Teestube Würzburg", in der
ich entdeckt habe, wie lebendig Kirche sein kann*

*Der Basisgemeinde „Lorenzer Laden Nürnberg",
mit der ich erlebt habe, wie „aus dem Nichts"
Kirche entstehen kann.*

CIP-Titelaufnahme der Deutschen Bibliothek

Ebert, Andreas:
Auf Schatzsuche: 12 Expeditionen ins Innere des Christentums /
Andreas Ebert. – München: Claudius Verlag, 1990
ISBN 3-532-62093-6

© Claudius Verlag München 1990
Alle Rechte, auch die des auszugsweisen
Nachdrucks, der photomechanischen
Wiedergabe und der Übersetzung, vorbehalten.
Umschlaggestaltung: Werner Richter
Satz: Utesch Satztechnik GmbH, Hamburg
Druck: Schoder Druck, Gersthofen
ISBN 3-532-62093-6

INHALT

Sammelt euch keine Schätze hier auf der Erde,
wo Motten und Würmer sie zerstören, wo Diebe
einbrechen und stehlen. Sammelt euch vielmehr
Schätze im Himmel, wo weder Motte noch
Wurm sie zerstören und keine Diebe einbrechen
und sie stehlen. Denn wo dein Schatz ist, da ist
auch dein Herz. (Jesus, Matthäus 6,19-12)

Wie man das Himmelreich gewinnt? In einem
Acker war ein Schatz versteckt. Eines Tages
findet ein Mensch diesen Schatz, gräbt ihn aus
und versteckt ihn. Dann verkauft er seinen
ganzen Besitz und kauft den Acker.
(Jesus, Matthäus 13,44)

Diesen Schatz tragen wir in zerbrechlichen
Tongefäßen. So wird deutlich, daß das Übermaß
an Kraft von Gott stammt und nicht von uns.
(Paulus, 2. Korinther 3,7)

Gott sagte: „Ich bin ein Schatz, den niemand
kannte, und wollte bekannt werden. Da schuf ich
den Menschen." (Mohammed)

VORWORT

Einladung zum Abenteuer

Dieses Buch ist eine Einladung. Ich möchte mit dir, liebe Leserin, lieber Leser, aufbrechen zu einer Reise in ein Land, das viele zu kennen meinen und das doch weithin unbekannt ist. Ich möchte mich mit dir auf den Weg machen ins *Innere des Christentums* und bin überzeugt, daß auf dieser Abenteuerreise Schätze zu finden und zu heben sind.

Abenteuerreisen sind „in". Viele Menschen wollen der Langeweile ihrer Wohlstandswelt wenigstens im Urlaub entfliehen und elementare, unberührte Landschaften erleben und sich den noch nicht gebändigten Urkräften der Natur stellen. Sie sind bereit, dabei Risiken einzugehen oder sich sogar in Lebensgefahr zu begeben.

In den letzten Jahren haben viele Menschen entdeckt, daß Abenteuer nicht nur bei Reisen ins Ausland stattfinden. Auch unser Inland ist ein faszinierendes und weithin unbekanntes Reich. Manche geben viel Geld aus, um ihre eigene Seelenlandschaft zu erforschen, sei es im Rahmen einer Therapie oder auf Seminaren und Workshops, die im Umfeld der New-Age-Bewegung angeboten werden. Auch religiöse („spirituelle") Erfahrungen, die noch vor wenigen Jahren bei uns eher verpönt waren, sind wieder gefragt.

Aber Christentum? Oder gar Kirche? Ein bekannter New-Age-Autor sagte kürzlich sinngemäß zu mir: „Bisher habe ich gegenüber der Kirche dieselbe Einstellung gehabt wie jeder einigermaßen gebildete Mitteleuropäer. Ich habe sie vor allem für eine Verdummungsanstalt gehalten, mit der man sich nicht weiter befassen muß." Ein hartes Urteil. Aber hat er nicht recht? Kirche, sind das nicht langweilige Gottesdienste und weltfremde Predigten für konservative ältere Damen? Ist das nicht verklemmte Moral, Enge und Sexualfeindlichkeit? Eine reiche und gesellschaftlich angepaßte Institution, die mehr oder weniger wie eine staatliche Bürokratie funktioniert? Ein Dienstleistungsbetrieb zur Ausschmückung von Familienfesten? Christentum, ist das nicht eine jahrhundertelange Unheilsgeschichte von Kreuzzügen, Inquisition und Intoleranz? Das neuerwachte religiöse Interesse siedelt sich – jedenfalls bei uns in Westdeutschland und in anderen westlichen Ländern – weitgehend außerhalb der verfaßten Kirchen an.

Kirche kann aber auch ganz anders aussehen. In den jungen Kirchen der Dritten Welt scheint einiges „abzugehen". In der evangelischen Kirche der DDR haben verzweifelte und mundtot gemachte Bürgerinnen und Bürger vor der Öffnung im Herbst 89 einen Freiraum gefunden, wo sie sich artikulieren konnten. Auch Atheisten hatten Vertrauen zu dieser Kirche, die offiziell ein Randphänomen war und vom Staat mißtrauisch beobachtet wurde.

Ich schreibe dieses Buch, weil ich überzeugt bin, daß das Christentum trotz aller Vorwürfe, die man ihm zu Recht machen kann, nicht auf den Schrottplatz der Geschichte gehört, sondern Zukunft hat. Die ursprüngliche Botschaft von Jesus Christus ist oft verfälscht und mißbraucht worden und das „real existierende Christentum" hat viel von seiner ursprünglichen Leuchtkraft eingebüßt. Wahrscheinlich muß man viel Schutt wegräumen, um den kostbaren Schatz zu finden, von dem Jesus redet. Es ist aber nicht nur der Schutt der Kirchengeschichte, der im Weg steht. Es sind auch unser eigener Seelenmüll, unsere eigene Biographie, unsere Erfahrungen, die uns oft müde und skeptisch, vielleicht sogar zynisch gemacht haben. Ich glaube, daß die Mühe sich lohnt. Den Schatz gibt es wirklich und er läßt sich finden! Unsere Abenteuerreise führt nach außen _und_ nach innen. Es geht um die Welt und ihre Geschichte, es geht um unsere eigene Seele. Es geht ums Ganze. Auf dieser Reise wird uns immer wieder _Gott_ begegnen. Der Schöpfer der Welt und meine eigene Lebensgeschichte haben etwas miteinander zu tun.

Das Beste wäre, du könntest für eine Weile alles vergessen, was du schon über Gott, Glaube und Christentum weißt. Dann wäre nämlich eine Art Erstbegegnung möglich und dann kämst du vielleicht ins Staunen. Aus ersten Annäherungsversuchen könnte womöglich eine Liebesgeschichte werden. Es könnte sein, daß du dich in diesen Gott verliebst – oder daß du entdeckst, daß er in dich verliebt ist. Wer weiß?

Es gibt Leute, die gehen gerne _allein_ auf Abenteuerreisen. Andere machen so etwas lieber _in Begleitung_. Deswegen ist dieses Buch so angelegt, daß man es alleine durcharbeiten kann _oder_ zusammen mit anderen. Dieses Buch ist aus Seminaren entstanden, die ich – jeweils mit einem anderen Team – achtmal in Nürnberg (Lorenzer Laden) und einmal in Würzburg (Teestube) gehalten habe. Diese Glaubensseminare waren so aufgebaut, daß sich eine größere Gruppe von 20–35 Interessierten zehn Wochen lang einmal wöchentlich traf. Jeder Seminarabend bestand aus einem Vortrag, der anschließend in gleichbleibenden Kleingruppen diskutiert und verarbeitet wurde. Das Buch könnte die Grundlage solch eines Glaubenskurses – zum

Beispiel in einer Kirchengemeinde – sein. Interessierte Leser und Leserinnen könnten aber auch von sich aus Mitmenschen ansprechen, um mit ihnen über das zu reden, was hier angeschnitten wird. Auf jeden Fall handelt es sich um ein *Arbeitsbuch*. Vor den zwölf Kapiteln finden sich jeweils Anregungen und Übungen, die helfen können, sich erst einmal persönlich mit dem folgenden Thema zu beschäftigen, bevor meine Ausführungen beginnen. Wer diese Übungen durcharbeitet, lernt „nebenbei" viele wichtige und zum Teil wenig bekannte Abschnitte der Bibel (neu) kennen. Ich habe diese Bibeltexte für dieses Buch neu ins Deutsche übertragen, empfehle aber, eine vollständige Bibel mitzubenutzen. Es ist auch sinnvoll, beim Lesen ein Notizheft und einen Stift zur Hand zu haben, um sich eigene Gedanken aufzuschreiben. Am Ende jedes Kapitels gebe ich Impulse für Gesprächsgruppen und – für Leseratten – Hinweise auf weiterführende Literatur zum jeweiligen Thema. (Hier haben wir versucht, die jeweils preisgünstigste Ausgabe zu nennen.)

Glauben kann man nicht erlernen wie die Gesetze der Algebra oder wie eine Fremdsprache. Glaube betrifft den ganzen Menschen mit Hirn, Herz und Bauch. Wenn Gott die Welt geschaffen hat, dann hat alles in der Welt mit Gott zu tun. Deswegen geht es in diesem Buch nicht nur um *Information*, sondern auch um Angebote, wie man das Christsein *einüben* kann. Manches, wenn nicht das meiste, versteht man erst, wenn man nicht nur darüber nachdenkt, sondern es ausprobiert. Auch dazu werde ich hie und da Anregungen geben.

Ich bin keiner, der es schon geschafft hat, und keiner, der schon alles weiß. Ich gehöre zu denen, die weitersuchen. Menschen, die auch auf der Suche sind, fühle ich mich verbundener – auch wenn sie sich nicht als Christinnen oder Christen bezeichnen – als solchen (auch Christen), die meinen, schon alles gefunden zu haben. Ich selbst finde mich gut in einem Satz des Paulus wieder: *„Nicht, daß ich's schon geschafft hätte oder schon am Ziel bin. Aber ich strecke mich danach aus, um es zu ergreifen, weil ich von Jesus Christus ergriffen bin"* (Philipper 3,12).

Ich bin lutherischer Pfarrer, habe aber Christinnen und Christen aus anderen Konfessionen ebensoviel zu verdanken wie meinem eigenen „Erbe". Ehrliche Zweifler und Menschen, die nicht glauben können, sind mir näher, als sie vielleicht vermuten. Unglaube, Zweifel und Gottferne bleiben einem Menschen zeitlebens „treu", der sich bemüht, Christ zu sein.

Den vielen Freundinnen und Freunden, die in den wechselnden Glaubenskurs-Teams mitgearbeitet haben, sage ich hier meinen Dank. Sie haben mit ihrer Kritik und ihrer Zustimmung dieses Buch erst möglich gemacht. *Tilman Haberer* und *Arthur Stenglein* haben das fertige Manuskript gelesen und mir wichtige Anregungen gegeben.

Herzlich danken möchte ich an dieser Stelle auch *Herrn Eberhard Beck* und seinen Mitarbeiterinnen im Claudius Verlag, die dieses Buch mit viel Liebe und Engagement betreut haben.

So bleibt mir nur noch, dir, liebe Leserin, dir, lieber Leser (bitte erlaube mir als Reisebegleiter diese vertrauliche Anrede!), Spaß, Freude, Aha-Erlebnisse und kostbare Neuentdeckungen zu wünschen, wenn wir uns jetzt gemeinsam auf die Schatzsuche machen.

Dein Weggefährte Andreas Ebert

1. KAPITEL

Der Himmel auf Erden

Anregungen und Übungen

1. Schreib Dir selber einen Brief! Versuche in diesem Brief, eine Momentaufnahme deines gegenwärtigen Lebens zu machen. Du kannst dich dabei von folgenden Fragen leiten lassen:

- Wie geht es mir persönlich (seelisch, gesundheitlich)?
- Welche Beziehungen sind für mich wichtig?
- Mit welchen Menschen habe ich Schwierigkeiten?
- Wie sieht meine berufliche Situation aus?
- Welche Ziele möchte ich in meinem Leben erreichen?
- Wovon träume ich?
- Wenn ich wie im Märchen drei Wünsche frei hätte – was würde ich mir wünschen?
- Welche Einstellung habe ich zu Gott, zur Kirche?
- Worüber freue ich mich zur Zeit am meisten?
- Gibt es Dinge in meinem Leben, die ich gerne verändern würde?
- Wie fühle ich mich in meiner Rolle als Frau/Mann?
- Wie beurteile ich die Situation in der Gesellschaft, in der ich lebe und die Situation der Welt?
- Welche politischen Fragen beschäftigen mich oder machen mir Sorgen?
- Warum befasse ich mich mit dem christlichen Glauben?
- Was erwarte ich von diesem Buch?
- Welche Fragen und Zweifel habe ich, auf die ich mir eine Antwort erhoffe?
- Welche Sorgen, Ängste und Befürchtungen bewegen mich im Blick auf die Zukunft?
- Gibt es Dinge, die ich gern noch einmal erleben würde?
- Gibt es Dinge in meinem Leben, die ich nicht noch einmal machen würde?

Nimm dir Zeit für diesen Brief. Adressiere ihn an dich selbst, klebe ihn zu und bewahre ihn auf. Am Ende unserer „Reise" werde ich dich bitten, ihn wieder zu öffnen und noch einmal zu lesen.

2. Schließe die Augen und stelle dir vor, du bist im „Himmel". Wie sieht es dort aus? Wem begegnest du? Wie sind die Himmelsbewohner gekleidet? Wie sieht Gott aus? Welche „Rolle" spielst du selbst im Himmel? Was würdest du im Himmel am liebsten tun?
3. Im Alten Testament gibt es ein Buch, das in einigen Bibeln „Prediger Salomo" heißt, in anderen Bibeln „Kohelet" (das ist das hebräische Wort für „Prediger"). Dieses Buch stammt zwar nicht von König Salomo selbst, der für seine Weisheit berühmt war; der Autor des Buches, das etwa 300 Jahre vor Christus entstanden ist, legt aber seine Einsichten dem berühmten König in den Mund.
Das Buch „Prediger" ist das pessimistischste Buch der Bibel. Alles wird in Frage gestellt, was Menschen sich ausdenken, um ihr Leben sinnvoll zu gestalten. Die Welt und Gottes Wirken sind für den Autor undurchschaubar. Es lohnt sich, das ganze Buch (etwa zehn Bibelseiten) ganz durchzulesen. Hier sind ein paar Kostproben:

Völlig sinnlos ist alles, völlig sinnlos. Was hat der Mensch von all seinen Mühen, die er sich zeitlebens macht? Generationen kommen und gehen, nur die Erde bleibt, wie sie ist. Die Sonne geht auf und unter, tagaus, tagein, immer dasselbe. Es gibt nichts Neues unter der Sonne. Was einmal passiert ist, passiert immer wieder. „Doch, da ist etwas Neues!", heißt es dann plötzlich. Unsinn! Auch das hat es schon einmal gegeben, lange bevor wir geboren waren.

Ich, der Prediger, war in Jerusalem König über Israel. Ich hatte mir vorgenommen, alles, was geschieht, gründlich zu erforschen. Ich wollte herausfinden, welchen Sinn alles hat, was auf der Welt geschieht. (Das ist ein anstrengendes Geschäft, das Gott den Menschen aufgebürdet hat, als wollte er sie damit ärgern!) So beobachtete ich also alles, was die Menschen auf der Erde tun und treiben, und fand heraus: Alles sinnlos! Alles, als wollte man den Wind einfangen! Was krumm ist, ist nicht gerade zu kriegen, und wo nichts ist, da kann man nichts zählen.

Da dachte ich: „Immerhin bin ich klüger als meine Vorgänger im Amt. Durch Lernen und Erfahrung habe ich doch einen Wissensvorsprung!" Ich dachte über den Wert geistiger Erkenntnis nach und überlegte, was die Klugen den Dummen voraushaben. Aber ich merkte: Auch das Streben nach Wissen ist eine Jagd nach dem Wind. Wer viel weiß, der ärgert sich viel. Wer sein Wissen vermehrt, vermehrt auch seine Qualen.

Also dachte ich: Ich will mich mit Wein anregen – wenn auch in Maßen, so daß der Verstand die Kontrolle behält. Ich wollte einfach herausfinden, ob und wie und wo der Mensch in seiner kurzen Lebenszeit Glück finden kann.

Ich war mächtiger und reicher als alle, die vor mir in Jerusalem Könige waren. Ich konnte alles haben, worauf ich Lust hatte, und ich ließ keinen Genuß aus. Ich hatte es so weit gebracht, daß ich mich tatsächlich glücklich fühlte. Doch als ich nachdachte, was ich nun wirklich erreicht hatte, wurde mir klar: Auch das ist letztlich sinnlos. Man könnte genausogut versuchen, den Wind zu fangen.

Wer am Geld hängt, kann nie genug davon bekommen. Wer noch so ausschweifend lebt – immer fehlt ihm noch was. Wenn einer reich wird, wollen andere bei ihm schmarotzen. Und ein einziges schlechtes Geschäft kann zum Ruin führen. Dazu kommt noch: Das Leichenhemd hat keine Taschen. Nackt, wie wir auf die Welt kommen, müssen wir auch wieder abtreten. Nichts läßt sich mitnehmen. Es ist zum Verzweifeln. Für nichts und wieder nichts hat man geschuftet. Ein Leben lang hat man sich nichts gegönnt, vor lauter Ärger, Sorgen und Krankheit. (Aus Kapitel 1, 2 und 5)

Hättest du gedacht, daß so etwas in der Bibel steht? Ich finde diese skeptischen Beobachtungen erstaunlich zeitgemäß. Wenn dich selbst jemand fragen würde: Was ist für dich der Sinn des Lebens? – was würde dir auf diese Frage einfallen?
4. Jesus von Nazareth sagt über das Glück und den Sinn des Lebens:

Ein Juwelier reist durch die Welt, auf der Suche nach wertvollen Perlen. Da findet er eine, die übertrifft alle Perlen, die er jemals gesehen hat. Er fährt nach Hause, verkauft alles andere und kauft die Perle. (Matthäus 13,45–46)

Ich bin gekommen, damit die Menschen leben können – und in Fülle haben, was sie brauchen. (Johannes 10,10)

Jesus betont, daß er den Menschen ein reiches, erfülltes Leben schenken will. Wie meint er das wohl? Worin besteht wohl die „kostbare Perle" (oder der „Schatz"), von dem im Titel dieses Buches die Rede ist? Hast du schon einmal viel oder alles für etwas oder für jemanden aufgegeben? Würdest du das nochmals machen? Gibt es etwas, wofür du viel – oder gar alles – aufgeben könntest? Oder anders gefragt: Was fehlt dir zum wirklichen Glück? Welchen Ballast würdest du gerne loswerden, abgeben, vergessen oder verlassen? Was brauchst du wirklich? Versuche, deine tiefsten Bedürfnisse in Worte zu fassen und aufzuschreiben, vielleicht so: „Ich brauche..."

Die erste Expedition

Ludwig Thomas Geschichte vom „Münchner im Himmel" ist nicht nur
südlich des „Weißwurstäquators" bekannt:
> Der Münchner Dienstmann Alois Hingerl erledigt einen Auftrag in
> solcher Hast, daß er zu Boden sinkt und stirbt. Die Engel schleppen
> ihn in den Himmel, wo er den Auftrag bekommt, als Engel Aloisius
> von morgens bis abends zu „frohlocken" und „Hosianna zu sin-
> gen". Er interessiert sich freilich mehr dafür, wann es was zu
> trinken gibt. „Sie werden Ihr Manna schon bekommen", läßt ihn
> Petrus „leicht indigniert" wissen. Und so beginnt der arme Aloi-
> sius mit dem Hallelujasingen, erst sanft und getragen, dann aber
> immer wütender: „Hahleluja – Luhja – Luhja sag i – zäfix Hahleluja
> – Luhja!!!" Der Lärm kommt auch dem lieben Gott zu Ohren. Er
> bestellt den Rüpel zu sich. Aber der läßt sich nicht einschüchtern
> und beschwert sich über seine mißliche Lage. Der liebe Gott hat ein
> Einsehen und schickt den Engel Aloisius als Sonderbotschafter
> zurück nach München, wo er der bayerischen Staatsregierung die
> göttlichen Ratschläge überbringen soll. Aloisius lenkt seine
> Schritte auf Erden erst einmal nach alter Gewohnheit ins Hofbräu-
> haus, wo er beim Bier sitzenbleibt. Er fühlt sich „wie im Himmel".
> „Und so wartet die Bayerische Regierung bis heute auf die göttli-
> chen Eingebungen."

Ich mag diese Geschichte. Ludwig Thoma karikiert eine Vorstellung
vom „Himmel", die weit verbreitet war und ist. So ein Himmel ohne
Saft und Kraft – das ist nichts für einen gestandenen Münchner. Ich
glaube, das wäre auch nichts für mich. Da ist das Leben auf der Erde
dann doch attraktiver. Dieser Himmel kann warten. Und doch sieht
der „Himmel", wie ihn sich viele Leute vorstellen, nicht viel anders
aus: ein luftiger göttlicher Hofstaat, wo nicht viel passiert. Da kommen gute Menschen hin, wenn sie tot sind. „Lieber Gott, mach mich
fromm, daß ich in den Himmel komm" – so hast auch du vielleicht als
Kind gebetet. Selbst im alten Karnevalsschlager tönt diese Vorstellung noch an: „Wir kommen alle, alle, alle in den Himmel, weil wir so
brav sind...".
Hier ist eine ganz andere Himmelsgeschichte. Mein Freund und
Kollege *Tilmann Haberer* hat sie sich ausgedacht:
> Ich stell' mir vor, ich bin gestorben, und ich stehe vor der Tür des
> Himmels. Die ist, so nehme ich an, eine ganz normale Tür an einem
> ganz normalen Haus. Aber ich weiß, hinter der Tür wohnt Gott. Ich
> habe ein ganz schön mulmiges Gefühl im Bauch, schließlich habe
> ich ja Gott noch nie von Angesicht zu Angesicht gegenübergestan-
> den. Trotzdem fasse ich mir ein Herz und drücke auf die Klinke.
> Ich brauche nicht lange zu warten, da geht die Tür auf. Ich bin als

erstes sehr überrascht, denn Gott sieht anders aus als ich erwartet habe. Er ist noch recht jung, noch keine 30, er ist ganz normal gekleidet, nicht anders als ich. Als er mich sieht, strahlt er mich an und sagt: „Mensch, Tilmann, schön, daß du da bist! Komm rein!" In dem selben Moment, in dem ich Gott sehe, ist mein mulmiges Gefühl fort. Gott sieht sehr sympathisch aus, und ich merke sofort, daß er mich mag.

Ich folge ihm in die Wohnung. Sie ist ziemlich einfach eingerichtet, aber sehr gemütlich. Sofort fühle ich mich wohl. Ich fühle mich zu Hause. Hier gehöre ich hin. Gott bietet mir einen Platz an, dann stellt er zwei Weingläser auf den Tisch und macht einen guten Frankenwein auf *(Anmerkung: Tilmann Haberer ist kein Münchner wie der Dienstmann Aloisius, sondern Franke!)*. Meine ursprüngliche Spannung und Nervosität ist wie weggeblasen, und dann fangen wir an zu reden.

Wir reden über mein ganzes Leben, über die guten und schönen Erfahrungen, die ich gemacht habe, aber auch über das, was nicht gut war, wo ich etwas falsch gemacht habe, wo mich andere falsch behandelt haben, wo ich gelitten habe und anderen Leid zugefügt habe. Aber aus der Art und Weise, wie Gott mit mir darüber redet, merke ich: Das alles steht nicht zwischen uns, es trennt mich nicht mehr von Gott; ja, ich erkenne, was für ein miserables Leben ich teilweise geführt habe. Aber ich weiß: Gott trägt mir das nicht nach. Gott nimmt mich einfach so, wie ich bin. Diese Erkenntnis tut gut, sie tut aber auch sehr weh. Gott hat mich einfach gern mit all dem, was ich verbockt habe, und das tut wirklich weh.

Ja, und dann sagt Gott zu mir: „So, jetzt gehen wir zu den anderen." Und er steht auf und öffnet eine Tür. Da steht eine große Festtafel, und da sitzen alle, die mir in meinem Leben lieb waren: meine Eltern, meine Freunde, meine Frau – und auch die, die mir nicht lieb waren. Aber ich spüre: Auch von denen trennt mich nichts mehr. Noch einmal reißt mich ein Schmerz fast in Stücke. Ich sehe die Menschen, mit denen ich zusammen war. Und mir wird klar, wieviel Dummheit und Gemeinheit und Bosheit zwischen uns lag. Aber der Schmerz vergeht, und wir können uns in die Augen sehen. Und dann beginnt das Fest. Und das ist der Himmel.

Wie wirkt diese Geschichte auf dich? Ich kann mir vorstellen, daß die eine oder der andere sagt: So menschlich kann man doch nicht von Gott reden! Wir haben uns angewöhnt – und die Kirche hat ihren Teil dazu beigetragen – uns Gott sehr fern, sehr unwirklich und sehr abstrakt vorzustellen. Wenn wir die Bibel aufschlagen, dann können wir aber entdecken: sie redet sehr menschlich von Gott. Ich komme im zweiten Kapitel noch darauf zurück. Alles, was Tilmann Haberer über den Himmel sagt, stammt direkt aus der Bibel: Jesus hat den Himmel immer wieder mit einem großen Festgelage verglichen. Und er hat sich darauf gefreut, im Reich Gottes mit seinen Freundinnen und Freunden beim Wein (!) zu sitzen (nachzulesen Matthäus 26, 29).

Und Gott kümmert sich persönlich um jedes Einzelschicksal auf Erden:

Er wird jede Träne abwischen von ihren Augen: Den Tod wird es nicht mehr geben, keine Trauer, keine Klage, keinen Schmerz.
(Offenbarung 21,4)

Aber das ist nur die eine Seite. Wir haben bisher über den „Himmel" geredet, als ginge es dabei ausschließlich um das Leben nach dem Tod. Viele Kritiker der Religion haben hier eingehakt und gesagt: „Religion ist eine Vertröstung auf ein besseres Jenseits. Die Herrschenden benützen sie, um die unterdrückten Massen besser gängeln zu können. Zu den Armen sagt man: Die Erde ist zwar ein Jammertal. Aber wenn ihr brav seid und alles geduldig ertragt, dann werdet ihr im Himmel belohnt." Deshalb hat man immer wieder philosophische und religiöse Modelle entwickelt, um den Himmel *diesseitig* zu verstehen und ganz auf Jenseitshoffnungen zu verzichten. *Heinrich Heine*, der große gesellschaftskritische Dichter des frühen 19. Jahrhunderts, der seit 1831 als Journalist in Paris lebte, bringt diese Einstellung in seinem Gedicht „Deutschland, ein Wintermärchen" auf den Punkt. Nach langem Aufenthalt in der Fremde kommt der Dichter nach Deutschland und begegnet dort einem kleinen Harfenmädchen. Sie verkörpert eine naive Volksfrömmigkeit, gegen die er mit beißender Satire aufbegehrt:

Sie sang von Liebe und Liebesgram,
Aufopfrung und Wiederfinden
Dort oben, in jener besseren Welt,
Wo alle Leiden schwinden.

Sie sang vom irdischen Jammertal,
von Freuden, die bald zerronnen,
vom Jenseits, wo die Seele schwelgt
verklärt in ew'gen Wonnen.

Sie sang das alte Entsagungslied,
das Eiapopeia vom Himmel,
womit man einlullt, wenn es greint,
das Volk, den großen Lümmel.

Ich kenne die Weise, ich kenne den Ton,
ich kenn auch die Herren Verfasser;
ich weiß, sie trinken heimlich Wein
und predigen öffentlich Wasser.

Ein neues Lied, ein besseres Lied,
o Freunde, will ich euch dichten!

Wir wollen hier auf Erden schon
das Himmelreich errichten.
Wir wollen auf Erden glücklich sein
und wollen nicht mehr darben;
verschlemmen soll nicht der faule Bauch,
was fleißige Hände erwarben.
Es wächst hienieden Brot genug
für alle Menschenkinder,
auch Rosen und Myrten, Schönheit und Lust,
und Zuckererbsen nicht minder.
Ja, Zuckererbsen für jedermann
sobald die Schoten platzen!
Den Himmel überlassen wir
den Engeln und den Spatzen...

Ludwig Feuerbach, der Philosoph, der den modernen Atheismus begründet hat, und *Karl Marx* haben diese Sichtweise übernommen und weitergeführt. Nicht ganz zu Unrecht! Denn die Kirchen standen damals eindeutig auf der Seite der Reichen und Mächtigen, sie waren innig mit dem Staat verflochten. (Leider kann man nicht behaupten, daß sich das mittlerweile grundlegend geändert hat.) Den Armen bot man Almosen und Jenseitstrost – und es gab damals kaum jemanden, der aus christlicher Verantwortung für eine radikale Veränderung im *Diesseits*, für ein gerechtes Leben *vor dem Tod* gekämpft hätte! Deswegen hat Karl Marx die Religion als „Opium des Volkes" bezeichnet, eine Droge, die den Sinn vernebelt und so die Menschen hindert, hier und jetzt für gerechte Verhältnisse einzutreten. Die Massen der verarmten Industriearbeiter haben diese Botschaft gehört und verstanden. Immer mehr haben sie der Religion den Rücken gekehrt. Bis heute haben es die europäischen Kirchen nicht wirklich geschafft, die Arbeiterschaft zurückzugewinnen.

Anders ist es in den Ländern der „Dritten Welt", vor allem in Lateinamerika. Dort sind in den letzten 20 Jahren Hunderttausende von sogenannten „Basisgemeinden" entstanden. In den Slums der Großstädte tun sich kleine Gruppen von Armen mit Priestern und Ordensschwestern zusammen. Sie lesen zusammen die Bibel. Sie beten und feiern Gottesdienst. Dabei fragen sie immer wieder: Was hat die Bibel mit unserem konkreten Leben zu tun? Steht Gott etwa auf der Seite der Reichen und der Unterdrücker? Diese armen Lateinamerikaner lesen die Bibel mit neuen Augen. Sie entdecken dabei vieles, was die Kirche jahrhundertelang kaum noch bemerkt hat: Jesus ist nicht nur auf die Welt gekommen, um den Menschen zu sagen, wie sie in den Himmel kommen. Sondern Jesus wollte die Welt und das Leben *auf der Erde* verändern. Jesus wollte die Liebe Gottes auf die Erde bringen.

Und er wollte, daß seine Freunde und Freundinnen bereits hier und
jetzt am Aufbau einer neuen, gerechten Welt mitwirken. Die Armen
entdecken ganz neu die Botschaft Jesu vom *Reich Gottes.*
Schwester *Karoline Meyer,* die aus Niederbayern stammt, lebt seit
Jahrzehnten in Santiago de Chile. Als Missionsschwester und Medi-
zinstudentin wohnte sie zunächst in der Sicherheit und Geborgenheit ihres dortigen Ordenshauses. Kommunistische Mitstudierende
warfen ihr vor: „Ihr Christen redet ja immer nur und tut nichts für die
Veränderung der Gesellschaft!" So begann sie, die Elendsviertel zu
besuchen, Nahrung und Medikamente zu den Ärmsten zu bringen.
Aber bald wurde ihr klar, daß das alles nicht glaubwürdig war, solange sie nicht das eigene Leben mit diesen Menschen zu teilen bereit
war. Sie bat ihre Ordensoberen, unmittelbar bei und mit den Armen
leben zu dürfen. Der Orden verwehrte ihr diese Bitte. So verließ sie
mit einigen anderen ihren Konvent und unterstellte diese kleine
Schwesternschaft direkt dem Bischof. Die Frauen bauten sich eine
Hütte in der *Favela* (Armensiedlung) und begannen, ihre dortigen
Nachbarinnen und Nachbarn zu sammeln und sie zu inspirieren, sich
in Basisgemeinden selbst zu organisieren, geschwisterlich miteinander zu leben und die eigene Menschenwürde zu entdecken. Pfingsten
1985, nach einem schweren Erdbeben, berichtete Schwester Karoline
in einem Rundbrief:

Angesichts der kärglichen Hilfe von öffentlicher Seite faßten die
Armen aus verschiedenen Siedlungen den Plan, selbst etwas zu
unternehmen. Da die Schäden in unserem Armenviertel nicht so
schlimm waren, beschlossen unsere Leute, den Menschen der
schwer verwüsteten Nachbarsiedlung zu helfen, obwohl diese eine
an und für sich bessere wirtschaftliche Situation hatten. Ein Lieder-
fest wurde veranstaltet. Für die Eintrittskarte zahlte man Lebensmittel, Geld oder gebrauchte Kleidungsstücke.
Vor drei Wochen wurde unsere Mitarbeiterin Carmen Andrea, die
als Psychologin in den Frauenwerkstätten arbeitete, entführt –
wahrscheinlich vom selben Kommando, das im März einen Mann
der Lehrergewerkschaft und einen Maler ermordet hat. Nach 24
fürchterlichen Stunden bangen Suchens und Betens erhielten wir
die Nachricht, daß man sie freigelassen hat mit der Drohung, man
würde sie umbringen, wenn sie bei uns weiterarbeiten würde.
Wir hoffen, in den nächsten Monaten 200 weitere Frauen in den
Werkstätten aufnehmen zu können. Dann werden es um die 650
Frauen sein, die nicht mehr betteln müssen.
An Pfingsten wird uns unsere Glocke mit dem Namen „Jesus –
aufgehende Sonne" einladen, das Fest des Gottesgeistes zu feiern.
Pfingsten, das bedeutet: Erschütterung, Ermutigung, Bereitschaft,

das Leben zu geben für eine befreiende Botschaft an die Armen, Ausgenützten, Bedrückten und Entmutigten.

Genau ein Jahr später schreibt Schwester Karoline:
Wir in Lateinamerika fragen nicht danach, wie wir dem Leben einen Sinn geben können, sondern wir suchen das Leben selbst. Daraus erwachsen uns große Aufgaben. Denn während man uns mit Füßen tritt, ausbeutet und verfolgt, achten wir das Leben, hüten, schützen und lieben es. Dabei geht es uns immer um mehr Leben – um *Leben in Fülle*, wie Jesus es uns versprochen hat. Deshalb versuchen wir, den Dingen auf den Grund zu gehen – der Theologie, den Wissenschaften, der Technologie, der Politik und den Wirtschaftssystemen. Wir befragen sie nach ihrem Beitrag zum Leben, nach dem Lebensstrom, der immer dort fließt, wo Gottes lebendiger Geist wirkt. So lernen wir, auf großartige Dinge, kühne Pläne und schmeichelnde Träume zu verzichten, wenn sie nicht dahin zielen, der Gemeinschaft der Menschen eine größere Fülle an wirklichem Leben zu bringen. Gleichzeitig spüren wir, daß wir mitverantwortlich sind für die ganze Schöpfung. Wir leben seit Monaten in einem nicht erklärten Kriegszustand mit Bombenanschlägen zu jeder Tages- und Nachtzeit. Wir hören fast täglich von grausamen Razzien – jede Nacht fragen sich meine Nachbarn, ob's uns wohl heute Nacht treffen wird. Dabei tauchen die Bilder der letzten Razzien auf, die wir gemeinsam durchgestanden haben. Später, im Halbtraum, vermischen sie sich dann mit jedem verdächtigen Geräusch von Fahrzeugen und schrecken die Schlafenden auf – welch ein Alptraum über einem armen, unschuldigen Volk. Könnt Ihr da verstehen, wie innig unsere Gemeinde in der Pfingstnacht um Gottes Geist fleht: den Geist des Friedens, der Hoffnung und der Versöhnung, den Geist, dessen Lebensatem uns befreien wird?

Man merkt sofort, daß sich die Menschen in Schwester Karolines Gemeinde nicht auf ein besseres Jenseits vertrösten lassen. Glaube ist für sie die Kraft, ihre Situation auszuhalten und umzugestalten, auch die Kraft, Widerstand zu leisten gegen Ungerechtigkeit und Terror.

Was hat Jesus gemeint, wenn er vom *Reich Gottes* oder vom *Himmelreich* sprach? Lassen wir ihn selbst zu Wort kommen:

Jesus verkündigte die gute Nachricht Gottes und sagte: „Die Zeit ist jetzt da. Das Reich Gottes steht vor der Tür. Ändert eure Einstellung und glaubt an die gute Nachricht!" (Markus 1,14 und 15)

Über die erste Predigt in seiner Heimatstadt erfahren wir:

Jesus kam nach Nazareth, wo er aufgewachsen war. Wie gewöhnlich ging er am Sabbat in die Synagoge. Er stand auf, um aus der Heiligen Schrift vorzulesen. Da reichte man ihm das Buch des Propheten

Jesaja. Er schlug es auf und fand folgende Stelle: „Der Geist des Herrn ruht auf mir; denn der Herr hat mich gesalbt. Er hat mich gesandt, damit ich den Armen eine gute Botschaft bringe: Ich soll den Gefangenen verkündigen, daß sie frei sein sollen und den Blinden, daß sie sehen sollen. Ich soll die Niedergeschlagenen befreien und ein Gnadenjahr des Herrn ausrufen." Dann schloß er das Buch, gab es dem Synagogendiener und setzte sich. Alle Augen waren gespannt auf ihn gerichtet. Da begann er, ihnen die Schrift auszulegen: „Heute hat sich dieses Schriftwort erfüllt, in dem Augenblick, als ihr es gehört habt." (Lukas 4, 16–21)

Es kommt in der Synagoge zum Tumult; Jesus wird für größenwahnsinnig erklärt, man will ihn sogar umbringen. Doch davon später. Im Moment ist mir eines wichtig: Jesus hat in seiner Person den Himmel auf die Erde gebracht. Das war das Neue an seiner Botschaft. Mit Jesus verschwimmen die Grenzen zwischen Himmel und Erde und sogar die Grenzen zwischen Leben und Tod. In seiner Nähe haben die Menschen – und zwar vor allem die Unterdrückten, Getretenen und Zukurzgekommenen – ein Stück unverwüstliches, „ewiges" Leben erlebt. Wo Jesus war, da hat der Himmel die Erde geküßt, da war Gott zum Greifen nah.

Als Jesus von den Pharisäern gefragt wurde, wann denn das Himmelreich kommt, antwortete er: „Das Reich Gottes kommt nicht so, daß man es äußerlich eindeutig feststellen kann. Man kann auch nicht sagen: ,Hier ist es!' oder: ,Da!'. Denn das Reich Gottes ist mitten unter euch!" (Lukas 17, 20 und 21)

Der letzte Satz läßt sich nicht eindeutig übersetzen. Er könnte auch heißen: „Das Reich Gottes ist *in* euch!" Beide Übersetzungen treffen einen wesentlichen Aspekt von dem, was Jesus gemeint hat. Gottes neue Welt, die die Bibel manchmal „Himmel" nennt, ist etwas, was sich unscheinbar und unsichtbar *im Herzen* einzelner Menschen ereignet. Es ist aber zugleich etwas, was sich *zwischen* Menschen ereignet und alle Verhältnisse und Beziehungen verändert. Das Reich Gottes ist also etwas höchst Persönliches und „Intimes" – und zugleich etwas Zwischenmenschliches, Öffentliches und sogar etwas Politisches.

Für die Armen war das eine Botschaft zum Aufatmen. Aber den religiösen und politischen Machthabern erschien sie höchst bedrohlich. Ein ferner Gott, eine Vergeltung im Jenseits, Religion als Garantie für Ruhe und Ordnung – damit läßt sich ganz gut regieren. Aber ein Gott, der auf die Erde kommt, der hier Platz und Herrschaft beansprucht, der sich einmischen will in die irdischen Abläufe – so ein Gott ist gefährlich. Die Mächtigen haben denn auch konsequenterweise versucht, diesen Jesus aus dem Weg zu räumen.

Das Leben vieler sogenannter „Heiligen" führt uns vor Augen, was einzelne Menschen bewirken können, wenn sich Gott in ihr Leben und in ihre Beziehungen einmischt und wenn sie vom „Himmel" ergriffen sind. *Franz von Assisi, Teresa von Avila, Martin Luther King*: sie haben aus den Kräften des Reiches Gottes heraus die Gesellschaft ihrer Zeit verändert. Ihre Hoffnung auf Gott hat Kräfte freigesetzt, die Welt zu gestalten. Als Christinnen und Christen sind sie der Erde treu geblieben und haben Revolutionen der Liebe angezettelt! So konnte Teresa sagen: „Der ganze Weg zum Himmel ist bereits Himmel!" Gerade das Leben der Heiligen zeigt, daß dieser Weg nicht langweilig ist, sondern spannend und abenteuerlich. Gott hat übrigens nichts Geringeres mit mir und mit dir vor, als uns ebenfalls zu „Heiligen" zu machen, zu Menschen, die den Himmel in sich tragen und um sich her ausbreiten.

Gesprächsimpulse

– Austausch über die eigenen Vorstellungen vom „Himmel"
– Austausch darüber, was die einzelnen für die wichtigsten Lebensziele *vor dem Tod* halten
– Gespräch über *Tilmann Haberers* Geschichte vom Himmel
– Was könnten wir von lateinamerikanischen Basisgemeinden lernen?
– Wo begegnet uns in der Alltagssprache, in Redensarten, in der Werbung der Himmel?

Zum Weiterlesen

Ludwig Thoma, Der Münchner im Himmel. München 1986, Serie Piper 684.

Helmut Gollwitzer, Ich frage nach dem Sinn des Lebens. München 1982, Kaisers Traktate. Der bekannte Theologieprofessor geht auf die Sinnfrage und vor allem auch auf die marxistische Religionskritik ein.

Empfehlenswerter Spielfilm
(auch als Video/Filmbuch erhältlich):

Wim Wenders, Der Himmel über Berlin. Ein Engel kommt auf die Erde und verliebt sich in eine Frau.

2. KAPITEL

Der verlorene Vater

Anregungen und Übungen

1. Wie stellst du dir Gott vor? Wenn du gerne zeichnest, dann versuche, dein Gottesbild künstlerisch darzustellen. Du kannst auch ein Gedicht schreiben mit der Überschrift „Gott". Achte dabei auf die Gefühle, die du mit dem Begriff „Gott" verbindest.

2. In der Bibel finden sich viele verschiedene Namen und Bilder für Gott. Ich habe einige herausgegriffen und sie alphabetisch geordnet. Versuche diese Bilder und Namen in eine andere Reihenfolge zu bringen: ganz oben die Bilder, mit denen Du etwas anfangen kannst, ganz unten die, die dir fremd sind oder dich abstoßen. Du kannst diese Liste auch durch weitere Begriffe, Bilder und Namen erweitern, die dir wichtig sind:

Das All – der Allgegenwärtige – der Allmächtige – der Allwissende – der Barmherzige – der Dreifaltige – das Du – der Eine und Einzige – der Erhabene – der Erlöser – der Fels – das Feuer – die Freude – der Freund – der Friede – der ganz andere – der Geliebte – der Gerechte – die Gerechtigkeit – der Gnädige – das Gute – der Gute – die Güte – der Heiland – das Heilige – der Heilige – der Herr – der Hirte – das höchste Prinzip – das höchste Wesen – Jahwe – Jehova – der König – die Kraft – das Lamm – das Leben – das Licht – die Liebe – der Löwe – der Mitleidende – die Mutter – der Namenlose – die Natur – der Ohnmächtige – die Quelle – der Retter – der Richter – das Schicksal – der Schöne – die Schönheit – der Schöpfer – der Schreckliche – der Schweigende – der Seinsgrund – der Unveränderliche – der Ursprung – der Vater – der Verborgene – die Vorsehung – die Wahrheit – die Weisheit – das Ziel.

3. Die folgende Geschichte stammt aus der Frühzeit des Volkes Israel. Jakob, einer der Stammväter des Volkes, hat seinen Bruder Esau um das Erstgeburtsrecht betrogen und muß fliehen. Nach vielen Jahren kehrt er reich und verheiratet nach Hause zurück – in der Hoffnung, daß sein Bruder ihm verzeihen kann. Der Fluß Jabbok ist die Grenze zu seiner Heimat.

In der Nacht stand Jakob auf, nahm seine beiden Frauen, seine beiden Nebenfrauen und seine elf Söhne und überschritt mit ihnen den Jabbok. Er ließ sie den Fluß überqueren, schaffte seinen gesamten

Besitz hinüber und blieb allein zurück. Da trat ihm ein Mann entgegen und rang mit ihm bis zum Morgengrauen. Als der Mann merkte, daß er Jakob nicht bezwingen konnte, schlug er ihm auf das Hüftgelenk, so daß es sich ausrenkte. Dann sagte der Mann: „Laß mich los; denn die Morgenröte bricht schon an!" Aber Jakob erwiderte: „Ich lasse dich erst los, wenn du mich gesegnet hast!" „Wie heißt du?" fragte der andere. „Jakob" antwortete er (das bedeutet: Betrüger). „Du sollst in Zukunft nicht mehr Jakob genannt werden, sondern Israel" (Gotteskämpfer). Da verlangte Jakob: „Dann sag mir auch deinen Namen!" Aber der andere sagte nur: „Was fragst du nach meinem Namen?" Dann segnete er ihn. Jakob nannte den Ort „Pnuel" (Gottesgesicht), „denn", sagte er, „ich habe Gott von Angesicht zu Angesicht gesehen – und ich lebe noch!" Die Sonne ging ihm auf, als Jakob aufbrach; er hinkte aber wegen seiner Hüfte.
(1. Mose/Genesis 32, 23–33)

Versetze dich in Jakob hinein. Welche Gedanken und Gefühle löst diese Geschichte bei dir aus? Wer ist eigentlich der Sieger dieses Kampfes? Warum wohl gibt „der Mann" seinen Namen nicht preis? Kannst du dir denken, weshalb sich das Volk *Israel*, wie sein Name ja sagt, ganz besonders mit dieser Geschichte und mit Jakob identifiziert hat? Hast du in deinem Leben vergleichbare Kämpfe durchgestanden, mit „Gott gerungen"? Wer hat gewonnen?
4. Jesus hat das bekannte Gleichnis vom „verlorenen Sohn" erzählt:

Ein Mann hatte zwei Söhne. Eines Tages kam der jüngere Sohn zum Vater und sagte: „Vater, gib mir mein Erbteil, das mir zusteht!" Da teilte der Vater seinen Besitz auf. Nach wenigen Tagen zog der Jüngere los in ein fremdes Land. Dort lebte er in Saus und Braus und verpraßte sein Vermögen.
Als er alles verbraucht hatte, kam eine große Hungersnot über das Land und er geriet in Not. Da ging er zu einem Bürger des Landes und drängte ihn so lange, bis der ihn zum Schweinehüten aufs Feld schickte. Er hätte am liebsten seinen Hunger mit dem Schweinefutter gestillt; aber niemand gab es ihm. Da ging er in sich und sagte sich: „Wieviele Lohnarbeiter meines Vaters können sich täglich satt essen, während ich hier verhungere! Ich will losziehen zu meinem Vater und sagen: Vater, ich bin schuldig geworden vor Gott und vor dir. Ich bin es nicht mehr wert, dein Sohn zu sein. Aber mach mich doch zu einem deiner Lohnarbeiter!"
So zog er los und ging zu seinem Vater. Der sah ihn schon von weitem kommen und Erbarmen ergriff ihn. Er lief ihm entgegen, fiel ihm um den Hals und küßte ihn. Da sagte der Sohn: „Vater, ich bin schuldig

geworden vor Gott und vor dir; ich bin es nicht mehr wert, dein Sohn zu sein!" Der Vater aber befahl seinen Sklaven: „Schnell, holt das beste Gewand und zieht es ihm an; steckt ihm einen Siegelring an den Finger und zieht ihm Schuhe an. Bringt das Mastkalb und schlachtet es; wir wollen essen und fröhlich feiern! Denn mein Sohn war tot – und jetzt lebt er wieder! Er war verloren – und wurde wiedergefunden!" Und sie fingen an, fröhlich zu feiern.

Sein älterer Sohn war währenddessen auf dem Acker. Als er auf dem Heimweg in die Nähe des Elternhauses kam, hörte er Musik und Tanz. Da rief er einen der Sklaven und fragte: „Was hat das zu bedeuten?" Der Sklave erwiderte: „Dein Bruder ist heimgekommen und dein Vater hat das Mastkalb geschlachtet, weil er ihn gesund wieder hat." Da wurde der Bruder wütend und wollte das Haus nicht betreten.

Sein Vater aber ging hinaus, um ihn zu besänftigen. Doch er antwortete dem Vater: „So viele Jahre schon schufte ich für dich; nie habe ich deinen Willen mißachtet. Aber du hast mir niemals auch nur einen Ziegenbock geschenkt, damit ich auch mal mit meinen Freunden ein Fest feiern kann. Kaum aber kommt der hier daher, dein Sohn, der dein Geld mit Huren verjubelt hat – und schon schlachtest du für ihn das Mastkalb!"

Der Vater entgegnete: „Mein Kind! du bist immer bei mir. Was mein ist, ist dein. Aber jetzt ist doch Grund zur Freude und zum Feiern! Denn dein Bruder war tot – und jetzt lebt er wieder! Er war verloren – und wurde wiedergefunden!" (Lukas 15, 11–32)

Welcher der beiden Brüder ist dir sympathischer? In welchem kannst du dich eher wiederfinden? Der „Vater" in diesem Gleichnis stellt Gott dar. Was fällt dir an diesem Vater besonders auf? Die Geschichte bricht ziemlich abrupt ab. Versuche dir vorzustellen, wie sie weitergeht. Was wird nun aus den beiden Söhnen? Ob sie sich versöhnen? Was könnte der Jüngere dazu beitragen?

Die zweite Expedition

Kinder sind oft große Philosophen, auch wenn sie über Gott nachdenken. Der Pfarrer *Hartmut Preß* hat in seinem Buch „Als Papa noch ein Affe war" viele solcher Vorstellungen, Fragen und Einsichten gesammelt. Hier sind ein paar Kostproben:

Roland (4) setzt sich mit der Allgegenwart Gottes auseinander. Er erklärt das so: „Das große Haus mit dem Turm heißt Kirche, und dort wohnt der liebe Gott, der heißt Jesus, man kann ihn aber nicht

sehen. Dann wohnt dort noch ein lieber Gott, den man aber sehen kann, und der heißt Pfarrer."
Der kleine Bub kommt aus dem Kindergottesdienst heim. Die Oma fragt, worüber gesprochen wurde. Er sagt: „Über den Schöpfer Himmels und der Erde." Die Oma: „Weißt du auch, wer der Schöpfer des Himmels und der Erde ist?" Antwort: „Das ist der, mit dem die Mama die Klöße aus dem Topf holt."
Roland (5½ Jahre) hat sein Abendgebet gesprochen und schließt wie gewohnt: „Im Namen des Vaters und des Sohnes und des Heiligen Geistes." Kurze Pause, dann die Frage: „Warum ist denn immer beim Vater und Sohn das Gespenst?"
Ein Arztkind wüßte zu gern, wo nun der liebe Gott ist: in der Kirche oder im Himmel. Aufmerksam hört es den Erklärungen zu. „Ach so!" ruft es schließlich erfreut: „Jetzt weiß ich's, er wohnt im Himmel, und in der Kirche hat er seine Praxis."
Als Erwachsene amüsieren wir uns vielleicht über solch kindliche Einfalt. Aber wenn wir ehrlich sind: Viel mehr als die Kinder wissen wir auch nicht über Gott. Das zeigt sich schon daran, daß es uns meist sehr schwer fällt, die religiösen Fragen der Kinder einleuchtend und glaubwürdig zu beantworten. Den meisten von uns ist vieles unklar, wenn wir über Gott nachdenken oder reden.
Ich nehme an, daß auch du dieses Buch liest, weil dich die Frage nach Gott beschäftigt. Das kann die einfache Frage sein: Gibt es Gott überhaupt? Oder kompliziertere Fragen wie: Angenommen, Gott existiert – wie sieht Gott dann aus? Wie kann ich Gott erleben? Ist Gott eine Person, ein lebendiges Gegenüber – oder eher eine Art höchstes Prinzip? Ist Gott – wenn er eine Person ist – ein Mann? (Es gibt Frauen und sogar ein paar Männer, die Schwierigkeiten damit haben, daß so viele Gottesbilder „männlich" sind.)
Oder ist Gott vielleicht ein unerbittlicher Wächter und Richter, der uns streng und eifersüchtig beobachtet, um uns irgendwann zu bestrafen oder zur Rechenschaft zu ziehen – also so eine Art Super-Polizist oder Ober-Buchhalter im Himmel? Die Vorstellung, daß über uns „ein Auge wacht", ist nicht nur tröstlich – sie kann auch bedrohlich sein. Früher hat man diese Vorstellung gern als „pädagogisches" Hilfsmittel verwendet, um „heimliche Sünden" zu verhindern. In scherzhafter Abwandlung dieses Brauchs haben wir als Schulkinder auf das Lineal gekritzelt: „Gottes Aug' ist überall, drum klau mir nicht mein Lineal". Der Psychotherapeut *Tilmann Moser* hat in seinem kleinen Buch „Gottesvergiftung" mit dieser Art von religiöser Erziehung abgerechnet, die Menschen krank macht und zu einer Art Haß-Liebe gegenüber Gott führt.
Viele Menschen fühlen sich von dem, was sie „Gott" nennen, einge-

engt. Gott macht ihnen ein schlechtes Gewissen. Mit Spenden hie und
da und mit gelegentlichen Anstandsbesuchen in der Kirche (zum
Beispiel an Weihnachten) wird dieser unklare Schwebezustand not-
dürftig verkleistert. Auf die Dauer ist das nichts. Ich bin überzeugt,
daß die Klärung unserer Gottesbeziehung und unseres Gottesbildes
wichtig ist, damit wir freie und seelisch gesunde Menschen werden
können. Lieber ein aufrechter Atheist (die gibt es nämlich auch sehr
selten) als ein Christ mit halbem Herzen. Christus läßt in der Offenbarung des Johannes keinen Zweifel daran, daß ihm Leugner lieber sind
als Unentschiedene:

> *„Wärt ihr doch entweder kalt oder heiß! Aber weil ihr lau seid, will*
> *ich euch ausspeien aus meinem Mund."* (Offenbarung 3,15)

Mit dem Glauben an Gott ist es wie mit der Ehe: „Ein bißchen
glauben", das wäre wie „ein bißchen verheiratet!"
Die Frage ist also: Wie können wir zu einem klaren, positiven Verhältnis zu Gott kommen, trotz unserer Fragen und Zweifel? Wie können
wir die gemischten Gefühle klären, die wir vielleicht von klein auf mit
uns herumschleppen, wenn es um Gott geht?
Luther hat gefragt: „Wie kriege ich einen gnädigen Gott?" Diese Frage
ist noch immer aktuell. Denn ein Gott, der nicht gnädig ist, ein Gott,
der mir Angst macht, ein Gott, dem ich nicht unbefangen begegnen
kann, dem ich nicht vertrauen kann – ein solcher Gott macht mich
letztlich kaputt. Vor solch einem Gott kann man nur fliehen. Gegen
solch einen Gott muß man – wie *Nietzsche* es versucht hat – rebellieren
oder gar versuchen, ihn totzuschlagen. Lieber kein Gott als ein Gott,
der meine Seele vergiftet, der mich krank macht und am Leben hindert!
Wenn uns unsere Gottesbilder krank machen, dann kann es aber auch
daran liegen, daß sie falsch sind und zurechtgerückt werden müssen.
Der große katholische Theologe *Karl Rahner* hat einmal sinngemäß
gesagt: „Gottseidank gibt es das nicht, was 90 % der Leute für Gott
halten." Wenn unser Bild von Gott krank ist, dann braucht es Heilung.
Zuerst einmal geht es aber um die Frage, ob es Gott überhaupt gibt.
Um es gleich zu sagen: Es gibt keinen schlüssigen Beweis für die
Existenz Gottes. Es gibt allerdings auch keinen Beweis des Gegen-
teils. Trotzdem wurde beides immer wieder versucht. Im Mittelalter
haben große Theologen wie *Thomas von Aquin* und *Anselm von Canter-*
bury versucht, die Existenz Gottes zu beweisen. Die meisten solcher
Argumente liefen nach folgendem Schema ab:
Wir beobachten, daß sich etwas bewegt. Wir wissen aber auch, daß
alles, was bewegt wird, von außen bewegt wird, von einem anderen.

Auch dieses andere wird wiederum von einem anderen bewegt. So könnte man sich eine unendliche Kette von Bewegungen vorstellen. Aber irgendwo muß sie einen Anfang haben. Am Anfang muß es ein Bewegendes geben, das selbst nicht von außen bewegt wird, also eine Art „unbewegten Beweger". „Das ist Gott", meint Thomas von Aquin.

Im 17. Jahrhundert versuchte vor allem *Christian Wolff*, aus der Gesetz- und Zweckmäßigkeit der Natur Gott zu beweisen: Die gesamte Natur wird von Plänen und Gesetzen regiert, die sinnvoll, ja genial sind (man denke nur an den Aufbau eines Atoms, an den menschlichen Körper, an die Gestirne und Galaxien). Muß hinter solch einer genialen Konstruktionen nicht ein geniales „Gehirn", ein genialer Architekt oder Konstrukteur stehen?

Der schwedische Religionsgeschichtler *Nathan Söderblom* hat noch in unserem Jahrhundert den „historischen Gottesbeweis" vertreten: Die Tatsache, daß es in der gesamten Menschheitsgeschichte keine Kultur ohne „Religion" gegeben hat, wurde als Beweis dafür angesehen, daß an der „Sache mit Gott" etwas „dran" sein muß. Der Mensch scheint von Natur aus religiös veranlagt zu sein.

Alle diese „Beweise" sind „nicht ganz ohne". Ich überlasse es dir, liebe Leserin und lieber Leser, herauszufinden, ob sie dir persönlich einleuchten. Nach strengen Kriterien aber sind das *keine* Beweise. Sie werden eine(n) Ungläubige(n) kaum überzeugen. Für gläubige Menschen können sie allerdings eine Art „Bestätigungsfunktion" haben. Wären es wirkliche Beweise, müßte man ja am Verstand aller Atheisten zweifeln. Aber – wie wir wissen – gibt es sehr intelligente Menschen, die *nicht* an Gott glauben – genauso wie es intelligente *und* dumme Gläubige gibt!

Ich möchte noch einmal das dritte Argument für Gott aufgreifen, die Tatsache, daß es immer und überall „Religion" gegeben hat. Menschen aller Zeiten und Kulturen haben religiöse Fragen gestellt, Fragen nach der Transzendenz, also nach dem, was über die Welt und das Leben hinausgeht. Die ältesten Religionen gingen davon aus, daß die gesamte Natur beseelt und göttlich ist („Animismus"). Außerdem glaubte man vielerorts an den Einfluß der Toten auf die Lebenden („Spiritismus"). Schließlich entwickelten sich die Religionen, die verschiedenen Lebensbereichen unterschiedliche Götter zuordneten („Polytheismus"). Diese Götter waren in der Regel genaue Spiegelbilder menschlicher Launen und Leidenschaften; man denke nur an die griechischen und germanischen Göttersagen.

Als einzige Religion neben vielen polytheistischen Religionen entwickelte das Volk Israel vor etwa drei- bis viertausend Jahren nach

und nach einen immer strengeren „Monotheismus" (Glauben an nur
einen Gott). Zunächst ging es darum, daß bei den Juden nur Israels
Gott Jahwe *verehrt* werden durfte; schließlich bestritt man die Existenz anderer Götter überhaupt.

Dieser jüdische Stammesgott *Jahwe* unterschied sich in vielem von
allen anderen bekannten Göttern. Die Göttinnen und Götter der
Nachbarstaaten waren Natur- und Fruchtbarkeitsgötter. Sie waren
für Werden und Vergehen zuständig. Ihre Kulte hatten oft sexualma-
gische Züge (Kultprostitution). Dagegen war Jahwe kein Gott der
Natur, sondern ein Gott der *Geschichte*. Einer Gruppe von erniedrig-
ten und staatenlosen Fremdlingen („Hebräern"), die um 1300 vor
Christus beim Bau der ägyptischen Pyramiden zu Sklavenarbeit her-
angezogen wurden, begegnete dieser so „ganz andere" Gott als Be-
freier. Ein Mann namens *Mose*, der einen ägyptischen Sklaventreiber
erschlagen hatte und danach in die Sinai-Wüste geflüchtet war, trat
eines Tages im Namen Jahwes vor den ägyptischen Pharao und forderte die Freilassung der Hebräer. Unter der Führung des Mose verließ diese Gruppe das Land der Unterdrückung und siedelte sich
wenig später in Palästina an. Aus dieser Gruppe entstand später, als
sie sich mit anderen Stämmen zusammenschloß, das Volk Israel.

Im 2. Buch Mose (Exodus) ist aufgezeichnet, wie der Totschläger und
politische Asylant Mose von Gott zum Führer des Volkes Israel in die
Freiheit berufen wurde:

*Mose hütete die Schafe seines Schwiegervaters Jetros und kam mit
der Herde an den Gottesberg Horeb (Sinai). Da erschien ihm der Bote
Jahwes in einer Feuerflamme aus einem Dornbusch. Mose bemerkte,
daß der Busch brannte und doch nicht vom Feuer verzehrt wurde. Da
sprach er: „Ich will hingehen und diese merkwürdige Erscheinung
betrachten, daß der Busch nicht verbrennt." Als aber Jahwe sah, daß
Mose zum Busch ging, rief Gott ihn aus dem Busch: „Mose! Mose!"
Er antwortete: „Hier bin ich." Gott sprach: „Zieh deine Schuhe aus,
denn du stehst auf heiligem Boden!"*

*Dann sprach er: „Ich bin der Gott deiner Vorfahren: der Gott Abra-
hams, der Gott Isaaks, der Gott Jakobs!" Mose aber verhüllte sein
Gesicht, denn er fürchtete sich davor, Gott anzuschauen.*

*Und Jahwe sprach: „Ich habe das Elend meines Volkes gesehen und
ihr Geschrei über ihre Unterdrücker gehört. Ich habe ihr Leiden
wahrgenommen und bin herabgekommen, um sie aus der Gewalt der
Ägypter zu erretten und sie aus diesem Lande herauszuführen in ein
gutes und weites Land, wo Milch und Honig fließt. Ich will dich zum
Pharao senden, damit du mein Volk, die Israeliten, aus Ägypten*

führst." Mose sprach zu Gott: „Wer bin ich, daß ausgerechnet ich
zum Pharao gehen und die Israeliten aus Ägypten führen soll?" Gott
sprach: „Ich werde mit dir sein!"
Da sprach Mose zu Gott: „Wenn ich zu den Israeliten komme und
behaupte: ‚Der Gott eurer Väter hat mich geschickt!' – dann werden
sie fragen: ‚Wie heißt er?'. Was soll ich dann antworten?" Gott
sprach zu Mose: „Ich werde dasein als der, der da ist! Sage zu den
Israeliten: ‚Ich bin da' hat mich geschickt; Jahwe, der Gott eurer
Väter, der Gott Abrahams, der Gott Isaaks, der Gott Jakobs hat mich
zu euch gesandt..." (2. Mose/Exodus 3,1–15, leicht gekürzt)

Namen hatten in der Antike eine sehr wichtige Bedeutung. Der Name
eines Menschen oder einer Gottheit sagte etwas über sein Wesen aus,
wie wir bereits weiter oben bei der Umbenennung des „Betrügers"
Jakob in „Israel" (Gotteskämpfer) gesehen haben. Den Namen eines
Geistes oder Gottes zu kennen war besonders wichtig. Nur so konnte
man ihn im Kult beschwören oder seine Kraft magisch herbeizitieren
oder bannen. In der Jakobsgeschichte weigerte sich der „Mann", mit
dem Jakob rang, seinen Namen preiszugeben. In der Geschichte vom
brennenden Dornbusch offenbart Gott seinen Namen – und verbirgt
ihn zugleich. Die hebräische Formel *jehijä ascher jehijä* ist vom Verbum *haja* abgeleitet, das soviel wie „geschehen, dasein, sich ereignen,
sich erweisen" bedeutet. „Ich werde mich erweisen" oder „ich werde
dasein" ist eigentlich kein Name, sondern ein Hinweis darauf, daß
dieser Gott anders ist als andere Götter. Er ist nicht manipulierbar
oder verfügbar. Er erweist und offenbart sich, wie und wann er will.
Er ist souverän. Der später gebräuchliche Gottesname *Jahwe,* von dem
man nicht genau weiß, wie er ursprünglich ausgesprochen wurde, ist
wahrscheinlich ebenfalls von dem Verbum *haja* abgeleitet. Dieser
Name ist ein Versprechen: „Ich will bei euch sein!"
Die Geschichte von der Berufung des Mose und vom Auszug der
Israeliten aus der Sklaverei weist auf eine zweite Eigenart dieses
Gottes hin, die ihn von anderen Göttern unterscheidet: Jahwe ist ein
rettender und befreiender Gott. Am Anfang der Volkwerdung Israels
steht eine *Befreiungsgeschichte.* Jahwe ist parteiisch. Er steht nicht auf
der Seite der Unterdrücker, sondern auf der Seite der Unterdrückten.
Selbst als Israel später einen eigenen König hatte, wurde dies nie ganz
vergessen. Der König war niemals Gott in Menschengestalt (wie etwa
die ägyptischen Pharaonen). Auch der König stand als sündhafter
Mensch unter der Herrschaft Jahwes. Die Propheten Gottes blieben
unbequeme Mahner, die auch immer wieder daran erinnerten und
auch nicht davor zurückschreckten, die Staatspolitik direkt anzugrei-

fen, wenn aus ehemaligen Unterdrückten selber Unterdrücker wurden. Deshalb standen auch Witwen und Waisen, Fremdlinge und Ausländer in Israel unter Gottes besonderem Schutz: Jahwe setzte sich immer für das schwächste Glied ein. Das ist Teil seines Wesens. Stammesgeschichten, die bis weit vor die Zeit des Mose und der Befreiung aus Ägypten zurückreichten, wurden in der Königszeit ebenfalls gesammelt. Schon die nomadisierenden Stammväter des Volkes (um 1700 vor Christus) hatten nur *einen* Gott gekannt: Als Gott Abrahams, Isaaks und Jakobs hatte er sie beschützt und ihnen Land und reichen Kindersegen versprochen (wie man sieht: sehr „unreligiöse", irdische Verheißungen!).

Israel hat sich also nie mit einem philosophisch *gedachten* Gott beschäftigt, sondern *Befreiungserfahrungen* gemacht und diesem Gott zugeschrieben. Das *Erleben* kam vor dem *Nachdenken!* Das müssen wir im Auge behalten, um zu verstehen, auf welchem Boden das Christentum steht.

Wir haben bisher versucht, die Frage nach Gott von ganz unterschiedlichen Ausgangspunkten her „einzukreisen": Kinderfragen, Erwachsenenfragen, Religionskritik, Gottesbeweise, die befreienden Erlebnisse des Volkes Israel mit Jahwe. Mehr als ein paar Puzzleteile kann dieses 2. Kapitel zunächst nicht bieten. Ich hoffe, sie wachsen bis zum Ende unseres Buches zu einem deutlicheren Bild zusammen. Zwei weitere Puzzleteile will ich noch bereitlegen: zunächst ein „mystisches" – und dann die Frage nach Gott als „Vater".

Im Mittelalter gab es im Christentum eine religiöse Strömung, die sich „Mystik" nannte. Ähnliche Bewegungen finden sich in allen großen Religionen. Die Mystiker wollten sich Gott – ähnlich wie das Volk Israel – eher durch Erfahrung nähern als durch Denken. Allerdings ging es ihnen nicht um die *geschichtliche* Erfahrung eines ganzen Volkes, sondern um die *innere* Erfahrung der oder des einzelnen. Sie haben dabei viel Weisheit über die Seele des Menschen angesammelt.

Die christlichen Mystiker sprachen von einem *Vakuum* im Menschen, das zugleich *gottförmig* und *menschenförmig* ist. Jeder Mensch, sagen sie, empfindet in seiner Seele eine unendliche Leere, eine Art unausgefülltes Loch, eine unstillbare Sehnsucht nach mehr. Die meisten Menschen versuchen, dieses Loch zu stopfen, indem sie ihr Leben mit allem möglichen anfüllen: Arbeit, Besitz, Kultur, Beziehungen, Genuß, Lust. Aber niemals gelingt es, die innere Leere wirklich zu besiegen. Das Loch ist immer noch größer. Die Leere ist unendlich groß. (Ein Theologe unserer Tage, *Henri Nouwen*, hat das im Blick auf die heutige Situation so formuliert: „Der moderne Mensch ist zugleich vollgestopft und unausgefüllt.") Es kann sein, daß uns in Augenblicken der Stille diese Leere, Langeweile und Einsamkeit überfällt. Wir versuchen ständig, das zu verhindern, indem wir uns beschäftigen und uns so von uns selbst ablenken. Das Vakuum jedoch ist gottförmig – und deshalb unendlich groß. Nur der unendliche Gott selbst kann es ausfüllen. (Das hatte schon im 4. Jahrhundert der Kirchenvater *Augustinus* beschrieben: „Unruhig ist unser Herz, bis es Ruhe findet, Gott, in dir.")

Ein moderner Mystiker, *Ernesto Cardenal*, einst Mönch, dann Dichter und Priester, schließlich Kultusminister in Nicaragua, hat in seiner Zeit als junger Klosternovize diese Erfahrung so beschrieben:

In den Augen aller Menschen wohnt eine unstillbare Sehnsucht. In den Pupillen der Menschen aller Rassen, in den Blicken der Kinder und Greise, der Mütter und liebenden Frauen, in den Augen des Polizisten und des Angestellten, des Abenteurers und Mörders, des Revolutionärs und des Diktators und in denen des Heiligen: In allen wohnt der gleiche Funke unstillbaren Verlangens, das gleiche heimliche Feuer, der gleiche tiefe Abgrund, der gleiche unendliche Durst nach Glück und Freude und Besitz ohne Ende. Dieser Durst, den alle Wesen spüren..., ist die Liebe zu Gott.

Um dieser Liebe willen werden alle Verbrechen begangen und alle Kriege gekämpft, ihretwegen lieben und hassen sich die Menschen. Um dieser Liebe willen werden Berge bestiegen und die Tiefen der Meere erforscht, für sie wird geherrscht und intrigiert, gebaut und geschrieben, gesungen, geweint und geliebt. Alles menschliche Tun, sogar die Sünde, ist eine Suche nach Gott, nur sucht man ihn dort, wo er am wenigsten zu finden ist.

Darum sagt der Kirchenvater Augustinus: „Suche, was du suchst, aber nicht dort, wo du es suchst." Überall suchen wir Gott, auf Festen und Orgien und Reisen, in Kinos und Bars...

In jedem Inneren leuchtet die gleiche Flamme, brennt der gleiche Durst. „Wie der Hirsch nach frischem Wasser, so schreit meine Seele nach dir, o Herr", sagt der Psalm. Jedes Herz ist von diesem Pfeil durchdrungen.

Der unstillbare Hunger der Diktatoren nach Macht und Geld und Besitz ist in Wirklichkeit Liebe zu Gott. Der Liebende, der Forscher, der Geschäftsmann, der Agitator, der Künstler und der kontemplative Mönch, alle suchen sie dasselbe, nämlich Gott und nichts als Gott.

Die Gesichter der ganz jungen Mädchen tragen einen Abglanz Gottes, darum sind sie so faszinierend für uns, weil wir geschaffen wurden für das ewige Leben.

Gott ist die Heimat aller Menschen. Er ist unsere einzige Sehnsucht. Gott ist im Innersten aller Kreatur verborgen und ruft uns. Das ist die geheimnisvolle Ausstrahlung, die von allen Wesen ausgeht. Wir hören seinen Ruf in der Tiefe unseres Wesens wie die Lerche, die in der Frühe von ihrer Gefährtin geweckt wird, oder wie Julia, die Romeo unter ihrem Balkon pfeifen hört.[1] Soweit zum *gottförmigen* Vakuum. Zugleich aber ist das Vakuum *menschenförmig*. Als begrenzte, endliche Menschen, können wir nur das begreifen, was menschliches Maß hat. Das Unendliche können wir zwar vage ahnen, aber nicht wirklich denken und fühlen. Ein Gott also, der unendlich groß und fern von uns existiert, jenseits von Raum und Zeit, könnte kein Gegenüber und Partner für uns sein. Um ihn zu finden, müßten wir über unsere menschliche Begrenztheit hinauswachsen und wie auf einer Leiter in den Himmel *hinaufsteigen*.

Viele Religionen geben Anweisungen, wie das zu bewerkstelligen ist: Strenge Askese und gute Werke führen den Menschen schließlich über sich selbst hinaus. Hinduismus und Buddhismus meinen, daß das nicht in einem einzigen Leben zu schaffen ist, sondern daß viele Inkarnationen nötig sind, bis sich der Mensch so geläutert hat, daß er ins Nirwana eingehen kann, in den Zustand der Wunschlosigkeit und der Vereinigung mit allem. Durch lange strenge Meditation soll es beispielsweise nach Lehre und Praxis des Zen-Buddhismus möglich sein, zur Erleuchtung zu gelangen. Es ist beeindruckend – und für uns Christen auch ein wenig beschämend, wieviel Mühe, Selbstaufopferung und Disziplin viele religiöse Menschen des Ostens aufwenden, um auch nur einen Zipfel der Erlösung zu erlangen, von der wir Christen glauben, daß sie uns ohne eigene Anstrengung und Leistung einfach *geschenkt* wird.

Das Neue Testament verkündigt, daß Gott sich *herabbegeben* hat auf unser Niveau. Er ist auf unsere Bedingungen (Raum und Zeit!) eingegangen, er ist einer von uns geworden, so daß wir ihn sehen, erfahren und begreifen können. Diesen „heruntergekommenen" Gott verkündigt und – mehr noch! – verkörpert Jesus. „Wer mich sieht, sieht den Vater", sagt er. Glaube bedeutet nichts anderes, als das anzunehmen: Ich lasse mir gefallen, daß Gott zu mir kommt, weil er mich liebhat.

Was Jesus mit Gott zu tun hat und weshalb die Christen an *einen* Gott glauben und zugleich Jesus (und den Heiligen Geist) als Gott anbeten – mit dieser seltsamen Ungereimtheit werden wir uns noch befassen. Zunächst aber das vorläufig letzte Puzzleteil:

Jesus hat zu Gott „Vater" gesagt; genauer gesagt „Abba". Das ist aramäisch (die Sprache Jesu) und entspricht unserem „Papa". So hatte vorher noch nie jemand mit Gott geredet – so zärtlich, vertraulich und direkt. Jesus hatte keine Angst vor Gott, wie so viele von uns. Für ihn

---

1 Ernesto Cardenal, Das Buch von der Liebe, GTB-Siebenstern 444, Peter Hammer Verlag Wuppertal

war Beten etwas Erfrischendes und Befreiendes, eine Oase, in die er sich zurückzog, um dann wieder voll für andere Menschen da zu sein. Jesus predigte einen barmherzigen Gott, der nicht bestraft, sondern vergibt, hilft und heilt. Davon redete Jesus nicht nur. Er hat es auch vorgelebt und damit das religiöse System seiner Zeit völlig durcheinandergebracht.

Ich weiß nicht, ob du dir Gott als *Vater* vorstellen kannst oder willst. Das hängt wahrscheinlich stark damit zusammen, wie du deinen eigenen Vater erlebt hast oder erlebst. Viele Menschen haben Liebe und Geborgenheit eher bei ihrer Mutter erfahren. Seit der sogenannten „industriellen Revolution" im 19. Jahrhundert arbeiten viele Väter fern von der Familie. Die Kinder kriegen nur selten etwas von ihnen mit. Abends sind die Väter müde. Der Psychologe *Alexander Mitscherlich* hat schon vor einige Jahrzehnten gesagt, wir leben in einer „vaterlosen Gesellschaft".

Die katholische Frömmigkeit hat das Problem oftmals so gelöst, daß sie aus der Mutter Maria fast eine Göttin gemacht hat. Dem Beistand einer Mutter kann man eher vertrauen als einem zornigen oder beschäftigten oder abwesenden Vater. Die sogenannte feministische Theologie beklagt zu Recht, daß so viele Gottesbilder der Bibel männlich sind. Radikale Feministinnen fordern eine Rückkehr zur Muttergöttin, die vom männlichen Gott der Bibel verdrängt worden sei. Es ist unbestreitbar, daß in der Bibel männliche Gottesbilder vorherrschen. *Hanna Wolff* spricht in ihrem Buch „Jesus der Mann" davon, daß die Feindschaft des patriarchalischen Judentums gegenüber dem Weiblichen die Ursache dafür war, daß weibliche Gottesbilder nur mangelhaft ausgebildet oder unterdrückt wurden.[2] Dennoch ist die „weibliche Seite" Gottes nicht völlig verdrängt worden. Am Anfang der Bibel heißt es zum Beispiel: *„Gott schuf den Menschen nach seinem Bilde; er schuf sie als Mann und Frau"* (1. Mose/Genesis 1,27). Mann *und* Frau sind Ebenbilder Gottes. Es gibt auch einige wenige Stellen der Bibel, wo Gott direkt „weibliche" Eigenschaften zugesprochen werden: *„Ich will euch trösten, wie einen seine Mutter tröstet"*, sagt Gott (Jesaja 50,1). Dennoch: Die Übermacht der männlichen Bilder bleibt. Auch Jesus war ein Mann. Es gibt Frauen, die darunter leiden, daß Gott sich nicht in einer „Jesa" offenbart hat. Ich nehme diesen Schmerz ernst.

Trotzdem können wir uns um die Sache mit dem Vater nicht herummogeln. Denn viele Männer *und* Frauen suchen – insgeheim – nach dem verlorenen Vater. Frauen suchen Männer, die stark sind – und dennoch zärtlich. Junge Männer suchen Vorbilder und Vaterfiguren.

2 Hanna Wolff, Jesus der Mann, 78ff.

Meist ist heute das Problem nicht mehr, daß der natürliche Vater zu stark und autoritär ist – sondern zu schwach und abwesend. Wo aber die irdischen Väter immer blasser werden, da verblaßt auch der Vater im Himmel.

In den Anregungen vor diesem Kapitel steht die Geschichte vom „verlorenen Sohn", der seinen Vater verläßt, um in der Fremde Glück und Freiheit zu finden. Erst dort entdeckt er, wie sein Vater wirklich ist. Es ist eine schöne Geschichte, aber doch eine Geschichte aus einer anderen, einer patriarchalischen Zeit. Heute müßte man vielleicht die umgekehrte Geschichte erzählen, die Geschichte vom „verlorenen Vater". Ich habe versucht, diese Geschichte aufzuschreiben und bin mir bewußt, daß auch meine Geschichte eine „Männergeschichte" ist. Wenn du eine Frau bist, regt dich diese Erzählung vielleicht an, dir eine eigene Geschichte von der „verlorenen Tochter" oder von der „verlorenen Mutter" auszudenken.

Der verlorene Vater
Ein Sohn, nennen wir ihn Axel, hat zwei Eltern. Er ist ein Einzelkind. Der Vater hat einen guten Job in der Industrie und deshalb wenig Zeit. Die Mutter ist Hausfrau, und ihre ganze Liebe gilt dem Sohn. Er bekommt alles, was er braucht und was er will.
Schon früh fängt er an, wenig zu Hause zu sein, mit Freunden auf Kneipentour zu gehen, Mädchenbekanntschaften zu machen. Denn zu Hause ödet ihn das Leben an. Es ist immer dasselbe. Abendessen, Fernsehen, Streitereien mit dem Vater über Politik. Ab und zu Vorwürfe, daß er lieber mehr für die Schule tun soll, als sich ständig rumzutreiben. Und daneben die Mutter mit ihrer betulichen und manchmal so furchtbar fürsorglichen Art.
Axel wird in der Schule wirklich immer schlechter. An seinem 18. Geburtstag schmeißt er alles hin und zieht zu seiner Freundin. Die Mutter weint, der Vater tobt. Zwei- oder dreimal kommt der Sohn noch nach Hause, „um seine Klamotten zu holen". Es gibt jedes Mal einen Riesenkrach. Schließlich kommt er gar nicht mehr. Und eines Tages erfährt die Mutter, die bei der Freundin anruft, daß Axel auch dort ausgezogen ist. Neue Adresse unbekannt. Die Mutter ist hilflos. Sie spürt, daß sie im Moment nichts mehr tun kann. Der Vater reagiert auf das Thema Axel nur noch gereizt. Er arbeitet noch mehr. Er trinkt noch mehr. Die Streitereien mit seiner Frau werden heftiger.
Aber nachts kann er oft nicht schlafen. Er sieht dann immer wieder seinen Sohn vor sich. Er denkt an früher. Damals haben sie noch öfter etwas unternommen miteinander. Damals war er so stolz gewesen auf seinen Axel. Er sieht vor seinem inneren Auge, wie er mit seinem Sohn auf den Schultern durch den Sommerwald rennt, wie sie am Meer Sandburgen bauen.

Eines Nachts hat der Vater einen schrecklichen Traum: Er sieht
Axel in einer Art Urwald, sein Sohn steckt in einem halb versumpf-
ten Fluß, das Wasser geht ihm bis zum Hals. Von allen Seiten
kommen Krokodile angeschwommen. Und der Sohn reißt die
Arme hoch, kämpft um sein Leben und schreit immer lauter und
verzweifelter: „Vater! Vater!"
Der Vater ist plötzlich hellwach. Er muß aufstehen. Es ist wie eine
große Ernüchterung, dieses Aufwachen. Er geht ans Telefon, sucht
die Nummern von Freunden seines Sohnes, ruft sie an, mitten in
der Nacht. Keiner weiß was. Schließlich gerät er an einen von Axels
alten Kumpel, der weiß, wo Axel jetzt wohnt: „Der ist in Berlin,
irgendwo in der Szene, ich hab da 'ne Adresse".
Der Vater ruft gleich morgens in seiner Firma an, nimmt ein paar
Tage Urlaub. Seiner Frau erklärt er: „Ich muß weg, es ist wichtig,
ich ruf dich von unterwegs an." Bei der Autofahrt schießen ihm
immer wieder dieselben Sätze durchs Hirn: „Ich bin ein Versager",
denkt er. „Ich muß meinem Sohn sagen: Ich bin kein Vater gewesen. Ich habe nur an mich gedacht. Ich verstehe, daß du gegangen
bist. Aber laß uns wenigstens von Mensch zu Mensch reden miteinander." Dann stellt er sich wieder vor, was passieren wird: „Er
wird mir die Tür vor der Nase zuschmeißen", denkt er.
In Berlin muß er lange suchen. In irgendeinem Kreuzberger Hinter-
hof wird er schließlich fündig. An der Türklingel einer WG findet er
auch den Namen seines Sohnes. Beklommen steigt er die Treppe
hoch. Wird er überhaupt da sein? Was wird passieren? Das Haus ist
heruntergekommen. Es stinkt nach Knoblauch und Urin. Der Vater
kommt sich fremd und deplaziert vor mit seiner Krawatte und
seinem grauen Jackett. Schließlich steht er vor der Tür im dritten
Stock und klingelt. Ein Mädchen macht ihm auf, schaut ihn fragend
an: „Wir kaufen nichts!", sagt sie mißtrauisch, während sie ihn von
oben bis unten mustert. „Nein, ich bin ... ich bin Axels Vater. Ist
mein Sohn, also, ist Axel da?" Sie macht eine Kopfbewegung in
Richtung des hintersten Zimmers. Dann läßt sie ihn in die Wohnung.
Er klopft. Eine Stimme ruft: „Ja?", dann öffnet der Vater die Tür. Ein
unglaubliches Chaos herrscht in dem Zimmer. Auf einer Matratze
liegt Axel, nur mit der Unterhose bekleidet. Kalter Zigarettenmief
hängt in der Luft. Der Vater kann gar nichts sagen. Seine ganze
Verteidigungsrede bleibt ihm im Hals stecken. Er starrt auf seine
gepflegten Schuhspitzen. Dann murmelt er: „Ich bin da." Axel
schaut einen Augenblick etwa überrascht ins Leere, dann steht er
auf, kommt auf seinen Vater zu und flüstert: „Danke, du!" Und
dann liegen sie sich plötzlich in den Armen, zum ersten Mal seit 15
Jahren, Vater und Sohn, und beide weinen. „Ich will dir nur sagen,
ich meine ...", beginnt der Vater nach einer Weile zu stottern. „Laß
man, Alter, sag nichts. Du bist da. Mensch, du bist da. Ich mach uns

'nen Tee." Das Gesicht des Jungen hat sich total verändert. Es ist, als ob in ihm ein Licht angegangen ist. Schließlich sitzen die beiden nebeneinander auf der Matratze und reden – und hören sich zu. Gegenseitig. Beide. Zum ersten Mal seit Jahren. Zum ersten Mal überhaupt. Es ist, als ob sie sich heute erst kennenlernen. Es ist, als ob sie sich zum ersten Mal sehen und hören und erreichen können – eigentlich nicht mehr wie Vater und Sohn. Eigentlich wie zwei erwachsene Männer.

Gesprächsimpulse

- Austausch über Lebenserfahrungen, die die Gesprächsteilnehmer-Innen mit „Gott" in Verbindung bringen

- Gemeinsame Betrachtung des Bildes vom „brennenden Dornbusch"
  Gespräch über die Erklärung des Namens Gottes in dieser Geschichte

- Austausch über selbstgemalte Gottesbilder, selbstgeschriebene Gottesgedichte (siehe Vorübungen)

- Austausch über den Text von Ernesto Cardenal

- Gespräch über den „verlorenen Sohn" und den „verlorenen Vater"

- Austausch eigener Vater- und Muttergeschichten

- Abschlußrunde, in der sich alle Teilnehmer im Kreis aufstellen, an der Hand fassen und Gottesnamen sagen, die ihnen etwas bedeuten

- Gemeinsames „Vaterunser" am Ende der Zusammenkunft

Zum Weiterlesen

Hartmut Preß (Hg.), Als Papa noch ein Affe war. München 1989[5], Claudius Verlag. Wahre Kindersprüche über Gott und die Welt, mit vielen (köstlichen!) Karikaturen.

Ernesto Cardenal, Das Buch von der Liebe, Gütersloh 1987, Gütersloher Taschenbuch 444. Texte aus der Novizenzeit im Trappisten-Kloster Gethsemani, Kentucky (USA). Dieses Buch hat mich vor 15 Jahren, am Anfang meines Studiums, ungeheuer stark angesprochen und wesentlich zu einer tieferen und persönlicheren Beziehung zu Gott beigetragen.

Rudolf Walter (Hg.), Die hundert Namen Gottes. Tore zum letzten Geheimnis. Freiburg 1985, Herderbücherei 1229. Bekannte Autorinnen und Autoren schreiben über verschiedene Gottesnamen wie z. B. der Namenlose, der Heilige, der Gerechte, der Schweigende, der Vater, die Mutter.

Richard Rohr, Der wilde Mann. Geistliche Reden zur Männerbefreiung. München 1989[10], Claudius Verlag. (Vor allem die Abschnitte „Ich und der Vater sind eins", „Männliche Energie und geistliche Vaterschaft", „Die vaterlose Gesellschaft" und „Vater sucht Vater"); ein Buch nicht nur für Männer. Der Autor – amerikanischer Franziskanerpater – beleuchtet das Thema „Männlichkeit" aus biblischer und psychologischer Sicht.

André Frossard, Gott existiert – ich bin ihm begegnet. Freiburg 1986[10], Herderbücherei 435. Ein ungläubiger Journalist, Sohn des Generalsekretärs der Kommunistischen Partei Frankreichs, erlebt aufgrund einer „mystischen Erfahrung" eine plötzliche Bekehrung zu Gott. Ein eindrucksvoller Rechenschaftsbericht!

3. KAPITEL

Das Schwarze-Peter-Spiel

Anregungen und Übungen

1. Zeichne in dein Tagebuch ein Koordinatensystem nach dem unten abgedruckten frei erfundenen Beispiel. Trage auf dem waagrechten Pfeil dein Lebensalter ein, so daß für jedes Lebensjahr gleich viel Platz ist. Zeichne in dieses System deine „Lebenskurve". Markiere Höhepunkte und Tiefpunkte auf einer Skala von plus 5 (für besonders positive Ereignisse oder Phasen deines Lebens) bis minus 5 (für Tiefpunkte und schwere Phasen) und versehe sie eventuell mit Symbolen. Trage sodann mit einer anderen Farbe deine „Glaubenskurve" ein, also die Geschichte deiner bisherigen Beziehung zu Gott. Nimm dir insgesamt etwa 15 Minuten Zeit zum Zeichnen. Kannst du Zusammenhänge zwischen beiden Kurven erkennen? Würdest du gern mit jemandem über deine Entdeckungen reden?

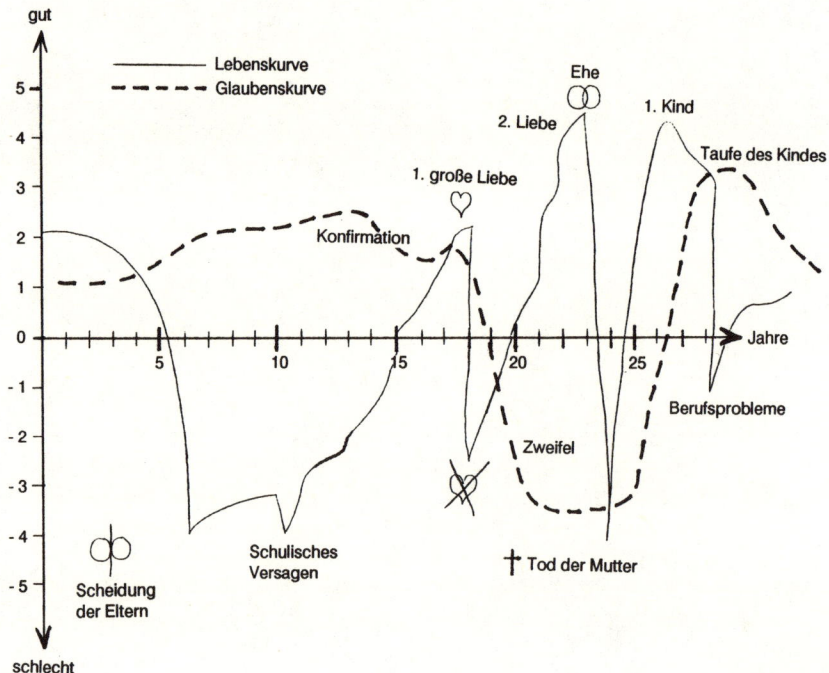

2. Aus der biblischen Geschichte von der Schöpfung und vom „Sündenfall":

Gott Jahwe nahm den Menschen und setzte ihn in den Garten Eden.
Er sollte den Garten bebauen und bewahren. Und Gott Jahwe gebot
dem Menschen: „Von allen Bäumen des Gartens darfst du essen.
Aber vom Baum der Erkenntnis von Gut und Böse darfst du nicht
essen. Sobald du davon ißt, wirst du ganz gewiß sterben."
Die Schlange aber war schlauer als alle Feldtiere, die Gott Jahwe
geschaffen hatte. Sie sagte zur Frau: „Stimmt es, daß Gott gesagt hat,
ihr dürft von keinem Baum des Gartens essen?" Die Frau antwortete
der Schlange: „Wir dürfen von den Früchten aller Bäume des Gar-
tens essen. Nur von den Früchten des Baumes in der Mitte des
Gartens hat Gott gesagt: Die dürft ihr nicht essen, die dürft ihr auch
nicht anrühren, sonst werdet ihr ganz gewiß sterben." Da sagte die
Schlange zur Frau: „Nein, ihr werdet ganz gewiß nicht sterben.
Sondern Gott weiß: Sobald ihr sie eßt, fällt es euch wie Schuppen von
den Augen. Ihr werdet wie Gott und erkennt Gut und Böse."
Da reizte es die Frau sehr, von dem Baum zu essen. Eine Augenweide
war er, und außerdem sollte er klug machen! Sie nahm von den
Früchten und aß; sie gab auch ihrem Mann etwas ab, der bei ihr war
– und auch er aß davon. Da fiel es ihnen wie Schuppen von den
Augen, und sie erkannten, daß sie nackt waren. Sie flochten Feigen-
blätter zusammen und machten sich Lendenschurze.
Als sie hörten, wie Gott Jahwe im Abendwind im Garten umherging,
versteckten sich Adam und seine Frau vor Gott Jahwe hinter den
Büschen des Gartens. Gott Jahwe rief nach Adam: „Adam, wo bist
du?" Er antwortete: „Ich hörte dich im Garten umhergehen, da
bekam ich Angst, denn ich bin nackt, und versteckte mich." Gott
fragte ihn: „Wer hat dir gesagt, daß du nackt bist? Hast du von dem
Baum gegessen, von dem zu essen ich dir verboten habe?" Adam
antwortete: „Die Frau, die du mir als Partnerin gegeben hast, die hat
mir von dem Baum gegeben, und so habe ich gegessen." Das sprach
Gott Jahwe zur Frau: „Was hast du gemacht?" Die Frau aber sagte:
„Die Schlange hat mich verführt. Deshalb habe ich gegessen."
(1. Mose/Genesis 2,15–17; 3,1–13)

In dieser Geschichte geht es um das alte Menschheitsrätsel der *Sünde*:
Menschen haben zu allen Zeiten die Erfahrung gemacht, daß sie das
eigentliche Ziel ihres Lebens verfehlen und daß sie getrennt sind von
Gott, von anderen Menschen, von der Natur, ja, von sich selbst.
Die Geschichte vom „Sündenfall" schildert kein *einmaliges* „histori-
sches" Ereignis, sondern den typischen Ablauf jedes aktuellen „Sün-

denfalls". ("Adam" bedeutet "Mensch" – und "Eva" bedeutet "Mutter". Es handelt sich nicht um individuelle Gestalten, sondern um *die* Menschen, um Mann und Frau schlechthin. Es handelt sich also um deine und meine Geschichte!) Gliedere die Geschichte in mehrere Stadien oder Abschnitte. Gib jedem dieser Stadien eine Überschrift! Erkennst du "Typisches", was du auch selbst schon an dir (oder anderen) erlebt hast? Wer ist eigentlich "unterm Strich" wirklich schuld?

3. Schließe die Augen und versuche in deinem Inneren, das Wort "Sünde" laut und deutlich zu vernehmen. Was löst dieses Wort bei dir aus? Welche Verhaltensweisen fallen dir im Zusammenhang mit "Sünde" zuerst ein? Kannst du in *einem* Satz definieren, was mit "Sünde" gemeint ist? Schreib dir diesen Satz auf!

4. Jesus hat selten über das Thema "Sünde" geredet. Seine wenigen Ausführungen dazu sind sehr überraschend:

Unterwegs sah Jesus einen Mann, der war von Geburt an blind. Seine Jünger fragten ihn: „Meister, wer hat gesündigt? Der da – oder seine Eltern, daß er blind geboren wurde?" Jesus antwortete: „Weder er noch seine Eltern haben gesündigt, sondern das Wirken Gottes soll an ihm sichtbar werden!" (Johannes 9,1–3)

"Leiden und Gebrechen sind die Strafe Gottes für eigene oder fremde Schuld. Leiden von Geburt an deuten auf ein schlechtes *Karma* hin; sie sind Folge einer Schuld im früheren Leben." So denken die Anhänger der Reinkarnationslehre (Glaube an Seelenwanderung und Wiedergeburt), die immer zahlreicher werden. Wenn das wirklich so wäre, dann wäre alles Leiden "verdient" und es wäre nicht einmal sinnvoll, gegen das Leiden zu kämpfen oder einem anderen Menschen aus seiner Notlage zu helfen. Wir hätten uns die Suppe selbst eingebrockt und müßten sie auch selbst auslöffeln. Auch die Jünger Jesu vermuteten, daß das Leiden des Blindgeborenen die Konsequenz oder Strafe für eigene oder fremde "Sünde" ist. Vergleiche die Antwort Jesu mit diesem Denkschema, von dem so viele Menschen beherrscht wurden und werden!

5. Bildbetrachtung; "Die Sünde" von Franz v. Stuck
Was ist an diesem Bild "sündig"? Hast du eine Erklärung, weshalb "Sünde" sehr oft mit Sexualität in Zusammenhang gebracht wurde (und noch wird)?

Franz von Stuck – Die Sünde
Denkt die Kirche immer nur an das Eine?

Die dritte Expedition

Katholische Religionsstunde. Der Kaplan fragt seine Schüler: „Was muß man machen, damit einem die Sünden vergeben werden?" Antwortet der kleine Fritz: „Sündigen, Hochwürden!" Und noch ein alter Witz: Der Ehegatte ist sonntags in der Kirche, während seine Frau das Mittagessen zubereitet. Als er heimkommt, fragt sie: „Worüber hat denn der Pfarrer heute gepredigt?" Sagt er: „Über die Sünde!" „Und was hat er gesagt?" „Er war dagegen".

Ich gebe zu, daß es geistreichere Witze gibt. Aber in beiden steckt doch etwas drin, was uns helfen kann, in das Thema dieses Kapitels einzusteigen. Sünde, das ist etwas, wovon die meisten wahrscheinlich nicht gerne reden oder hören. Es ist ja in gewisser Weise demütigend und ehrenrührig, wenn wir „Sünder" und „Sünderinnen" genannt werden. Ist das nicht die uralte Methode, den Menschen ein schlechtes Gewissen zu machen, damit die Kirche mit ihrem Monopol der Sündenvergebung die eigene Macht sichern kann? Leider stimmt es, daß die Kirche den Auftrag Jesu, Sünden zu vergeben, oft mißbraucht hat. Verklemmte Menschen, Verteufelung der Sexualität, Angst vor der Freiheit, Unmündigkeit – das sind nur ein paar der Folgen dieser unseligen Entwicklung. Gerade in besonders „frommen" Kreisen passiert es, daß die Vertuschung eigener „Sünden" neue Unehrlichkeit und Lüge hervorbringt. Nach außen hin eine weiße Weste zu haben wird da womöglich wichtiger, als ein Mensch mit seinen offensichtlichen Widersprüchen, Abgründen und Verfehlungen zu sein. Wäre es nicht besser, den Begriff „Sünde" überhaupt abzuschaffen und zu sagen: Der Mensch ist gut! Und einen Teufel gibt es auch nicht!?

Wie wunderbar müßte die Welt aussehen, wenn es wirklich so wäre! Könnte man nicht den Himmel auf Erden errichten, indem man den Menschen für „gut" erklärt und die Existenz des Bösen einfach bestreitet? *Karl Marx* hat das versucht: „Der Mensch ist gut", hat er gesagt, „nur die Verhältnisse sind schlecht". Aber wieviele Menschen wurden dem Versuch geopfert, paradiesische Verhältnisse herzustellen! Menschliche Versuche, den Himmel auf Erden *ohne Gott* herzustellen, haben oft genug dazu geführt, daß in Wirklichkeit die Hölle auf Erden errichtet wurde.

Wenn der Mensch gut ist und wenn es kein böses Prinzip („Teufel") gibt – wie konnte es dann zu Auschwitz und Hiroshima kommen, wie entstehen Terrorismus, Abhängigkeiten, Unterdrückung, Krieg, Hunger, Haß und Neid? Wer regelmäßig Nachrichten hört oder die

Zeitung liest, der kann nicht so tun, als wäre alles in Ordnung. Der Kampf zwischen Gut und Böse durchzieht die ganze Weltgeschichte und jedes Menschenleben. Es gibt in unserem Leben Krummes und Gebrochenes. Wir sind angeschlagen. Wir machen Fehler. Wir geraten auf Abwege. Und es gibt Formen des Bösen, die uns Angst machen, aber gleichzeitig faszinieren und in ihren Bann ziehen. Wir können scheitern und unser Leben verfehlen. Wir können uns und andere verletzen und sogar zerstören.

Das alles gehört zum Menschsein und unterscheidet uns Menschen sogar vom Tier. Das Tier kann in diesem Sinne nicht scheitern. Es folgt seinen Instinkten. Ein Hund wird nicht leicht zum „Un-Hund". Aber der Mensch kann zum „Un-Menschen" und zur Bestie werden. Wir sind nicht in derselben Weise vorprogrammiert wie Pflanzen und Tiere. Unzählige Handlungsmöglichkeiten stehen uns täglich offen. Wir müssen uns ständig entscheiden. Wir sind „zur Freiheit verdammt". So hat es der existentialistische Philosoph *Jean-Paul Sartre* ausgedrückt.

Wir leben heute in einer Zeit, wo bisherige Normen und Traditionen abbröckeln und aufweichen. Im Grunde sagt uns niemand mehr, was wir tun und lassen sollen. Wir sind gezwungen, mutterseelenallein unseren eigenen Weg zu finden. Das ist ein Stück Freiheit vom alten Gängelband der herrschenden Moral. Das ist aber auch schwierig. Unsere Gesellschaft vergötzt das Individuum und seine Freiheiten. Dadurch wird der/die einzelne auch in eine unendliche Einsamkeit gestürzt. Die Anonymität unserer Großstädte ist Ausdruck dieser Vereinzelung. Ohne bergende Gemeinschaft mit gemeinsamen Werten können wir kaum die Erfahrung eines sinnvollen Lebens machen. Die alten Normen waren einengend, aber auch ein Schutzraum. Trotzdem: zurück in die „gute alte Zeit" führt der Weg nicht mehr. Wir müssen versuchen, aus der Situation unserer Gesellschaft, wie sie nun einmal ist, *nach vorne* aufzubrechen und neue Formen der Gemeinschaft zu finden, die Geborgenheit und Sinn schenken, ohne den Einzelmenschen zu unterdrücken oder zu bevormunden. (Das ist meiner Meinung nach eine der Hauptaufgaben der Kirche in der heutigen Großstadtsituation.)

Die Sache mit der Freiheit hat einen weiteren Haken: Wir sind in Wirklichkeit doch nicht so frei wie wir meinen. Abgesehen vom gesellschaftlichen Anpassungsdruck (vor allem im Berufsleben) gibt es noch ein ernüchterndes Moment. *Sigmund Freud*, der Begründer der Psychoanalyse, hat die Entdeckung gemacht, daß uns nur ein geringer Teil unseres Innenlebens bewußt ist. Die menschliche Seele gleicht einem Eisberg, bei dem nur 7–10 % über Wasser (sichtbar) sind, der

Rest ist unsichtbar, also gleichsam unter Wasser. So sind wesentliche Triebkräfte unseres Lebens uns selbst unbekannt und können daher auch nur unvollkommen gesteuert werden. Sie beeinflussen aber die meisten unserer Handlungen und Entscheidungen. Wir werden zumindest mitgesteuert von Antriebskräften, die wir selbst nicht im Griff haben!

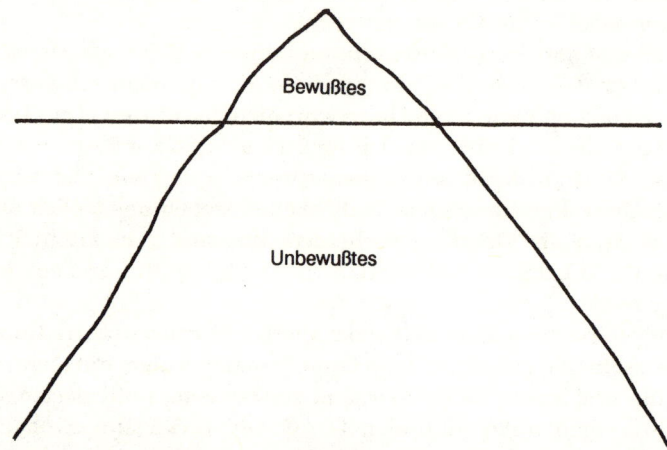

Vieles an mir selbst ist mir ein Rätsel. Da sind verschüttete Kindheitserfahrungen bis in die Zeit vor meiner Geburt hinein. Wie kann ich mir selbst vertrauen, wenn ich mich nicht einmal wirklich kenne? Und was wäre, wenn all das, was da verborgen ist, plötzlich ans Licht käme? Würde ich das überhaupt aushalten? Der Apostel Paulus hat die Zerrissenheit des Menschen, der sich selbst nicht kennt, schon vor zweitausend Jahren treffend beschrieben:

> *Ich weiß selbst nicht, was ich mache. Denn ich mache oft nicht das, was ich eigentlich will, sondern das, was ich eigentlich ablehne und hasse. Ich will zwar das Gute tun, aber ich schaffe es nicht. Innerlich stimme ich Gottes Gesetz eigentlich zu. Aber dann erlebe ich in mir noch ein anderes Gesetz, das mit dem Gesetz meiner Vernunft im Streit liegt und mich im Gesetz der Sünde gefangen hält, das auch in mir steckt. Ich elender Mensch! Wer wird mich erlösen . . . ?*
> (Römerbrief, aus Kapitel 7)

Paulus nennt das Gesetz Gottes „vernünftig". „Sünde" – das heißt oft ganz einfach, unvernünftig zu handeln. Ich bin immer wieder ein Opfer unvernünftiger, „irrationaler" Antriebskräfte, die bisweilen sehr destruktiv sein können.

Der Abschnitt bei Paulus endet mit einem Schrei nach Erlösung.
Paulus schildert das unentrinnbare Dilemma des Menschseins. Alle
Religionen haben dieses Dilemma erkannt und Lösungen gesucht. Es
ist unentrinnbar: Noch niemand hat eine Methode gefunden, wie wir
uns am eigenen Schopf aus diesem Sumpf herausziehen können. Wir
sitzen in der Falle. Und die Hilfe muß von außen kommen. So jedenfalls sieht es die jüdisch-christliche Tradition. Viele Menschen sträu-
ben sich aber, sich und anderen die eigene Not und Hilfsbedürftig-
keit einzugestehen. Diese Zumutung ist ein Schlag gegen unseren
tiefsitzenden Stolz.

So wenden wir in unserem Leben ungeheuer viel Energie dafür auf,
der Wahrheit auszuweichen und vor allem dafür, nicht selber schuld
zu sein an irgend etwas. Es kommt zum allgemeinen „Schwarze-
Peter-Spiel", das uns schon in der biblischen Geschichte vom „Sündenfall" begegnet. Immer ist ein anderer *mehr* schuld als ich. Ich bin
ein Opfer der Umstände. Einer der Gründe für diese Weigerung,
eigene Schuld anzuerkennen, ist die Angst davor, das Gesicht zu
verlieren und verurteilt zu werden.

Die gesellschaftliche Umwelt mit ihren Normen, Angeboten und Ver-
lockungen stürmt ja tatsächlich in einer Weise auf mich ein, daß ich
als einzelner kaum fähig bin, ohne seelische Schäden durchzukom-
men. Einige neuere Theologen sprechen zudem von einer „strukturellen Sünde", die uns umgibt und in die wir verstrickt sind. Aus dieser
Sünde können wir allein nicht aussteigen. Als Mitglieder einer reichen Gesellschaft sind wir zum Beispiel an der Ausbeutung der Dritten Welt und an der Zerstörung der Natur mitbeteiligt. Da nützt es
wenig, wenn ich selbst mich verändere; auch die ungerechten Strukturen müßten „bekehrt" werden.

Eine besonderes Dilemma liegt in unserer individuellen und gemeinsamen (strukturellen) *Trägheit*. *Carl Gustav Jung*, der Psychotherapeut,
hat einmal sinngemäß gesagt, die menschliche Seele sei stockkonser-
vativ. Sie verändert sich nur, wenn der Leidensdruck so groß wird,
daß der Schmerz der Veränderung geringer erscheint als der Schmerz,
der zu ertragen wäre, wenn ich den bestehenden Zustand aufrechter-
hielte. Wir schaffen für uns selbst, aber auch gemeinsam als Gruppen,
Institutionen und Gesellschaften, Systeme, in deren Rahmen alles
einigermaßen unter Kontrolle ist, damit wir zu keiner Veränderung
gezwungen sind.

Eines dieser Systeme heißt „Moral". Wir bauen ein System auf, das
uns vor uns selbst und vor anderen schützt. Das ist notwendig. Denn
eine vollständige moralische Anarchie würde wahrscheinlich zum
Kampf aller gegen alle führen, wie wir ihn zum Teil schon erleben –

man denke nur an den Leistungsdruck in den Schulen und im Wirtschaftsleben. Das Problem aller Moralsysteme liegt woanders: es macht die Anhänger des jeweiligen Systems immun gegen andere Werte und Normen. Diejenigen, die *unseren* Standard ablehnen, werden schnell zu Feinden. Sie werden ausgestoßen. Das geschieht in jeder Ideologie, in jeder Sekte: ein wasserdichtes System wird errichtet, so daß möglichst wenig *Berührung* mit dem geschieht, was außerhalb des Systems geschieht. Was gefährlich ist, das sollte man möglichst nicht einmal *anfassen*. Diese *Berührungsangst* spielt ja bereits in der Geschichte vom Sündenfall eine Rolle: Gott hatte nur verboten, vom Baum der Erkenntnis zu *essen*. Eva aber weitet das Gebot sofort aus und sagt zur Schlange. „Von dem einen Baum hat Gott gesagt: Eßt nicht davon und *rührt ihn auch nicht an!*" Gerade das hatte Gott nicht gesagt! Die Berührungsangst ist das erste Anzeichen dafür, daß Eva der Versuchung schon erlegen ist. Ich baue einen zusätzlichen Zaun, weil ich mir selbst nicht traue. Und weil ich mir selbst nicht traue, hat die Faszination des Bösen bereits Macht über mich. Ein echter Teufelskreis!

Die *Pharisäer* zur Zeit Jesu waren geradezu besessen von Berührungsangst. Der Name „Pharisäer" bedeutet „die Abgesonderten". Sie haben eine fest normierte Moralwelt aufgebaut und versucht, möglichst viele Menschen – wenn nötig mit sanftem oder weniger sanftem Druck – in ihre Gruppe hineinzubekehren und außerdem die Berührung mit allen zu meiden, die nicht dazugehörten: mit Prostituierten, Ausländern, Zöllnern (die mit den heidnischen Römern kollaborierten) und mit Leprakranken (der Aussatz wurde als Strafe Gottes verstanden!). Im Rahmen des pharisäischen Systems zu leben war mühevoll, aber möglich. Und so konnte auch die berühmte Selbstgerechtigkeit mancher Pharisäer zustande kommen, von der Jesus in einer Geschichte erzählt:

> *Zwei Männer gingen zum Tempel hinauf, um zu beten; der eine ein Pharisäer, der andere ein Zöllner. Der Pharisäer stellte sich vorne hin und betete: „Ich danke dir Gott, daß ich nicht so bin wie andere: Räuber, Betrüger, Ehebrecher – oder wie dieser Zöllner da. Ich faste zweimal wöchentlich, 10 % meines Einkommens spende ich für den Tempel." Der Zöllner aber blieb ganz hinten stehen, wagte nicht einmal, nach oben zum Himmel zu blicken, sondern schlug an seine Brust und sagte nur: „Gott, sei mir Sünder gnädig!"* (Lukas 18, 10–13)

Wieder das „Schwarze-Peter-Spiel": Der Pharisäer rühmt sich selbst und schiebt anderen den Schwarzen Peter zu. Der Zöllner dagegen stellt sich seiner eigenen Schuld. Er *beichtet*. Das Wort „beichten" ist eng mit dem Wort „bejahen" verwandt. In der Beichte stehe ich zu meinem Versagen. Das ist kein Zeichen von Schwäche, sondern von echter Stärke! Viele Psalmen des Alten Testaments sind Beicht-Gebete von Menschen, die es wagen, mit ihrer Schuld vor Gott zu treten und die dabei Befreiung und Erneuerung erleben. *Dieter Koller* hat solch einen Beicht-Psalm in unsere Zeit und Sprache übertragen:

Glücklich sind alle, denen vergeben ist,
was sie Verkehrtes getan haben.
Glücklich sind alle, die sich nicht selbst betrügen,
die sich über ihre Fehler im klaren sind,
und denen der Herr nichts mehr zur Last legt.
Erst wollte ich meine Schuld verschweigen
und machte mir vor, es sei alles nicht so schlimm,
ich sei eigentlich ganz in Ordnung.
Aber etwas in mir blieb unruhig.
Etwas in mir seufzte,
etwas in mir sehnte sich nach Klarheit und Freiheit.
Herr, es muß deine Hand gewesen sein,
die lag schwer auf mir
und machte mich niedergeschlagen, freudlos und lustlos.
Da machte ich mich auf
und machte mir meine Lage klar,
ich verbarg nichts vor dir.
Ich suchte mir einen Menschen zur Aussprache.
Ich sagte mir: Ich will dem Herrn bekennen, wer ich bin.
Erst jetzt merkte ich,
daß du mir meine Schuld
schon längst vergeben hattest . . .[1]

Die Beichte ist aus der Mode gekommen. Viele Katholiken haben im Beichtstuhl negative Erfahrungen gemacht: die Beichte war oft nur ein mechanisches Ritual. Seit dem letzten Konzil besteht allerdings auch die Möglichkeit, ein echtes Beichtgespräch zu führen, bei dem sich der Priester und das „Beichtkind" direkt gegenübersitzen. In der evangelischen Kirche ist die Beichte fast ganz in Vergessenheit geraten, obwohl Luther bis zu seinem Lebensende jede Woche persönlich gebeichtet hat. Luther wollte den Druck und Zwang von der Beichte nehmen und meinte, zu einer *freiwilligen* Beichte würden die Leute gerne und in hellen Scharen kommen. Hier hat er geirrt. Leider. Denn

---

1 Nach Psalm 32. Aus: Dieter Koller, Laß dir diesen Psalm gefallen. Christen beten mit dem Alten Testament, München, 1986, Claudius Verlag, S. 34f.

es gibt nichts Befreienderes als wirkliche Schuld auszusprechen und loszuwerden. Es gibt nichts Heilsameres als den Satz: „Deine Sünde ist dir vergeben!" – vor allem, wenn er mir direkt und persönlich zugesprochen wird. Ich glaube, die Wartezimmer der Psychotherapeuten wären heute weniger voll, wenn es in unseren Kirchen eine befreiende Praxis der Beichte gäbe! Eine Erneuerung des Christentums kann ich mir nicht vorstellen ohne eine Erneuerung der Beichte. Die darf freilich nicht unpersönlich und mechanisch gehandhabt werden. Von Jesus können wir uns abschauen, wie natürlich und spontan Sündenvergebung „gehandhabt" werden kann.

Bisher habe ich so von der Sünde geredet, als wäre schon klar, was damit gemeint ist. In Wirklichkeit ist es meistens nicht klar. Vielleicht ist dir schon aufgefallen, daß ich immer von „der Sünde" (Einzahl) rede und nie von „den Sünden" (Mehrzahl). Das hat seinen Grund. Die Sünden sind nämlich nur eine Folgeerscheinung der Sünde. Und was ist die Sünde?

Auch hier hilft vielleicht eine Worterklärung. Das deutsche Wort „Sünde" kommt von „Sund". Sund ist im wörtlichen Sinn eine Meerenge, im übertragenen Sinn eine Trennung. Sünde bedeutet: Trennung von Gott. Wir leben getrennt und entfremdet von Gott. Die Folge ist, daß wir uns von anderen Menschen entfremden, von den Tieren, von der Natur – und nicht zuletzt von uns selbst. Diese Disharmonie ist das Dilemma und Drama des menschlichen Daseins. Alle „Sünden" (Mehrzahl) sind nur Symptome und Ausdruck dieses Dramas. Deshalb nützt es auch nichts, an den Symptomen moralisch herumzudoktern. Die Ursache muß geheilt werden. Und die Ursache ist das falsche Gottesbild, das Mißtrauen gegen Gott. Wir glauben nicht wirklich, daß Gott es gut mit uns meint. Wir glauben nicht wirklich, daß es uns gut geht, wenn wir mit Gott leben und seine Gebote befolgen. Wir haben Angst, zu kurz zu kommen und etwas zu versäumen. Genau wie Eva. Diese Angst hat auch eine gewisse Berechtigung: Die meisten von uns sind tatsächlich im Leben irgendwie zu kurz gekommen. Nur wenige werden schon als Kinder so geliebt und geachtet, wie sie es brauchen. Wir lernen in unserer Gesellschaft, daß man etwas leisten muß, daß man die Ellenbogen benutzen muß, um auf seine Kosten zukommen, daß man gehorchen, den Mund halten, kuschen und sich unterordnen muß, um aufzusteigen. Wir glauben nicht, daß uns etwas geschenkt wird. Das alles hindert uns daran, Gott zu vertrauen. Wir müssen unser bißchen Glück schon selber schmieden – meinen wir.

Um die Überbrückung dieser Kluft des Mißtrauens geht es im Christentum. Das ist der Hauptgrund, weshalb Jesus in diese Welt gekommen ist. *Jesus ist Gottes vertrauensbildende Maßnahme!* Er baut die Brücke über den Abgrund der Sünde. Er kommt uns entgegen. Er kommt verwundbar, ungesichert, arm, schwach und sterblich auf die Welt – wie wir. Aber er begegnet den Menschen frei und ohne Hintergedanken, er hilft ihnen, die Angst abzubauen vor Gott und vor Menschen, er zeigt, wie man als Mensch Gott vertrauen kann – und dennoch nicht zu kurz kommt. Im Gegenteil! Er lädt die Menschen ein, die Sorgen loszulassen und sich vom Vater beschenken und lieben zu lassen. Auf diese vertrauensvolle Weise hat er selbst gelebt. Eines der größten Probleme besteht nicht darin, daß wir nicht lieben können, sondern darin, daß wir Angst davor haben, uns lieben zu lassen! Wir sind Mängelwesen der Liebe, halten uns oft nicht für liebenswert und können uns deshalb oft auch selber nicht leiden.

Ich habe neulich einen „Fußwaschungsgottesdienst" miterlebt, in dem sich die TelnehmerInnen nach dem Vorbild Jesu in kleinen Gruppen gegenseitig die Füße waschen sollten. Den meisten ist es viel schwerer gefallen, sich die Füße waschen zu *lassen* als selbst „Hand anzulegen". Das könnte ein Hinweis darauf sein, wie schwer es uns fällt, Liebe zuzulassen.

Viele unserer „Sünden" sind verkrampfte Versuche, uns liebenswert zu machen, Erfolg zu haben, aus diesem Leben etwas rauszuholen – weil wir den Mangel spüren und unzufrieden sind. Jesus therapiert die Menschen dadurch, daß er ihnen das schenkt, wonach sich alle sehnen: Liebe, bedingungslose Annahme, Vergebung. So „überlistet" er unsere tiefsitzenden Abwehrmechanismen. Denn er tut gerade das nicht, was viele von Gott erwarten: irgendwann kommt der „liebe Gott" und zieht uns eins drüber. Jesus verweigert die Strafe. Das befreit. Menschen, die die Vergebung und Liebe Jesu erfahren haben, entdecken in sich den Willen und die Energie, ihr Leben zu verändern. Die Vergebung weckt die Kraft zur Veränderung! So ändert der Zöllner Zachäus sein Leben, nachdem Jesus ausgerechnet bei ihm einkehrt. Plötzlich kann er seinen Besitz loslassen und teilen. Ganz ähnlich ergeht es der Ehebrecherin in der folgenden Geschichte:

Die Schriftgelehrten und Pharisäer brachten eine Frau zu ihm, die beim Ehebruch ertappt worden war, stellten sie in die Mitte und sagten zu ihm: „Meister, diese Frau ist auf frischer Tat beim Ehebruch erwischt worden. Mose hat uns im Gesetz geboten, solche Frauen zu steinigen. Was sagst du dazu?" Das sagten sie aber, um ihm in eine Falle zu locken und einen Anklagepunkt gegen ihn zu finden.
Jesus aber bückte sich und schrieb mit dem Finger in den Sand. Als sie nicht aufhörten, ihn zu fragen, hob er den Kopf und sagte zu ihnen:

„Wer unter euch ohne Sünde ist, der werfe den ersten Stein auf sie!"
Dann bückte er sich wieder und schrieb auf die Erde.
Als sie das hörten, zogen sie sich zurück, einer nach dem anderen, die
Ältesten zuerst.
Und Jesus war plötzlich allein mit der Frau, die immer noch in der
Mitte stand. Er richtete sich auf und fragte verwundert: „Wo sind
deine Ankläger? Hat dich keiner verdammt?" „Niemand, Herr!"
antwortete sie. „Ich verurteile dich auch nicht", sagte Jesus. „Geh
heim und sündige in Zukunft nicht mehr!" (Johannes 8,3–11)

Die Pharisäer berufen sich auf das Gesetz des Mose. Dort steht:

Ein Mann, der mit der Frau seines Nächsten die Ehe bricht, wird mit
dem Tod bestraft, der Ehebrecher samt der Ehebrecherin.
(3. Mose/Levitikus 20,10)

Die „gesetzestreuen" Pharisäer haben etwas übersehen. Denn sonst
hätten sie beide angeschleppt, Mann und Frau. Sie müssen ja *beide*
„auf frischer Tat" ertappt haben! Aber *Männer* schleppen die *Frau*
herbei, um sie zu steinigen! Die Frau bekommt den Schwarzen Peter
zugeschoben. Gerade im Bereich der Sexualität ist bei Männern diese
Art von Schuldzuweisung schon immer beliebt gewesen: das Weib,
die Verführerin!

In dieser Geschichte geht es um eine sexuelle Verfehlung. „Sünde"
und „Sexualität" – das war jahrhundertelang fast identisch. An diesem Punkt hat die Kirche mehr von den Pharisäern gelernt als von
Jesus. Jesus hat das Thema Sexualität in seiner Lehre nur selten
angesprochen. Andere Themen wie Reichtum, Macht, Selbstgerechtigkeit kommen dagegen ständig bei ihm vor. Was Jesus *dazu* sagt, hat
die Christenheit streckenweise kaum beeinflußt, sonst wäre die Kirche nie so reich und mächtig geworden!

Die Sexualität ist für fast alle Menschen einer der wunden Punkte
ihres Lebens. In diesem Bereich werden wir deutlich und oft schmerz-
haft mit der Tatsache konfrontiert, daß wir abhängig sind, daß wir
nicht alles unter Kontrolle haben. Im Bereich der Sexualität sind wir
verwundbarer als anderswo. Es ist zugleich ein Bereich des Lebens,
wo wir andere Menschen zutiefst verletzen und zerstören können.
Der Versuch, eigene oder fremde Sexualität unter Kontrolle zu halten,
ist gefährlich. Wie so oft hat Jesus da *geheilt,* wo andere *kontrolliert,*
verboten und *bestraft* haben. Jesus wußte, daß nicht Strafe heilt, sondern Liebe. Wo diese heilende Liebe Jesu durch Normen, Druck und
Zwang ersetzt wird, gehen Menschen innerlich zugrunde. Das immer
wieder getan zu haben, ist eine der großen Sünden der Kirche. (Aber
auch die Sünden der Kirche werden nur durch *Liebe* geheilt, nicht

durch Anklagen und Proteste. Nur Menschen, die die große Sünderin Kirche lieben, können etwas beitragen zu ihrer Veränderung!) Zurück zur Geschichte: Die Männer klagen die Frau an – und benutzen sie nebenbei auch gleich noch als Lockvogel, um Jesus aufs Glatteis zu führen. Jesus reagiert höchst seltsam: Er bückt sich und schreibt in den Sand. Wir wissen nicht, was er geschrieben hat, aber diese Geste der Gelassenheit scheint die dramatische Situation zu entspannen. Er läßt sich in dieses explosive Gemisch von Wut, Aggression und Hinterlist nicht hineinziehen, sondern entschärft die Atmosphäre. Dann erst fällt der Satz, der den ganzen Spuk vertreibt: „Wer von euch ohne Sünde ist, werfe den ersten Stein!" Wieder bückt er sich und schreibt in den Sand. Ich finde das sehr barmherzig. So können die Ankläger zum geordneten Rückzug antreten, ohne ihm in die Augen sehen zu müssen. Die Ältesten gehen zuerst. Wahrscheinlich begreifen sie schneller, worum es geht. Außerdem mußte bei einer Steinigung der älteste Anwesende das Urteil aussprechen: „Ich verurteile dich!" und den ersten Stein werfen. So verlangte es das Gesetz. Als die Ältesten gingen, war die Sache juristisch erledigt.

Erst als sie weg sind, wendet sich Jesus direkt an die Frau: „Ich verdamme dich auch nicht!. Es hätte auch ganz anders ausgehen können. Stell dir vor, Jesus hätte gesagt: „Aber ich verdamme dich. Denn ich bin der Sohn Gottes und ohne Sünde". „Theologisch" hätte er sozusagen das Recht dazu gehabt. Aber gerade er verdammt und verurteilt nicht. Er hat das nicht nötig. Das ist das Geheimnis seiner Person.

Dann folgt noch ein letzter Satz: „Geh hin und sündige hinfort nicht mehr!" Nach der *Vergebung* kommt die *Herausforderung:* Du mußt nicht so weitermachen wie bisher. Du kannst anders leben! Ich vermute, daß die Frau diese Herausforderung angenommen hat. Von Jesus konnte sie sich das sagen lassen. Denn er hatte ihr zuerst und vor allen Forderungen bewiesen, daß er sie annimmt mitsamt ihren Verfehlungen. Nun muß sie Liebe und Erfüllung nicht mehr in fremden Betten suchen – weil sie zum ersten Mal erlebt hat, daß sie wirklich geliebt wird. Vergebung ist der Schlüssel zur Heilung und Veränderung. Jesus nimmt uns so an wie wir sind. Gerade deshalb ist Veränderung möglich: wir müssen nicht so bleiben wie wir sind. Wir brauchen niemanden, der ständig in unseren Wunden herumstochert und uns unsere Fehler immer wieder vorhält. Im Grunde wissen wir selbst, daß vieles nicht stimmt bei uns. Wir brauchen jemanden, der uns sieht, wie wir sind und uns trotzdem mag. Das haben die Menschen bei Jesus erlebt.

Die Vollmacht, Sünden zu vergeben, hat Jesus ausdrücklich seinen Jüngern übertragen. Nach seiner Auferstehung erscheint er den Jüngern und sagt zu ihnen:

„Friede sei mit euch! Wie mich der Vater gesandt hat, so sende ich euch!" Dann hauchte er sie an und sprach zu ihnen: „Empfangt den Heiligen Geist! Wem ihr die Sünden vergebt, dem sind sie vergeben; wem ihr die Vergebung verweigert, dem ist sie verweigert."
(Johannes 20,21–23)

Die katholische Kirche ist der Ansicht, daß nur die Priester direkte Nachfolger der Apostel sind und daß deshalb nur sie die Sünden vollmächtig vergeben können. Nach evangelischer Auffassung ist jede Christin und jeder Christ dazu in der Lage. Wer allerdings selbst die Beichte nicht praktiziert, sollte sie auch anderen nicht „abnehmen". Nur Menschen, die die Erfahrung des Scheiterns selbst kennen, und die es selbst wagen, in ihrer Gebrochenheit vor Gott zu stehen, können andere begleiten, die diesen riskanten Schritt tun. Das absolute Beichtgeheimnis, das katholischen Priestern auferlegt ist (ein Priester, der Beichtgeheimnisse preisgibt, verliert sein Amt!) gilt ebenso für evangelische PfarrerInnen und „Laien", die diesen Dienst tun.
In den Literaturangaben zu diesem Kapitel finden sich Hinweise für diejenigen, die mehr über die Praxis der Beichte wissen wollen.

Gesprächsimpulse

– Austausch über die Lebens- und Glaubenskurven

– Austausch über Beicht-Erfahrungen (vor allem in ökumenisch zusammengesetzten Gesprächsgruppen)

– Im „Vaterunser" steht die Bitte: „Vergib uns unsere Schuld wie auch wir vergeben unseren Schuldigern". Gespräch über den Sinn und Zusammenhang dieses Satzes

– Wer darf Sünden vergeben? Nur die Pfarrer? Alle Christinnen und Christen?

– Gespräch über die Aktualität der 10 Gebote. Ist es sinnvoll, sich heute noch an die Gebote zu halten?

– Gibt es „unvergebbare Sünden?"

Zum Weiterlesen

Manfred Seitz u. a., Die Freude der Beichte (evangelisch), Neukirchen-Vluyn 1985, Schriftenmissions-Verlag. Praktische Einführung in die Einzelbeichte.

Dietrich Bonhoeffer, Gemeinsames Leben, München 1985[20], Christian Kaiser Verlag, Kapitel „Beichte und Abendmahl". Dietrich Bonhoeffer leitete im Dritten Reich ein geheimes Predigerseminar und bereitete junge evangelische Vikare auf ihren Dienst in der „Bekennenden Kirche" vor. In dieser Gemeinschaft wurde auch die Einzelbeichte wiederentdeckt. Vielleicht das beste Kapitel zum Thema Beichte, das in unserem Jahrhundert geschrieben wurde. (Bonhoeffer wurde kurz vor Kriegsende wegen seiner Beteiligung am Widerstand von den Nazis hingerichtet.)

Emmanuel Jungclaussen (Hg.), Aufrichtige Erzählungen eines russischen Pilgers, Freiburg 1985[14], Herder-Verlag; besonders „Bekenntnis, das den inneren Menschen zur Demut führt", S.151ff. In diesem berühmten Buch gibt ein unbekannter russisch-orthodoxer Christ des 19. Jahrhunderts Rechenschaft über sein Leben. Sein schonungsloser „Gewissenspiegel" ist auch heute hochaktuell.

Richard Rohr/Andreas Ebert: Das Enneagramm – Die neun Gesichter der Seele, München 1990[5], Claudius Verlag. Das Enneagramm ist eine uralte und neu entdeckte Beschreibung von neun verschiedenen Menschentypen, ihren „Fallen" und Lieblingssünden. Dieser Beicht- und Seelenspiegel zeigt Wege auf, wie wir unsere konkreten Fehlhaltungen erkennen und von ihnen frei werden können.

In den meisten Gesangbüchern und im katholischen „Gotteslob" gibt es einen „Beichtspiegel", der zur Vorbereitung auf die Beichte dient.

Zum Thema Sexualität:

Richard Rohr, Der nackte Gott – Plädoyers für ein Christentum aus Fleisch und Blut, München 1990[5], Claudius Verlag; Kapitel „Sexualität – die Suche nach Ganzheit". Der Autor vermittelt eine befreiende Sicht der menschlichen Sexualität. Hilfreich für alle, die in diesem Lebensbereich nach Orientierung suchen.

4. Kapitel

Ansteckende Gesundheit

Anregungen und Übungen

1. Gesundheit und Krankheit von A bis Z. Teste deine Einstellung! Mit welchen der folgenden Aussagen kannst du dich identifizieren? Welchen Aussagen würdest du widersprechen?

a) Krankheit ist in der Regel ein Schicksal, das man ertragen muß.

b) Jeder Mensch hat ein Recht darauf, medizinisch optimal versorgt zu werden.

c) Die Verantwortung für die Gesundheit der Bevölkerung hat in erster Linie der Staat.

d) Für meine Gesundheit bin ich vor allem selbst zuständig.

e) Der Fortschritt der Medizin wird eines Tages auch die Krankheiten beseitigen, die die Menschheit jetzt noch plagen.

f) Die meisten Krankheiten haben seelische Ursachen.

g) Krankheiten sind Defekte des Körpers. Ärzte sind dazu da, ihn wieder zu „reparieren".

h) Ich nehme so wenig Medikamente wie nötig, da ich meinen Körper nicht mit Chemie vollstopfen will.

i) Viele Medikamente schaden eher als daß sie nützen.

j) Man sollte der Naturheilkunde viel mehr Beachtung schenken.

k) Gott schickt Krankheiten, um uns zu erziehen.

l) Man sollte einem todkranken Menschen sagen, wie es um ihn steht.

m) Es gibt Menschen, die die Begabung haben, andere Menschen durch geistige Kräfte zu heilen.

n) Durch Glaube und Gebet kann man lernen, seine Krankheit besser anzunehmen.

o) Jesus hat viele Kranke durch Gebet und Handauflegung geheilt.

p) Durch Glaube und Gebet geschehen auch heute noch unerklärliche Heilungen.

q) Gott will Leben und Gesundheit.

r) Eine gesunde Lebensweise im Einklang mit der Natur ist der beste Schutz gegen Krankheiten.

s) AIDS ist eine Strafe Gottes für unmoralisches Verhalten.

t) Der eigene Wille spielt beim Genesungsprozeß eine große Rolle.

u) Die meisten Krankheiten haben einen Sinn, den es herauszufinden gilt.

v) Ich fühle mich körperlich und seelisch gesund.

w) Ich fühle mich selten wirklich gesund.

x) Ich bin krank. Damit habe ich mich abgefunden.

y) Ich bin krank und sehne mich nach Heilung.

z) Gesundheit ist das wichtigste im Leben.

Schreibe weitere Aussagen auf, die dir in den Sinn kommen, aber nicht in dieser Liste stehen!

2. Eine der vielen Heilungsgeschichten, die von Jesus erzählt werden:

Als Jesus nach Kapharnaum kam, sprach sich schnell herum, daß er wieder da war. So viele Menschen strömten in sein Haus, daß nicht einmal vor der Tür Platz war. Er aber verkündigte ihnen das Wort.

Da schleppten vier Männer einen Gelähmten herbei; weil sie ihn wegen der vielen Leute nicht zu Jesus bringen konnten, deckten sie kurzerhand das Dach über ihm ab und ließen den Gelähmten auf seiner Trage durch die Öffnung hinunter.

Als Jesus ihren Glauben sah, sagte er zu dem Gelähmten: „Mein Kind, deine Sünden sind dir vergeben!"

Einige Schriftgelehrten, die dabeisaßen, dachten bei sich: „Wie kann der so reden? Das ist Gotteslästerung! Wer kann denn Sünden vergeben – außer Gott?" Jesus merkte sofort, was in ihnen vorging, und sagte zu ihnen: „Was geht in euch vor? Was ist leichter? Zu dem Gelähmten zu sagen: Deine Sünden sind dir vergeben! – oder zu sagen: Steh auf, nimm deine Trage und geh!? Ihr sollt aber erkennen, daß der Menschensohn die Vollmacht hat, auf der Erde die Sünden zu vergeben!"

Daraufhin sagte er zu dem Gelähmten: „Steh auf, nimm deine Trage und geh heim!" Augenblicklich stand der Mann auf und ging vor ihren Augen davon. Da gerieten alle außer sich, lobten Gott und sagten: „So etwas haben wir noch nie erlebt!" (Markus 2,1–12)

Schließe die Augen und stelle dir die Szene plastisch vor! Versetze dich in den Gelähmten hinein! Gibt es Bereiche deines Lebens (körperlich, seelisch), wo du dich „gelähmt" fühlst? Versuche dir vorzustellen, wie Jesus zu dir sagt: „Deine Sünden sind dir vergeben!" Löst diese Vorstellung bei dir etwas aus?

3. Im Vaterunser heißt es: „Vergib uns unsere Schuld, wie auch wir vergeben unseren Schuldigern!" Vergebung ist keine Einbahnstraße: Vergebung annehmen und selbst vergeben – beides gehört zusammen. Gibt es Menschen, die dich so verletzt haben, daß es dir schwer fällt oder unmöglich erscheint, ihnen zu vergeben? Schreib dir die Namen dieser Menschen auf (sie können noch am Leben oder schon gestorben sein)! Achte dabei besonders auf deine Familienangehörigen und die Menschen, mit denen du in einer engen Beziehung lebst oder gelebt hast. Auch wenn dir das zunächst fremd erscheint: Sprich im Gedanken an jeden dieser Menschen ein Vaterunser und stell dir bei der Bitte um Vergebung ganz besonders diese Person vor.

4. Im Jakobusbrief, der gegen Ende des 1. Jahrhunderts nach Christus geschrieben wurde, finden sich Hinweise, wie Christen mit Krankheit umgehen können:

Ist jemand von euch krank, so soll er die Ältesten der Gemeinde zu sich rufen; sie sollen für die kranke Person beten und sie im Namen des Herrn mit Öl salben. Das gläubige Gebet wird den kranken Menschen retten, der Herr wird ihn wieder aufrichten – und wenn er gesündigt hat, werden ihm die Sünden vergeben. Deshalb bekennt einander eure Sünden und betet füreinander, damit ihr gesund werdet. (Jakobus 5,14–16)

Bei den ersten Christen war es selbstverständlich, daß die Gemeinde mit den Kranken gebetet hat. Das Öl ist das Zeichen Christi; Christus, der „Gesalbte", ist bei diesem kranken Menschen.

Könntest du dir vorstellen, im Krankheitsfalle andere Menschen zu bitten, für deine Genesung zu beten und dir die Hände aufzulegen (oder dich mit Öl zu salben?). Könntest du dir vorstellen, selbst für Kranke zu beten? Wie hängen in diesem Bibeltext Heilung und Vergebung zusammen?

Übrigens: Wessen Glaube hilft in den Bibeltexten Nr.2 und Nr.4 dem Kranken?

Die vierte Expedition

Jesus war ein Heiler. Ein Hauptthema des Neuen Testaments sind seine Heilungswunder. Jede dieser Geschichten verläuft anders. Es gibt offenbar keine „Methode", nach der Jesus vorgegangen ist. Manchmal glauben die Kranken selbst, manchmal glauben andere für sie, manchmal ergreift Jesus von selbst die Initiative. Manchmal legt er dem kranken Menschen die Hände auf, manchmal betet er, manch-

mal spricht er nur ein Wort, manchmal heilt er sogar aus der Ferne.
Nur eines hat Jesus nie getan: Er hat niemals einen Kranken ungeheilt
nach Hause geschickt oder ihn aufgefordert: „Füge dich in dein
Schicksal!" Er hat niemals erklärt, daß die Krankheit Gottes Wille ist –
oder Gottes Strafe für irgendein Vergehen.
Wieder sehen wir, wie wenig die Kirche von Jesus gelernt hat. Jahrhundertelang galt es als „christlich", Leid und Krankheit fatalistisch
hinzunehmen, nicht zu kämpfen, sondern zu dulden.
Viele Menschen sehnen sich nach Heilung. Die Ausgaben für das
Gesundheitswesen explodieren, aber die Krankheiten werden nicht
weniger. Viele „Wohlstandskrankheiten" gab es früher gar nicht.
Manche Krankheiten kommen sogar von einer Überversorgung mit
Medizin und Tabletten. Die Skepsis gegen die Schulmedizin wächst,
die den kranken Körper wie eine reparaturbedürftige Maschine behandelt. „Geistheiler" und Naturmedizin gewinnen immer mehr Anhänger. Es ist schwer zu unterscheiden, welche der alternativen Heilverfahren seriös sind und in welchen Fällen es sich um Scharlatanerie
handelt. Ich finde es jedenfalls gut, daß im Gesundheitssektor einiges
in Bewegung geraten ist.
Die Kirchen stehen bei dieser Diskussion weitgehend abseits, obwohl aus der Bibel Einsichten über Krankheit und Heilung gewonnen
werden könnten, die hochaktuell sind. Es hat zwar auch im Raum der
Kirche immer wieder Wunderheilungen gegeben (am bekanntesten
sind die Wunder von Lourdes und Fatima, die der Jungfrau Maria
zugeschrieben werden); aber im großen und ganzen hat sich die
Kirche in ihrer Fürsorge für den kranken Menschen auf den seelischen Trost beschränkt („Seelsorge"!) und die „Leibsorge" Fachleuten überlassen.
Ich möchte anhand einer doppelten Heilungsgeschichte aus dem
Neuen Testament beispielhaft zeigen, wie Jesus mit Krankheit und
Tod umgegangen ist. Bei der Auslegung halte ich mich eng an eine
Predigt von *Eberhard Schilling,* der Pastor der evangelisch-methodistischen Kirche ist und mir diesen Text freundlicherweise überlassen
hat.

Als Jesus im Boot ans andere Ufer hinübergefahren war, sammelte
sich eine große Volksmenge um ihn. Er aber war am See. Da kam
einer der Synagogenvorsteher namens Jairus. Er sah Jesus, fiel ihm
zu Füßen und flehte ihn an: „Meine kleine Tochter liegt im Sterben!
Komm und leg ihr die Hände auf, damit ihr Leben gerettet wird."
Jesus ging mit; eine große Menschenmenge folgte ihm und bedrängte
ihn von allen Seiten. Unter den Menschen war auch eine Frau, die

seit zwölf Jahren an Blutungen gelitten hatte. Sie hatte von vielen Ärzten viel über sich ergehen lassen und dabei ihr ganzes Vermögen verbraucht. Es hatte aber alles nichts genützt. Im Gegenteil: Es war immer schlimmer mit ihr geworden. Diese Frau hatte von Jesus gehört, schlich sich von hinten an ihn heran und berührte seinen Mantel. Denn sie dachte: „Wenn ich sein Gewand anfasse, werde ich vielleicht gesund."

Und tatsächlich: Augenblicklich stoppte der Blutfluß und sie spürte, daß sie von ihrem Leiden befreit war. Jesus merkte sofort, daß Energie von ihm ausgegangen war. Er drehte sich in der Volksmenge um und fragte: „Wer hat meine Kleider angefaßt?" Seine Jünger antworteten ihm: „Du siehst doch, daß dich die Leute bedrängen; wie kannst du da fragen, wer dich angefaßt hat?" Er aber schaute sich um, um die zu finden, die das getan hatte.

Zitternd vor Angst kam die Frau zu ihm; sie wußte ja, was mit ihr passiert war. Sie fiel vor ihm nieder und gab alles zu. Er aber sprach zu ihr: „Meine Tochter, dein Glaube hat dich gesund gemacht. Geh in Frieden nach Hause. Du bist von deinem Leiden befreit."

Als er noch redete, kamen Leute des Synagogenvorstehers und sagten: „Deine Tochter ist gestorben. Mach dem Rabbi keine weiteren Umstände!" Jesus hörte das und sagte zu Jairus: „Hab keine Furcht! Vertraue nur!" Er ließ niemanden mit sich gehen außer Petrus, Jakobus und Johannes. So kamen sie zum Haus des Vorstehers.

Schon von weitem hörte man das laute Trauergeheul. Jesus trat ein und fuhr die Trauernden an: „Was heult ihr herum? Das Kind ist nicht tot. Es schläft nur!" Da lachten sie ihn aus. Er schickte sie alle weg, nahm die Eltern des Kindes und seine Begleiter mit sich, und ging ins Kinderzimmer. Er ergriff die Hand des Mädchens und sagte: „Talita kumi!" Das heißt: „Mädchen, steh auf!" Sofort stand das Mädchen auf und ging umher. Zwölf Jahre war es alt.

Da gerieten aller außer sich vor Staunen. Er aber verbot ihnen strengstens, die Sache weiterzuerzählen. Dann sagte er: „Gebt dem Mädchen zu essen!" (Markus 5, 21–43)

Die Auslegung wird sich auf die Geschichte von der Frau mit dem Blutfluß konzentrieren. Ich habe dennoch beide Geschichten abgedruckt, weil das Ineinander wichtig ist und beide Geschichten eng zusammengehören: Es geht zweimal um Frauen, eine ganz junge Frau in der Pubertätszeit und eine reifere Frau, die eine spezifische Frauenkrankheit hat. Jesus nennt diese Frau „meine Tochter"; die andere ist „die Tochter des Jairus". Die eine ist seit 12 Jahren krank; die andere ist 12 Jahre alt.

Der Name der Frau mit den Dauerblutungen ist nicht überliefert, wahrscheinlich lebt sie in einer Stadt am See Genezareth und ist zwischen 25 und 30 Jahre alt. Seit 12 Jahren hat sie den Blutfluß, also wahrscheinlich seit ihrer Pubertät. Das beherrschende Thema ihres Lebens ist diese Krankheit. Ihre Krankheit ist ihre Identität geworden. Durch die ständigen Blutungen muß sie auch körperlich sehr geschwächt sein. Aber das ist wohl nicht ihr entscheidendes Problem. Das Schlimme ist, daß sie in der damaligen Umwelt durch diese Krankheit zu totaler Isolation verdammt ist. Denn nach dem alttestamentlich-jüdischen Gesetz sind alle geschlechtlichen – und vor allem blutende – Ausflüsse schlimm verunreinigende Krankheiten. Sie führen dazu, daß die betroffenen Menschen – meist Frauen! – ausgestoßen werden und behandelt werden wie Unrat oder Aas. Im 3. Buch Mose (Levitikus) stehen die einschlägigen Bestimmungen:

Wenn eine Frau ihre Tage hat, so gilt sie sieben Tage lang als unrein. Wer sie anfaßt, der wird ebenfalls unrein bis zum Abend. Alles, worauf sie liegt, solange sie ihre Tage hat, wird unrein und alles, worauf sie sitzt. Wer ihr Lager anrührt, soll seine Kleider waschen und sich selbst baden und unrein sein bis zum Abend. Wer etwas anfaßt, worauf sie gesessen hat, soll seine Kleider waschen und selbst baden und ebenfalls unrein sein bis zum Abend. Wer etwas anfaßt, was auf ihrem Lager war oder auf ihrem Sitzplatz, soll ebenfalls unrein sein bis zum Abend. Bekommt sie ihre Tage, während ein Mann mit ihr schläft, so wird er sieben Tage unrein und das Lager, auf dem er gelegen hat, wird ebenfalls unrein. Wenn aber eine Frau lange, unregelmäßige Blutungen hat oder längere Blutungen als normal, so wird sie unrein, solange sie die Blutungen hat. Das Bett, auf dem sie während der Zeit der Blutungen liegt, gilt als unrein – genauso wie das Bett, wenn sie ihre regulären Tage hat. Alles, worauf sie sitzt, wird unrein wie bei der Unreinheit ihrer normalen Tage. Wer etwas davon anrührt, wird ebenfalls unrein; er soll seine Kleider waschen und selbst baden und jeweils unrein sein bis zum Abend. Wird sie aber von ihren Blutungen rein, soll sie sieben Tage weiterzählen und dann als rein gelten. Am achten Tag soll sie zwei Turteltauben (oder zwei andere Tauben) nehmen und zum Priester bringen ... Der Priester soll eine als Sündopfer nehmen, die andere als Brandopfer – und die Frau vor dem Herrn entsühnen wegen ihrer Blutungen, die sie verunreinigt haben. Ihr sollt alle Israeliten, die unrein sind, absondern, damit sie nicht an ihrer Unreinheit zugrunde gehen, indem sie meine Wohnung damit verunreinigen, die in ihrer Mitte ist. (3. Mose/Levitikus 15,19–30)

Diese Bestimmungen aus dem Alten Testament machen uns klar, in welcher Situation sich die Frau befindet: „Unrein, unrein, unrein!" Das ist das Wort, das ihr ganzes bisheriges Leben regiert hat: Alles, was sie anfaßt, wird unrein. Alles, worauf sie sitzt oder liegt, ist unrein. Jeder, der mit ihr in Berührung kommt: unrein! Sie kann nicht an einem Tisch mit anderen essen. Sie kann keine Gegenstände mit anderen benutzen. Sie wird von allen gemieden. Und wegen ihrer Unreinheit ist sie auch von jeglichem religiösen Leben ausgeschlossen. Sie darf keine Synagoge betreten. Sie kann Gott nicht in der feiernden Gemeinde begegnen. Sie ist von Gott und Menschen verstoßen. Die Frau ist zur Einsamkeit verdammt. Dabei hat sie – das können wir aus ihrem Verhalten schließen – ein tiefes Bedürfnis nach menschlichen Kontakten, Zärtlichkeit, Wärme, Berührung und Nähe. So eine Isolation mag man ein paar Wochen lang durchstehen. Diese Frau aber ist seit 12 Jahren in dieser Lage! Der Evangelist beschreibt die Krankheit als „Plage" oder „Geißel"; das ist zumindest die *Außenseite,* die wir nachvollziehen können. Es gab sicher auch einen *inneren* Grund, weshalb es zu dieser Krankheit gekommen ist: Menstruationsstörungen in der Form, wie sie bei dieser Frau auftreten, haben oft psychische Ursachen. Sie hängen unter anderem mit der Annahme des eigenen Frauseins zusammen. Wenn diese Annahme nicht glückt, kann das viele Gründe haben: eine gestörte Vaterbeziehung, eine einengende Sexualerziehung, eine verunglückte Liebe, ein Inzesterlebnis oder eine Vergewaltigung. Gerade traumatische sexuelle Erlebnisse können solch eine psychosomatische Krankheit mitverursachen.

Auf der einen Seite gibt es keinen sehnlicheren Wunsch, als von der Krankheit loszukommen. Auf der anderen Seite führt aber gerade der krampfhafte Wunsch nach Genesung zu weiteren Verspannungen. Die Krankheit kehrt immer wieder. Dazu kommen dann wahrscheinlich Schuldgefühle, Selbsthaß und – daraus folgend – Selbstbestrafung und abermals Rückfall in die Krankheit. Wir können uns jedenfalls vorstellen, daß diese Frau aufgrund damaliger gesellschaftlicher Bedingungen, aufgrund der alttestamentlichen Gesetze und auch wegen ihrer eigenen Vorgeschichte voller Schuldgefühle ist, voller Scham und Ekel über sich selbst. Wahrscheinlich ist sie beherrscht von dem ganz tiefen Wunsch, endlich in Ordnung, „rein" und angenommen zu sein – und sich selbst wieder annehmen zu können. Sie hat alles versucht, um von dieser Krankheit loszukommen. Ihr Vermögen hat sie zu Ärzten geschleppt – ohne Erfolg. Sie kannte inzwischen alle gängigen Therapien und Heilmittel vor- und rückwärts und war wahrscheinlich eine Expertin der Fachliteratur.

Es gibt eine Sammlung von rabbinischen Ratschlägen für alle Lebens-
lagen. Hier ist eine „Kostprobe" von dem, was damals im Falle unre-
gelmäßiger Blutungen empfohlen wurde:

> Man nehme alexandrinischen Gummi im Gewicht eines Sus und
> Gartenkrokus im Gewicht eines Sus, verreibe sie miteinander und
> lasse es die Blutflüssige in Wein trinken. Unfruchtbar wird sie
> dadurch nicht.
>
> Oder man nehme drei Kapitz persische Zwiebeln, koche sie in
> Wein, lasse es die Frau trinken und sage zu ihr: „Steh auf aus
> deinem Blutfluß!", das heißt: „Sei gesund!"
>
> Oder man setze sie an einem Scheideweg nieder und lasse sie einen
> Becher Wein in ihre Hand nehmen, dann komme, ohne daß sie es
> ahnt, jemand von hinten, erschrecke sie und sage: „Steh auf aus
> deinem Blutfluß!"
>
> Oder man nehme 60 Weinfaßspunde, weiche sie ein, lasse sie den
> Abguß trinken und sage zu ihr: „Steh auf aus deinem Blutfluß!"
>
> Oder man nehme die römische Prachendistel, verbrenne sie und
> lasse die Frau die Asche im Sommer in einem Leinenlappen und
> während des Winters in einem Lappen von Baumwolle tragen.
>
> Oder man grabe sieben Gruben und verbrenne in ihnen junge,
> noch nicht drei Jahre alte Weinreben, darauf nehme sie einen
> Becher Wein in ihre Hand und dann lasse man sie sich von der
> einen Grube erheben und sich an eine andere niedersetzen und
> wiederum von dieser sich erheben und an eine andere niedersitzen
> und so fort bei allen sieben Gruben. Bei jeder sage man zu ihr:
> „Steh auf aus deinem Blutfluß!"
>
> Oder man nehme feines Mehl, bestreiche damit ihre untere Körper-
> hälfte und sage zu ihr: „Steh auf aus deinem Blutfluß!"
>
> Oder man nehme ein Gerstenkorn, das sich im Kot eines weißen
> Maultieres findet. Wenn sie es einen Tag in ihre Hand nimmt, hört
> der Blutfluß zwei Tage auf. Wenn sie es zwei Tage nimmt, hört er
> drei Tage auf. Wenn sie es drei Tage nimmt, hört er für immer auf.

Das alles hat diese Frau wahrscheinlich hinter sich – die gesammelten
damals bekannten Therapien! All das hat nichts geholfen. Im Gegenteil: es heißt ausdrücklich, daß es immer schlimmer mit ihr wurde. Ihr
ganzes Geld ist weg, alle Wege waren vergeblich. Sie ist am Ende.

Da hört diese Frau von Jesus, und ihr wird klar: Dieser Mensch ist
meine letzte Hoffnung. Es kommt noch einmal zu einem letzten
Aufbäumen ihres Lebenswillens. Sie macht sich auf und tut etwas,
was ihr streng verboten ist: Sie stürzt sich ins Gedränge, berührt also
ständig andere Männer und Frauen, die dadurch – ohne es zu wissen –
verunreinigt werden. Sie sagt sich: Wenn ich ihn nur einmal berühren könnte (wieder etwas Gesetzwidriges!), dann werde ich vielleicht
wieder gesund.

Das jüdische Gesetz ist davon ausgegangen, daß Krankheit und Unreinheit anstecken. Diese Frau ahnt etwas davon, daß es auch eine „ansteckende Gesundheit" gibt. Als sie näher kommt, muß sie feststellen: Jesus ist beschäftigt. Außerdem ist er gerade auf dem Weg zu einem sterbenden Mädchen. Dieser Jairus ist auch nicht irgendwer, sondern der Synagogenvorsteher, der Wächter über Reinheit und Unreinheit vor Ort, der Gesetzeshüter. Kann sie sich da einmischen? Sie tut es: „Jetzt oder nie!", sagt sie sich und greift heimlich von hinten nach einem Zipfel des Mantels Jesu. In diesem Augenblick spürt sie, daß sie gesund wird.

Wir können nicht nachvollziehen, was das heißt, weil wir diese Leiden nicht mitgemacht haben. Das, wonach sie sich seit zwölf Jahren sehnt, Gesundheit, Reinheit – plötzlich ist es da.

Aber dann geschieht etwas ganz Unerwartetes. Jesus dreht sich um und fragt: „Wer hat mich angefaßt?" Die Frage erscheint den Jüngern bei all dem Gedränge um Jesus herum lächerlich. Aber Jesus kann offenbar Berührung und Berührung genau voneinander unterscheiden. Er weiß, warum er so fragt. Er gibt der Frau eine Chance, einen weiteren Heilungsschritt zu machen: Sie soll aus ihrer Stummheit und Anonymität heraustreten, aus ihrer Isolierung auftauchen, sich zu sich selbst bekennen. Sie ist noch von ihren Gefühlen überwältigt und erschaudert über das, was geschehen ist. Zitternd tritt sie nach vorn. Aber dann geschieht das nächste Wunder: Sie kann ohne Scham vor einer ganzen Menschenmenge ihre Geschichte erzählen. Sie kann sagen, was mit ihr geschehen ist, und wird so befreit von der Last ihrer Vergangenheit.

In diesem Moment steht für sie noch einmal alles auf dem Spiel. Sie hat das Gesetz gebrochen und Jesus verunreinigt, weil sie ihn berührt hat. Womöglich kann er jetzt das fromme Haus nicht mehr betreten, in dem das kranke Mädchen liegt! Sie hat alle Menschen verunreinigt, die sie im Gewühl berührt hat. Wie wird Jesus reagieren?

Er reagiert völlig anders als das Gesetz. Er macht ihr keine Vorwürfe. Er zeigt Verständnis, ja mehr: er freut sich mit und nennt ihren kühnen Gesetzesbruch „Glaube"! Und er gibt ihr noch einen Zuspruch mit, eine Stärkung ihres schwachen Ichs. Statt zu sagen: „Meine Kraft hat dich geheilt!" sagt er: „Dein Glaube hat dich gesund gemacht!" – so, als wäre er selbst gar nicht wichtig gewesen.

Was nennt Jesus in dieser Geschichte „Glaube?" Es ist etwas ganz anderes als das, was wir normalerweise „Glaube" nennen. Es bedeutet nicht, einen ominösen göttlichen Willen blind zu akzeptieren. Es ist vielmehr ein unverschämter Kampf. Die Frau ist unverschämt genug, das Gesetz zu brechen und sich zu holen, was sie braucht –

weil Jesus ihre einzige Rettung ist, weil sie von ihm etwas erwartet. Sie überschreitet Grenzen. Das ist Glaube! Jesus mag diese Unverschämtheit, die sich nicht abweisen läßt, auch nicht von ihm! Es ist beeindruckend, wie umfassend und „ganzheitlich" die Heilung dieser Frau ist. Sie wird körperlich und seelisch aufgerichtet, bekommt ihre Mündigkeit und Würde zurück, ist wieder ein vollwertiges Mitglied der Gemeinschaft, braucht keine Berührungsängste mehr zu haben. Sie wird sogar wieder „kultfähig". Bei Jesus hat sie erlebt, daß Gott größer ist als Gesetz und Kult.

Das Heil, das Jesus lehrt und lebt, meint immer den ganzen Menschen in all seinen Bezügen. Jesus hat Körper und Seele nicht so auseinanderdividiert, wie das später immer wieder geschehen ist.

Jesus Christus heilt und befreit auch heute. Sonst wäre es müßig, diese alten Geschichten aufzuwärmen. Auch wer heute Jesus Christus begegnet, wird in eine Heilungsgeschichte hineingezogen. Auch heute geht es darum, daß Jesus Christus uns zu dem machen will, was wir in seinen Augen schon längst sind: freie, geliebte und liebesfähige Söhne und Töchter Gottes. Er kann auch in deinem Leben das heilmachen, was kaputt, verletzt oder sogar schon tot zu sein scheint. Jede Heilung ist ein Zeichen dafür, daß das Reich Gottes, der Himmel auf Erden, möglich und wirklich ist.

Die folgende Skizze ist ein Versuch, den Zusammenhang von „Heil" (Beziehung zu Gott, geistliche Dimension) und „Wohl" (seelisches und körperliches Wohlergehen) darzustellen.

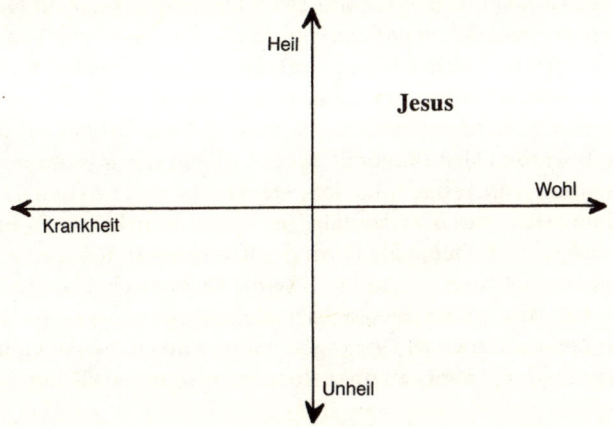

Die senkrechte Linie (Vertikale) bezeichnet das „Heil", die waagrechte Linie (Horizontale) das „Wohl". Beide haben auch eine negative Dimension: „Unheil" und „Krankheit". In jedem der vier Bildfelder existieren Menschen.

Im linken oberen Feld sind Menschen angesiedelt, die theologisch gesehen „heil" sind: sie glauben an Gott, sie beten, sie hoffen. Aber aufgrund ihrer Lebensgeschichte sind sie psychisch und körperlich angeschlagen, vielleicht sogar neurotisch – obwohl sie „fromm" sind. Es gibt auch das andere Extrem (im Feld rechts unten). Diese Menschen sind körperlich und seelisch „gut drauf", schön, stark und erfolgreich. Unsere Yuppie- und Schicki-Kultur rekrutiert sich aus solchen Leuten. Aber von Gott wollen sie nichts wissen. Sie brauchen Gott nicht für ihr Leben. Der „reiche Jüngling" in der Bibel könnte ein Vertreter dieser Gruppe sein. Ihm fehlt nichts. Oft ist es aber so, daß Menschen erst dann, wenn sie leiden, tiefere Sinnfragen stellen. Leiden *kann* eine Pforte zum Himmel sein. Es ist selten, daß Menschen, bei denen alles glatt zu gehen scheint, aufwachen und danach fragen, ob es nicht noch andere Dimensionen des Lebens gibt. Deswegen sagt Jesus zu dem reichen jungen Mann: *„Eher geht ein Kamel durch ein Nadelöhr als ein Reicher ins Reich Gottes."* Links unten sind diejenigen angesiedelt, denen es wirklich übel geht: Sie sind körperlich oder seelisch am Ende, aber sie haben auch keinen Draht zu Gott, keine Hoffnung und keinen Halt. Rechts oben schließlich sehen wir sozusagen das „Idealbild": den körperlich, seelisch und geistlich „ganzen" und heilen Menschen. Dort habe ich Jesus angesiedelt.

Jesus war allen heutigen psychologischen Theorien nach ein „gesunder" Mensch: Er war arbeitsfähig, liebesfähig, leidensfähig und genußfähig (das ist eine der gängigen Definitionen für „Gesundheit"). Jesus war *kein* Neurotiker. Er war fähig zu Zärtlichkeit und Nähe; er konnte sich aber auch distanzieren und allein sein. Er war konfliktfähig. Er konnte feiern und lachen. Er konnte weinen. Er hat Strapazen ausgehalten. Und er ist sich selber treu geblieben.

Wenn wir in Berührung mit Jesus kommen, dann färbt er auf uns ab. Liebende werden sich immer ähnlicher. Wenn wir uns auf eine Liebesbeziehung mit Jesus einlassen, steckt uns seine Art an. In Jesus vereinigen sich die „Horizontale" und die „Vertikale". Es ist kein Zufall, daß unser Schema die Form des Kreuzes hat! Jesus ist eins mit Gott – aber er ist auch eins mit sich selbst als Mensch. Das christliche Dogma hat das später theologisch ausgedrückt: Jesus ist wahrer Mensch *und* wahrer Gott! Deswegen kann er uns näher zu Gott bringen – und zugleich näher zu uns selbst, zu unserer wirklichen Bestimmung!

Ich habe in meinem Leben mehrere Heilungsgeschichten erlebt, körperliche, geistliche und seelische. Ich habe allerdings auch erlebt, daß Menschen, die geglaubt haben, nicht geheilt worden sind – jedenfalls nicht so, wie ich mir das gewünscht oder vorgestellt hätte. Warum das so ist, bleibt Gottes Geheimnis, das erst am Ende gelüftet wird. *„An jenem Tage"*, sagt Jesus, *„werdet ihr nichts mehr fragen."* (Johannes 16,23) Ein Freund von mir, dessen 18jähriger Bruder Krebs hatte, hat mit anderen Freunden und der ganzen Familie ein Jahr lang für die Heilung des Bruders gebetet. Der Bruder ist gestorben. Aber auf dem Sterbebett hat dieser junge Mann Frieden gefunden mit Gott, mit sich selbst – und auch mit dem Tod.

Ich kenne eine Religionslehrerin, die Multiple Sklerose hat. Jahrelang war sie an den Rollstuhl gefesselt, konnte kaum noch reden, mußte ihren Beruf aufgeben. Bei dieser Krankheit gibt es bestenfalls einen Stillstand, aber keine Heilung. Diese Frau berichtet:

Daß ich heute wieder freihändig stehen und deutlich sprechen kann, ist ein Wunder. 1963 hatte ich erstmals leichte Kopfschmerzen und erblindete vorübergehend auf einem Auge. Zwar übernahmen bald Ersatznervenbahnen die Aufgabe der zerstörten Sehnervenabschnitte, aber es war doch der Anfang einer unaufhaltsamen Krankheit. 1972 wurde ich nach einem schweren „Schub" arbeitsunfähig. So begann meine Rollstuhlkarriere. Am meisten litt ich unter den Sprachstörungen und unter der schnellen Ermüdbarkeit.

In dieser Zeit lernte ich, immer mehr abhängig von Gott zu sein. Ich mußte einen langen Weg zurücklegen: von der Rebellion bis zur Annahme des Leidens.

1980 und 1981 wurde mir bei Segnungsgottesdiensten sehr geholfen. Ich besuchte Tagungen der „Arbeitsgemeinschaft für biblischen Dienst an Kranken", einem ökumenischen Kreis, zu dem vor allem Ärzte und Seelsorger gehören. Nach dem Abendmahlsgottesdienst wurden wir eingeladen, in den Altarraum zu kommen, wo jeweils ein Pfarrer und ein Laie bereitstanden, um für unsere persönlichen Anliegen zu beten. Das Ziel der Fürbitte ist, daß Jesu Hilfe erfahren und ihm die Ehre gegeben wird. So ging auch ich nach vorn. „Nicht auf die Symptome schauen, sondern auf Ihn!" – mit diesem Zuspruch kehrte ich nach Gebet und Handauflegung durch den Mittelgang auf meinen Platz zurück. Man staunte über meinen ersten Schritt ohne Stock, die ersten Wege ohne Rollstuhl (bis zu 30 Minuten), die ersten Sätze ohne Sprachstörungen, Essen in Gemeinschaft mit Messer und Gabel, zwei Tätigkeiten gleichzeitig: gehen *und* erzählen; stricken *und* Radio hören. Die Steuerung im Zentralnervensystem besserte sich deutlich ..."

Diese Lehrerin ist noch immer nicht völlig gesund. Und dennoch ist es ein Wunder. Vor wenigen Monaten hat sie sogar in einem Gottesdienst eine lange selbstverfaßte Predigt gehalten – etwas, was noch vor fünf oder zehn Jahren völlig unmöglich gewesen wäre.

Die Geschichte dieser Frau ist ein Beispiel dafür, daß sich Glaubens-

heilungen meist nicht plötzlich ereignen, sondern in einem *Prozeß*
mit Fortschritten und Rückschlägen. Auch die Heilungen Jesu vollzogen sich mitunter in Schüben:

> *Sie kamen nach Bethsaida. Dort brachte man einen Blinden zu Jesus
> und bat ihn, er möge ihn berühren. Er nahm den Blinden an der
> Hand, führte ihn vor das Dorf, benetzte seine Augen mit Speichel,
> legte ihm die Hände auf und fragte: „Siehst du etwas?" Der Mensch
> blickte auf und sagte: „Ich sehe Menschen, denn ich sehe Wesen wie
> Bäume, nur daß sie umhergehen." Daraufhin legte ihm Jesus nochmals die Hände auf die Augen. Da wurde er ganz wiederhergestellt,
> so daß er scharf sehen konnte.* (Markus 8, 22–26)

Eine ähnliche Blindenheilungsgeschichte findet sich im Johannesevangelium. Hier ereignet sich zunächst eine *physische* Heilung, danach folgt ein *psychischer* Wachstumsprozeß und erst am Ende eine
geistliche Einsicht:

> *Im Vorübergehen sah Jesus einen Mann, der von Geburt an blind
> war. Seine Jünger fragten ihn: „Rabbi, wer hat schuld, daß er blind
> geboren wurde: er selbst oder seine Eltern?" Jesus antwortete: „Weder er noch seine Eltern sind schuld, sondern Gottes Wirken soll an
> ihm sichtbar werden!" Dann spuckte er auf die Erde, machte daraus
> einen Brei, strich ihn auf die Augen des Blinden und sagte zu ihm:
> „Geh zum Teich Siloah und wasch dich!" Der Mann ging hin, wusch
> sich, wurde sehend und kam zurück.*
>
> *Die Nachbarn nun und alle, die ihn früher als Bettler gesehen hatten,
> fragten: „Ist das nicht der Mann, der immer dasaß und bettelte?"
> Einige behaupteten: „Er ist es!" Andere aber meinten: „Nein, er sieht
> ihm nur ähnlich." Er selbst sagte: „Ich bin es!" Da fragten sie ihn:
> „Wie bist du sehend geworden?" Er antwortete: „Dieser Mensch
> Jesus hat einen Brei gemacht und ihn auf meine Augen gestrichen.
> Dann schickte er mich zum Teich Siloah, damit ich mich wasche. Ich
> ging hin, wusch mich und jetzt kann ich sehen." Da fragten sie ihn:
> „Wo ist der Mann?" Er antwortete: „Ich weiß es nicht!"*
>
> *Da brachten sie den ehemals Blinden zu den Pharisäern. Es war
> nämlich am Sabbat gewesen, als Jesus den Brei gemacht und den
> Blinden geheilt hatte. Da fragten ihn auch die Pharisäer, wie er
> sehend geworden sei. Er erwiderte: „Einen Brei strich er mir auf die
> Augen, ich wusch mich und jetzt kann ich sehen." Da sagten einige
> Pharisäer: „Dieser Mensch Jesus kommt nicht von Gott, weil er sich
> nicht an den Sabbat hält!" Andere aber fragten: „Wie kann ein
> Sünder solche Zeichen tun?" So entstand Streit unter ihnen. Sie*

wandten sich wieder an den Blindgeborenen und fragten ihn: „Was meinst denn du über ihn? Schließlich hat er dich doch sehend gemacht!" Er antwortete: „Er ist ein Prophet!"

Weil sie nicht glaubten, daß er wirklich blind geboren und sehen geworden war, ließen sie seine Eltern kommen und fragten sie: „Ist das euer Sohn? Und könnt ihr bestätigen, daß er blind geboren wurde? Wieso kann er jetzt sehen?" Seine Eltern antworteten: „Er ist unser Sohn und er wurde blind geboren. Das wissen wir. Aber wie er sehend wurde, wissen wir nicht. Und wer ihn sehend gemacht hat, wissen wir auch nicht. Fragt ihn selbst; er ist alt genug, um für sich selbst zu reden." Das sagten die Eltern aus Furcht. Denn es war schon beschlossene Sache, daß alle, die Jesus als Messias bekennen, aus der Synagogengemeinschaft ausgestoßen werden.

Da riefen sie nochmals den Mann, der einst blind war und sagten: „Gib Gott die Ehre! Wir wissen, daß dieser Mensch ein Sünder ist." Er antwortete: „Ist er das? Das weiß ich nicht. Eins aber weiß ich: Ich war blind – und jetzt kann ich sehen." Da bohrten sie weiter: „Was hat er mit dir gemacht? Wie hat er dich sehend gemacht?" Er antwortete: „Das habe ich euch doch schon erklärt, aber ihr habt nicht zugehört. Warum wollt ihr es nochmal hören? Wollt ihr etwa auch seine Jünger werden?" Da beschimpften sie ihn und sagten: „Du bist sein Jünger. Wir sind Jünger des Mose. Wir wissen, daß Gott mit Mose geredet hat. Woher aber dieser Mensch kommt, wissen wir nicht." Der Geheilte antwortete: „Das ist doch seltsam, daß ihr nicht wißt, woher er ist. Dabei hat er mich doch sehend gemacht! Wir wissen, daß Gott die Sünder nicht erhört. Aber wer gottesfürchtig ist und Gottes Willen tut, wird erhört. Von Anfang der Welt hat man noch nie gehört, daß jemand einen Blindgeborenen sehend gemacht hat. Wäre dieser Mensch kein Gottesmann, könnte er nichts ausrichten." Da sagten sie zu ihm: „Du bist ganz und gar in Sünden geboren und willst uns belehren?" – und stießen ihn aus der Gemeinschaft aus.

Jesus erfuhr, daß sie ihn ausgestoßen hatten. Als er ihn fand, fragte er: „Glaubst du an den Menschensohn?" Der Mann antwortete: „Wer ist es, Herr? Ich will an ihn glauben!" Jesus sagte zu ihm: „Du hast ihn vor Augen. Der mit dir redet, der ist es." Da sagte er: „Herr, ich glaube!" und fiel vor ihm nieder. (Aus Johannes 9, gekürzt)

Der Blindgeborene wird zunächst von seinem körperlichen Leiden geheilt. Dazu muß er seinen eigenen Beitrag leisten: Er muß sich vertrauensvoll zum Teich Siloah schleppen und sich waschen. Als er zurückkommt, ist Jesus verschwunden.

Sofort gerät er in einen Strudel von Konflikten, in denen er sich bewähren muß. Keiner freut sich mit ihm; seine Heilung löst nichts als Neugierde, Verdächtigungen und theologische Haarspaltereien aus. Auch die Eltern lassen ihren Sohn feige fallen. Er steht allein da und hat nichts in Händen als die Erfahrung, daß Jesus ihn gesund gemacht hat. Die allerdings kann ihm keiner nehmen. Sie gibt ihm schließlich die Kraft, sich als Einzelner gegen die Attacken der religiösen Machthaber zu behaupten. Im Lauf der Debatte wächst sein Selbstbewußtsein; sein gesunder Menschenverstand hilft ihm, die Widersprüche seiner Gegner zu entlarven und auszusprechen. Vor allem zwingen ihn seine Gegner, genauer über Jesus nachzudenken. Zunächst ist dieser Jesus für ihn nur ein guter Mensch, der ihm geholfen hat. Aber schließlich begreift der Geheilte, daß Jesus ein Prophet und Gottesmann ist, während die Pharisäer nur ihre eigenen Satzungen und ihre eigene Macht verteidigen. Der ehemalige Bettler, lebenslang bevormundet und getreten, entdeckt seine Würde als Person. Sein Selbstbewußtsein gesundet. Das ist die zweite Heilung. Die Konfrontation endet damit, daß die Machthaber den „Dissidenten" exkommunizieren.

Erst am Ende kommt Jesus selbst zurück. Erst jetzt ist die Zeit reif für den dritten Heilungsschritt: den Schritt zum Glauben. Der Geheilte, der es geschafft hatte, aufrecht vor den Pharisäern zu stehen und Rückrat zu beweisen, kann vor Jesus niederfallen und ihn anbeten, weil er ihm vertrauen kann. Jesus war der einzige gewesen, der ihn wahrgenommen und angenommen hat – und der ihm zugetraut hat, selbständig eigene Schritte zu tun und zu seiner wahren Größe zu wachsen.

Es gibt auch spontane und plötzliche Heilungen: Ich selbst habe vor etwa acht Jahren an einer schweren Allergie gelitten, deren Ursache die Ärztin nicht feststellen konnte. Meine Lippen waren fast jede Woche einmal stark geschwollen; ich konnte an solchen Tagen meinen Beruf als Pfarrer nicht ausüben. Bei einem kleinen Gottesdienst im Freundeskreis haben einige Freunde für mich gebetet. Seither ist die Allergie spurlos verschwunden.

Gott heilt auch seelische Wunden. Die meisten von uns tragen noch die Narben der Kindheit mit sich herum. Vieles, was wehtut, haben wir unter einem Panzer versteckt. Vor allem unsere familiären Beziehungen sind oft gestört. Auch der Tod unserer Angehörigen heilt nicht immer die Wunden, die solche gestörten Beziehungen bei uns hinterlassen. Im Gebet um innere Heilung bitten wir Christus, mit uns an solche traumatischen Punkte unserer Biographie zurückzugehen, die alten Wunden zu berühren und zu heilen. Es gibt unzählige

Berichte von Menschen, die durch solch eine „Christotherapie" befreit und erneuert wurden.

Kenneth McAll, ein englischer Mediziner, hat bei seinen Patienten immer wieder erlebt, daß gestörte Beziehungen zu verstorbenen Familienmitgliedern körperliche und seelische Lähmungen verursachen können. Ihm fiel auf, daß sich solche Erkrankungen dort häufen, wo die Vorfahren gewaltsam ums Leben gekommen sind oder ohne Frieden mit Gott und ohne kirchliche Bestattung beerdigt wurden, wo Kinder abgetrieben wurden, wo sich Ehescheidungen gehäuft haben. Zusammen mit Pfarrern der anglikanischen Kirche hat dieser Arzt begonnen, mit solchen Menschen um Erlösung vom „Spuk" ihres Stammbaums zu beten. Als besonders hilfreich hat es sich erwiesen, wenn dieses Gebet im Rahmen eines Abendmahlsgottesdienstes stattfindet, in dem die Verstorbenen ausdrücklich in Gottes Hand zurückgegeben werden. Kenneth McAll erlebte die Macht der Fürbitte auch für Verstorbene und Abwesende, sogar für Nichtchristen und berichtet über erstaunliche körperliche und seelische Heilungen.

Es gibt viele ausgezeichnete Bücher über „Innere Heilung". Bücher aber reichen nicht. Wer sich innerlich gequält und gebunden fühlt, sollte eine Seelsorgerin oder einen Seelsorger aufsuchen, die etwas von der Kraft und ansteckenden Gesundheit Jesu Christi wissen. Ich werde gerne versuchen, denen, die mir schreiben, entsprechende Personen in ihrer geographischen Nähe zu nennen.

Gesprächsimpulse

– Austausch über Gesundheit und Krankheit und die Krise der Medizin

– Falls in der Gruppe schon genügend Vertrauen vorhanden ist: Austausch über eigene körperliche und seelische Nöte. Was müßte geschehen, damit Besserung eintritt?

– Unter Anleitung eines seelsorgerlich erfahrenen Gruppenleiters bzw. einer Gruppenleiterin: Jedes Gruppenmitglied zeichnet für sich seinen Familienstammbaum. Austausch über diese Stammbäume. Wenn möglich Gebet für die „neuralgischen" Punkte.

Zum Weiterlesen

Francis MacNutt, Die Kraft zu heilen. Das fundamentale Buch über Heilen durch Gebet, Graz 1986[5], Styria-Verlag. *derselbe:* Beauftragt zu heilen. Eine praktische Weiterführung, Graz 1985ʼ Styria-Verlag. Zwei Standardwerke über Heilung durch Gebet, mit vielen Fallbeispielen!

Matthew und Dennis Linn, Beschädigtes Leben heilen – Was Gebet und Gemeinschaft helfen können, Graz 1986[4], Styria-Verlag. In diesem psychologisch seriösen Standardwerk geht es vor allem um die Heilung seelischer Verwundungen.

Kenneth McAll, Familienschuld und Heilung, Salzburg 1986, Otto Müller Verlag. In diesem faszinierenden Buch schildert der englische Arzt, wie durch Gottesdienst und Gebet kranke Familienstammbäume wieder gesund wurden und wie Menschen vom Bann der familiären Vergangenheit befreit wurden.

5. KAPITEL

Der Zimmermann und die Kontrastgesellschaft

Anregungen und Übungen

1. Was weißt du über Jesus von Nazareth? Schreibe – eventuell mit Hilfe des Lexikons – einen Steckbrief dieses Mannes (wichtigste Lebensstationen und Daten). Was erscheint dir an dieser Person außergewöhnlich und bemerkenswert – aber auch unverständlich, rätselhaft und ärgerlich?

Im *Glaubensbekenntnis* bekennt die Christenheit:

Ich glaube an Jesus Christus,
Gottes eingeborenen Sohn, unsern Herrn;
empfangen durch den Heiligen Geist,
geboren von der Jungfrau Maria,
gelitten unter Pontius Pilatus,
gekreuzigt, gestorben und begraben.
Hinabgestiegen in das Reich des Todes,
am dritten Tage auferstanden von den Toten,
aufgefahren in den Himmel.
Er sitzt zur Rechten Gottes.
Von dort wird er kommen
zu richten die Lebenden und die Toten.

Welche dieser Aussagen kannst du nachvollziehen, welche verstehst du nicht, mit welchen hast du Schwierigkeiten?
2. In den vier Evangelien (Matthäus, Markus, Lukas und Johannes) wird sehr unterschiedlich über Herkunft und Geburt Jesu berichtet. Lies jeweils die ersten beiden Kapitel der Evangelien und überlege dir, welche besonderen Akzente hier gesetzt werden. (Für diese Aufgabe muß aus Platzgründen – ausnahmsweise – eine eigene Bibel benutzt werden!)
3. Viele Menschen leiden unter den bestehenden gesellschaftlichen Verhältnissen. Das Unrecht in der Welt ist offenkundig (vor allem das Gefälle zwischen reichen und armen Nationen). Immer wieder haben Menschen versucht, bessere Gesellschaftsordnungen zu entwerfen, sogenannte „Utopien". Träume deine eigene Gesellschaftsutopie! Was würdest du an den herrschenden Zuständen ändern, wenn du die Macht dazu hättest?

4. Die Geschichte vom „reichen Jüngling":

> *Ein Mann kam zu Jesus und fragte ihn: „Meister, was muß ich Gutes tun, um ewiges Leben zu erlangen?" Jesus erwiderte: „Was fragst du mich danach, was gut ist? Gut ist nur Gott! Willst du aber wirklich lebendig werden, dann halte die Gebote!" „Welche?" fragte der Mann. Jesus sagte: „Du sollst nicht töten, die Ehe nicht brechen, nicht stehlen, keine falsche Anklage erheben, ehre Vater und Mutter! und: Du sollst deinen Nächsten lieben wie dich selbst!" Da sagte der junge Mann zu ihm: „Das habe ich alles erfüllt; was fehlt mir noch?" Jesus antwortete ihm: „Willst du vollkommen sein, dann geh, verkaufe alles, was du hast und gib das Geld den Armen. Dann wirst du einen Schatz im Himmel haben. Und dann komm und folge mir!" Als der junge Mann das hörte, ging er traurig fort, denn er war sehr reich. Jesus aber sagte zu seinen Jüngern: „Ein Reicher hat es wirklich schwer, den Weg in Gottes Reich zu finden. Ich sage euch: Es ist leichter, daß ein Kamel durch ein Nadelöhr geht, als daß ein Reicher ins Reich Gottes gelangt." Als die Jünger das hörten, erschraken sie sehr und fragten: „Ja, wer kann denn dann gerettet werden?" Jesus sah sie an und sagte: „Menschlich gesehen ist es unmöglich; aber bei Gott ist alles möglich."* (Matthäus 19,16–26)

Versetze dich in den reichen Mann hinein und fühle den Konflikt, in dem er sich befindet! Weshalb genügt es offensichtlich nicht, moralisch zu leben („die Gebote zu halten")? Wie hättest du diesen Konflikt gelöst?

5. Jesus und die Kinder:

> *Die Jünger fragten Jesus: „Wer ist eigentlich der Größte im Himmelreich?" Jesus holte ein Kind, stellte es in den Mittelpunkt und sagte: „Wenn ihr euch nicht verändert und wie die Kinder werdet, dann kommt ihr nicht in Gottes Reich. Wer sich selbst klein macht und wie dieses Kind hier wird, der ist der Größte im Himmelreich. Und wer solch ein Kind in meinem Namen bei sich aufnimmt, der nimmt mich auf."* (Matthäus 18,1–5)

> *Da brachten sie Kinder zu Jesus, damit er sie berühre. Die Jünger aber fuhren diese Leute an. Als Jesus das merkte, wurde er zornig und sagte zu seinen Jüngern: „Laßt die Kinder zu mir kommen! Hindert sie nicht daran! Denn Menschen wie ihnen gehört das Reich Gottes. Wer das Reich Gottes nicht empfängt wie ein Kind, der kann nicht hineinkommen." Und er umarmte sie, legte ihnen die Hände auf und segnete sie.* (Markus 10,13–16)

Was meint Jesus deiner Meinung nach, wenn er seine Jünger auffordert, „wie die Kinder" zu werden? Welches Verhältnis hast du selbst zu Kindern? Wie erinnerst du dich an deine eigene Kindheit? Spiele die Geschichte von der „Kindersegnung" in der Phantasie durch: du selbst bist ein Kind, du wirst zu Jesus gebracht, damit er dich berührt. Wie ergeht es dir dabei? Wer bringt dich hin? Will dich jemand „abwimmeln?" Wie begegnet dir Jesus?

Die fünfte Expedition

Wer *war* Jesus von Nazareth? Wer *ist* Jesus Christus? Das sind die beiden Schlüsselfragen, die beantwortet werden müssen, wenn wir verstehen wollen, was es mit dem Christentum auf sich hat: die Frage nach einer *historischen* Gestalt, die vor etwa 2000 Jahren gelebt hat und hingerichtet wurde *und* die Frage nach dem *ewigen* Gottessohn, der lebendig ist und *heute* etwas mit uns zu tun haben will und kann. Christinnen und Christen glauben: die historische menschliche Gestalt *Jesus von Nazareth* und die ewige göttliche Gestalt *Jesus Christus* sind identisch. Der Mensch Jesus von Nazareth *ist* der fleischgewordene („inkarnierte") Sohn Gottes.

Der Name *Jesus* (oder *Jehoschua)* war im damaligen Judentum relativ verbreitet. Er bedeutet: *Jahwe hilft* oder *Jahwe rettet. Christus* ist kein Eigenname, sondern die griechische Form von *Meschiach* („Messias": der Gesalbte). In der frühen Christenheit bürgerte sich der Doppelname *Jesus Christus* ein. Dieser Name ist ein Bekenntnis: Jesus von Nazareth ist der Messias Gottes, den die Propheten angekündigt haben.

Es ist schwierig, beide Seiten Jesu (die menschliche und die göttliche) gleichzeitig zu betrachten. Auch die Leute in seiner Umgebung haben in ihm zunächst nur einen besonderen *Menschen* gesehen. Allerdings häuften sich die Besonderheiten dieses Menschen so sehr, daß in seiner Umgebung immer lauter gefragt wurde: Wer ist dieser Mensch? Krankheiten weichen vor ihm zurück; Stürme werden gestillt; und so wie er hat noch kein Mensch zuvor geredet! Er vergibt Sünden – das darf doch nur Gott! Er legt das göttliche Gesetz in einer Freiheit aus, die sich ein Mensch nicht nehmen darf. Das versetzte viele ins Staunen; andere versuchten, ihm gerade daraus einen Strick zu drehen.

Betrachten auch wir zunächst die menschliche Seite Jesu, seine irdische Biographie. Schon beginnen die Probleme: Eine Biographie im eigentlichen Sinne läßt sich von Jesus nicht schreiben. Die einzigen nennenswerten Quellen über sein Leben sind die vier Evangelien. So unterschiedlich sie sind, eines haben sie gemeinsam: Seine Kindheit und Jugend streifen sie nur flüchtig. Sie schildern in erster Linie die letzten zwei bis drei Jahre seines Lebens und in aller Breite seine letzten Tage und den Tod.

Was Jesus in den ersten 30 Jahren gemacht hat, wissen wir kaum. Unzählige Bücher sind geschrieben worden, die alle versuchen, diese Lücken zu schließen. In Ägypten sei Jesus gewesen, um sich dort in alte magische Praktiken einweihen zu lassen; in Indien und/oder China habe er die dortigen Weisheitslehren studiert; bei der strengen Sekte der Essener am Toten Meer habe er gelebt – so und ähnlich blüht die forschende Phantasie. Da die Quellen, die wir besitzen, all das nicht wirklich beweisen, ist es sinnvoller, das Naheliegende zu vermuten: Jesus lebte mit Maria und Joseph in Nazareth und arbeitete dort als Zimmermann wie Joseph. Dieser ist vermutlich früh gestorben. In den „öffentlichen" Jahren Jesu begegnet uns nur noch die Mutter Maria.

Als Jesus etwa 30 ist, erscheint er zusammen mit vielen anderen in der Wüste am Jordan. Dort tritt seit geraumer Zeit sein Vetter Johannes auf: ein rauher Asket, der – wie die Propheten des Alten Testaments – das Gottesgericht ankündigt: „Tut Buße (kehrt um)!" predigt er. Als Zeichen der Umkehr sollen sich die Menschen im Jordan taufen lassen. Auch Jesus reiht sich ein in die Schlange der Taufanwärter.

Jesus aus Galiläa kam an den Jordan zu Johannes und wollte sich von ihm taufen lassen. Johannes wehrte das ab und sagte: „Ich hätte es nötig, von dir getauft zu werden – und du kommst zu mir?" Jesus antwortete ihm: „Laß das jetzt zu! Wir haben den Auftrag, die ganze Gerechtigkeit zu erfüllen!" Da ließ er es zu. Gleich nach seiner Taufe stieg Jesus aus dem Wasser. Da öffnete sich für ihn der Himmel. Er sah den Geist Gottes wie eine Taube herabschweben und über sich kreisen. Und eine Stimme vom Himmel sprach: „Dies ist mein Sohn, mein Geliebter, der mir gefällt!". (Matthäus 3,13–17)

Jesus will nichts Besonderes sein. Er begibt sich solidarisch in die Schar der Sünderinnen und Sünder! Aber im Augenblick der Taufe hat er ein einschneidendes Erlebnis. Er weiß nun, daß Gott eine ganz besondere Beziehung zu ihm hat („Du bist mein lieber Sohn!") und ihn zu einer besonderen Aufgabe beruft.

Von nun an verändert sich sein Leben grundlegend: er wird Wanderprediger (wie einige der Propheten des Alten Testaments). Sein Weg führt ihn aber zunächst nicht zu den Menschen, sondern in die Tiefen und Abgründe der eigenen Seele: Jesus geht in die Abgeschiedenheit der Wüste, wo er auf sich selbst und auf Gott zurückgeworfen ist. Aus späteren Biographien bedeutender Christen und Christinnen wissen wir, daß auch sie lange Phasen der Einsamkeit durchlebt haben, in denen ihr Auftrag geklärt wurde und herangereift ist. Wahrscheinlich gibt es ohne solche „Wüstenerfahrungen" (auch im übertragenen Sinn) kein authentisches Christsein.

Die Wüste ist für Jesus der Ort der Versuchung. Seine Hauptversuchung besteht darin, an die Macht zu kommen, ohne zu leiden.

Nach seiner Taufe wurde Jesus vom Geist in die Wüste geführt, um vom Teufel versucht zu werden. Als er vierzig Tage und Nächte gefastet hatte, hungerte ihn. Da trat der Versucher zu ihm und sagte: „Bist du Gottes Sohn, dann sprich, daß diese Steine Brot werden. Er aber antwortete: „Es steht geschrieben: ‚Der Mensch lebt nicht allein vom Brot, sondern von jedem Wort, das aus Gottes Mund kommt.'"

Da führte ihn der Teufel mit sich in die heilige Stadt, stellte ihn auf die Tempelzinne und sagte zu ihm: „Bist du Gottes Sohn, so stürze dich hinab! Denn es steht geschrieben: ‚Er wird deinetwegen den Engeln befehlen, dich auf Händen zu tragen, damit du mit deinem Fuß an keinen Stein stößt.'" Da sagte Jesus zu ihm: „Ebenso steht geschrieben: ‚Du sollst den Herrn, deinen Gott, nicht versuchen!'"

Dann führte ihn der Teufel mit sich auf einen sehr hohen Berg, zeigte ihm alle Reiche der Welt und ihre Herrlichkeit und sagte zu ihm: „Das alles gebe ich dir, wenn du dich niederwirfst und mich anbetest!" Jesus erwiderte: „Weg mit dir, Widersacher! Es steht geschrieben: ‚Du sollst den Herrn, deinen Gott, anbeten und ihm allein dienen.'" Da verließ ihn der Teufel, die Engel traten zu ihm und dienten ihm. (Matthäus 4,8–11).

Jesus versteht seine Versuchungen nicht nur als Auseinandersetzung mit seiner eigenen dunklen Seite. Er kämpft gegen den *Teufel*, das böse Prinzip, die antigöttliche Kraft, den Gegenspieler Gottes. Mit ihm will Jesus keinen Kompromiß schließen. Er weist ihn durch sein unmißverständliches „Nein!" von sich.

Von nun an zieht Jesus predigend durch seine Heimat Galiläa. Seine Predigt ist fast identisch mit der Predigt des Täufers Johannes: *„Die Zeit ist erfüllt. Das Reich Gottes ist da. Kehrt um und glaubt an das Evangelium!"* (Markus 1,15). Und doch merkt man schnell, daß Johannes und Jesus das „Reich Gottes" unterschiedlich verstehen. Johannes meint: Bald kommt der Messias Gottes, der wird kurzen Prozeß machen und aufräumen mit allen Sündern. Alles, was vor ihm nicht bestehen kann, wird er vernichten. Das „Reich Gottes" ist für Johannes in erster Linie eine *Säuberungsaktion*, das Gericht Gottes über die Sünder. Diese Vorstellung geht auf eine Reihe von prophetischen Aussagen im Alten Testament zurück, die so von Gottes Kommen reden. „Gott kommt!" ist im Munde des Johannes eine *schlechte* Nachricht, eine *Drohbotschaft* für die sündige Menschheit. Johannes betont nur *eine* Seite Gottes: seine Gerechtigkeit. Er kann sich nicht vorstellen, daß am Ende bei Gott Gnade vor Recht und Liebe vor Strafe gehen könnte.

Bei Jesus wandelt sich das Bild. Das Kommen Gottes ist eine *gute* Nachricht und eine *Frohbotschaft* für die sündige Welt! Denn Gott kommt, um aufzurichten – nicht um hinzurichten. Gott kommt, um zu heilen und zu helfen statt zu strafen.

So ist es kein Wunder, daß Johannes, der mittlerweilen im Gefängnis sitzt, massive Zweifel hat, ob dieser Jesus der angekündigte „Messias" Gottes ist. Aber auch Jesus kann sich auf die Propheten des Alten Testaments berufen. Sie hatten ja nicht nur das Endgericht angekündigt, sondern zugleich die *Umwandlung und Erneuerung der Erde* durch Gott selbst. Und so läßt Jesus dem zweifelnden Johannes ins Gefängnis melden:

Blinde sehen und Lahme gehen, Aussätzige werden rein und Taube hören, Tote stehen auf, und den Armen wird die gute Nachricht verkündigt! (Matthäus 11,5)

Das waren Zeichen des Gottesreiches, die für die Zeit des Messias angekündigt waren. Der Prophet Jesaja zum Beispiel hatte verheißen:

Seid getrost, fürchtet euch nicht! Seht: euer Gott ist da! Gott, der Vergelter, kommt euch zu Hilfe. Dann werden die Augen der Blinden aufgetan und die Ohren der Tauben geöffnet. Dann werden die Lahmen springen wie ein Hirsch; die Zunge der Stummen wird jauchzen. (Jesaja 35,4–6)

Die unterschiedlichen Akzente, die Johannes und Jesus setzen, machen deutlich, daß beide *Juden* sind, die um die Frage ringen, was Gott mit der Welt vorhat. Wir verstehen Jesus und die Bibel nicht, wenn wir vergessen, daß Jesus Jude war. Wir verstehen das Neue Testament nicht ohne das Alte!

Man muß entweder Jude sein oder aufhören, die Bibel zu lesen. Die Bibel ergibt keinen Sinn für jemanden, der nicht ein ‚geistlicher Semit' ist. Die geistliche Bedeutung des Alten Testaments kann nicht darin bestehen, daß wir es einfach von seinem israelitischen Inhalt reinigen. Im Gegenteil! Das Neue Testament ist die Erfüllung dieses geistlichen Inhalts, die Erfüllung der Verheißung an Abraham, jener Verheißung, an die Abraham geglaubt hat. Deshalb ist das Neue Testament nicht die Aufhebung des Judentums, sondern seine Bestätigung. Diejenigen, die meinen, es sei die Aufhebung des Alten, haben es nicht verstanden.[1]

Wir müssen also einen etwas intensiveren Blick ins Alte Testament werfen, um zu verstehen, worum es bei Jesus geht. Das Reich Gottes, von dem Jesus redet, ist *Gottes Utopie und Zukunftsverheißung für die Welt,* die das Alte Testament von Anfang an bestimmt hat. Die *gesamte* Bibel redet davon, daß Gottes Verheißungen immer in eine neue, andere Zukunft weisen. Gott findet sich niemals mit dem „Status Quo", mit den real existierenden (ungerechten) Zuständen der Welt ab. Deswegen ist die biblische Geschichte die Geschichte eines Weges und eines wandernden Gottesvolkes, das unterwegs ist in die Zukunft. *„Ohne Vision (Utopie) gehen die Menschen zugrunde!",* heißt es in den Sprüchen Salomos (29,18).

Am Anfang des Alten Testaments sind es ganz handfeste und diesseitige Visionen und Verheißungen, die Menschen in Bewegung setzen. Da ist *Abraham,* der Nomade. Als Greis verläßt er sein wohlverdientes Altenteil, weil ihn Gott noch einmal zum Aufbruch ruft. Gott steckt dem Greis, der schon am Ende seines Lebens zu stehen meint, nochmals ein gewaltiges Ziel und verspricht dem kinderlosen Nomaden zweierlei: eigenes Land und Nachkommenschaft.

Jahwe sprach zu Abraham: „Verlasse dein Vaterhaus und deine Verwandtschaft und brich auf in ein Land, das ich dir zeigen werde. Ich will dich segnen und zu einem großen Volk machen... Durch dich sollen alle Geschlechter der Erde gesegnet werden."
(1. Mose/Genesis 12,1–3)

Der unscheinbare Aufbruch eines einzelnen Menschen soll zur Weichenstellung für die ganze Welt werden und unübersehbare Folgen haben! Abraham tut das scheinbar Unsinnige: er vertraut Gott und zieht tatsächlich los:

Abraham glaubte Jahwe, und das rechnete er ihm zur Gerechtigkeit an. (1. Mose/Genesis 15,6)

Aufbruch aus bisherigen Sicherheiten, Grenzüberschreitung in ein völlig unbekanntes Neuland, das ich noch nicht kenne: das ist es, was die Bibel *Glaube* nennt. Wir haben diesen wagemutigen Glauben bereits in der Geschichte von der blutflüssigen Frau kennengelernt. Abraham läßt sich auf die Verheißung Gottes ein. Aber schon bald

---

1 Thomas Merton, Conjectures of a Guilty Bystander, New York 1965, S. 14.

sieht alles danach aus, als ob er sich – zumindest teilweise – getäuscht hat. Seine Frau Sarah bekommt zwar einen Sohn, aber aus dem verheißenen Land wird die Sippe immer wieder vertrieben. Abraham stirbt, ohne die Erfüllung der Verheißung erlebt zu haben. Schließlich wird die ganze Familie nach Ägypten verschlagen, wo ihre Nachkommen als landlose und rechtlose Sklavinnen und Sklaven beim Pyramidenbau schuften müssen. In dieser hoffnungslosen Situation kommt es wiederum zum Aufbruch. Gott beruft *Mose,* das Volk in die Freiheit zu führen, in das „Gelobte Land". Aber kaum haben die Israeliten Ägypten auf wundersame Weise verlassen, kommt die nächste Enttäuschung: vierzig Jahre irrt das Volk durch die Wüste, hungrig, durstig, wieder ohne sichtbare Erfüllung der Verheißung. Jahwe ist nur erlebbar in der Bewegung, im Werden und Wachsen, in der Veränderung; er fordert immer wieder Vertrauen, Risikobereitschaft und Aufbruch. Das ist ermüdend. Der Mensch will etwas Festes haben. Aber wer sich in dieser Welt einrichtet und festlegt, kann mit Jahwe nichts mehr anfangen. So erging es auch dem Volk Israel: andere Götter begannen, ihre Faszination und ihren Reiz auf dieses Volk auszuüben. Die Menschen wollten etwas sehen und anfassen. Jahwe war so unsichtbar, unvorhersehbar und unberührbar. Während Mose auf dem Berg die Tafeln mit den 10 Geboten empfängt, bauen sich die Israeliten ein goldenes Kalb als Götterbild. Selbst die einstige Sklaverei wird nun verklärt: „Damals waren wir wenigstens satt!" Als die Israeliten dann schließlich doch das neue Land erreichen, in dem „Milch und Honig fließen" sollen, wird auch das zur Enttäuschung: Das Land ist nicht sonderlich fruchtbar und wird zudem von anderen bewohnt. Immer scheint es so zu sein, als ob die Versprechungen Gottes viel größer sind als das, was er schließlich hält.

Nach diesem Muster geht die Geschichte Israels weiter: Ein Königtum etabliert sich. Ewig soll es bestehen, verspricht der Prophet Jahwes. David baut ein Großreich auf, Salomo verwaltet es nur noch, schon nach wenigen Jahrzehnten bröckelt es ab und spaltet sich; das Land wird schließlich vom assyrischen und babylonischen Großreich erobert; der letzte König aus Davids Geschlecht kommt im Exil elend um. Auch diese Verheißung war offensichtlich nicht tragfähig. Salomos Tempel, für „ewige Zeiten" errichtet, wird nach dreihundert Jahren von den Feinden zerstört und geplündert. Auch diese Verheißung und Hoffnung trug nicht! Immer wieder hängt sich das Volk Israel an Verheißungen und Utopien, die sich nie so recht erfüllen. Hätte man gewußt, was wirklich kommt, wäre man wahrscheinlich niemals aufgebrochen, um Jahwe zu folgen.

Kaum ist alles verloren: Tempel, Land, Königtum – entwickeln Israels Propheten schon wieder eine neue Zukunftshoffnung. Viele Israeliten sind es zu diesem Zeitpunkt leid, sich noch einmal auf solche Versprechungen einzulassen. Aber andere bringen nochmals das Vertrauen auf, Gottes Wort zu glauben. Sie erkennen, daß sie selbst verantwortlich sind für das bisherige Scheitern der göttlichen Pläne. Die Propheten verkünden das künftige Friedensreich Jahwes und einen neuen König, der anders ist als alle bisherigen Herrscher: Er wird Frieden schaffen ohne Waffen; die Völker werden freiwillig herbeiströmen, um seine Stimme zu hören:

> *Das Volk, das im Finstern tappt, sieht plötzlich ein großes Licht. Über denen, die im Schattenreich wohnen, wird es hell ... Denn du (Jahwe) hast das drückende Joch auf ihren Schultern und den Stock ihrer Antreiber zerbrochen. Jeder dröhnende Soldatenstiefel, jeder Mantel, der durchs Blut geschleift wurde, wird verbrannt. Denn uns ist ein Kind geboren, ein Sohn ist uns geschenkt worden. Die Herrschaft ruht auf seinen Schultern. Er heißt: wunderbarer Rat, göttlicher Held, ewiger Vater, Fürst des Friedens. Seine Herrschaft soll groß werden. Der Friede soll nicht mehr aufhören.* (Jesaja 9,1–6)

Großartige Zukunftsgemälde entwickeln die Propheten ab etwa 700 vor Christus vom ewigen Frieden, den der „Messias" (Gesalbte) Gottes bringen wird. Die paradiesische Harmonie zwischen Gott und Mensch, Mensch und Mensch, Mensch und Natur soll sich wieder einstellen. Bedingung ist nur eines: der Glaube: *„Glaubt ihr nicht, so bleibt ihr nicht!"* (Jesaja 7,9)

Das hat unter anderem politische Konsequenzen. Jesaja fordert schon vor der Belagerung Jerusalems durch den Assyrer Sanherib (701), daß sich das Volk Israel nicht mit der Großmacht Ägypten verbindet, daß der König auf alle „Realpolitik" verzichtet und allein auf Gottes Hilfe vertraut!

Glaube heißt also immer wieder, einem verheißenen Neuland in der Zukunft mehr zu vertrauen als den bestehenden Verhältnissen – und das ist unheimlich schwer. Das gilt im „privaten" Bereich (zum Beispiel in zwischenmenschlichen Beziehungen, in Partnerschaften, im Verhältnis zwischen Eltern und Kindern) und im Berufsleben genauso wie in der Politik. Ohne Vertrauen ist kein Zusammenleben der Menschen möglich. Ohne Vertrauen zum Beispiel wäre es unverantwortlich, Kinder in unsere bedrohte Welt zu setzen. Deshalb ist jedes Kind ein Hoffnungszeichen. Die gesamte Geschichte Israels ist eine dauernde Zumutung solch einer Zukunfthoffnung, die ständige Forderung, das zu sehen und zu glauben, was *noch nicht* ist.

An diese Tradition knüpft Jesus an. Er schildert Gottes Utopie, das Reich Gottes. Und auch er fordert Vertrauen: „*Kehrt um und glaubt an die gute Nachricht!*" Aber eines ist neu: Jesus spricht nicht mehr von einer fernen Zukunft, sondern von der Gegenwart. Hier und jetzt ist es möglich, auszusteigen aus dem alten Leben und umzusteigen ins Gottesreich. Dieses Reich ist jetzt zum Greifen nah und offen für alle. Es ereignet sich nicht im Jenseits, sondern „mitten unter uns". Es geht dabei nicht um eine Methode, wie man nach dem Tod in den Himmel kommt, sondern um „ewiges Leben", das bereits jetzt anbrechen kann. Allerdings: Wie damals bei Abraham beginnt auch bei Jesus alles unscheinbar und fast unsichtbar. In seinen Gleichnissen verdeutlicht Jesus dieses Prinzip:

> *Womit wollen wir das Gottesreich vergleichen? Es ist wie ein Senf-korn. Wenn es ausgesät wird auf das Land, ist es das kleinste Samenkorn. Aber nach der Aussaat geht es auf und wird größer als alle anderen Sträucher, so daß sogar die Vögel in seinem Schatten nisten können.* (Markus 4,30)

Noch etwas ist neu bei Jesus: Er verkündigt nicht nur das Reich Gottes, sondern er setzt das alles sofort in die Tat um. Sein ganzes Leben veranschaulicht, was er meint. *Karl Marx* hat einmal gesagt: „Die Philosophen haben die Welt nur interpretiert. Es geht aber darum, die Welt zu verändern." An diesem Punkt hätten sich Jesus und Marx gut verstanden. Denn Jesus behauptet nicht nur, daß Gott heilt und vergibt – Jesus tut es. Er redet nicht nur davon, daß Arme und Schwache Liebe brauchen – er umgibt sich mit solchen Menschen und wendet sich ihnen zu. Jesus sagt nicht nur, daß Gott Gemeinschaft unter den Menschen will – er sammelt Männer und Frauen aus allen Volksschichten, die mit ihm ziehen und das „neue Leben" in der Alltagspraxis erproben.

Diese Gemeinschaft von Jüngerinnen und Jüngern (es waren weit mehr als die namentlich bekannten „zwölf Apostel"!) ist die *Keimzelle* der neuen Welt. In der engen Gemeinschaft mit Jesus und miteinander lernen sie die Lektionen eines Lebens, das in völligem Kontrast steht zu allem, was sie bisher kannten. Die Gemeinschaft um Jesus ist eine Kontrast-Gesellschaft. Hier findet eine Umwertung aller Werte statt. Es sind gewöhnliche Männer und Frauen wie wir, Schuldiggewordene, Überlastete, geprägt von den Denkmustern ihrer Gesellschaft, voller Aggressionen und voller Träume. Jesus stellt keinerlei Vorbedingungen – bis auf eine: „Mach dich auf! Komm mit! Laß dich auf mich ein!"

Im Laufe der Zeit verändert sich dann allerdings in dieser neuen

Umgebung so ziemlich alles: alte Prägungen, Ängste und Gewohnheiten werden überflüssig, weil etwas Neues eingeübt wird: Vertrauen. In einer Gesellschaft, in der das gesamte religiöse und politische Leben auf Gesetz und Kontrolle aufgebaut ist – man denke nur an das Beispiel der Pharisäer – ist Vertrauen etwas Revolutionäres. Das Neue Testament läßt keinen Zweifel daran, daß es lange gedauert hat, bis einzelne Menschen in der Umgebung Jesu diese innere Umwandlung tatsächlich vollzogen haben. „Bekehrung" ist ein lebenslanger Prozeß. Jesus sagt zu Petrus, nachdem dieser schon jahrelang mit ihm unterwegs war: *„Wenn du dich dermaleinst bekehrt haben wirst, dann stärke auch deine Brüder und Schwestern im Glauben!"* Die alten Sicherheiten können in Krisenzeiten wieder attraktiv werden – oder so stark sein, daß Menschen wie der „reiche Jüngling" das Loslassen und Hergeben – zunächst – nicht schaffen.

Deswegen waren es damals wie heute eher die Armen, die Jesus verstanden haben. Sie hatten nichts zu verlieren oder zu verteidigen. Sie konnten alles auf eine Karte setzen. Viele Menschen kommen erst dann zum Glauben, wenn sie persönlich scheitern, wenn die bisherigen Sicherheiten und Durchhaltetaktiken nicht mehr funktionieren.

Weil Jesus weiß, wie sehr wir Menschen an trügerischen Sicherheiten festhalten, unternimmt er alles, um unser Vertrauen zu stärken. Er verspricht uns, daß die Angst unbegründet ist, wir könnten in einem Leben mit Gott irgendwie zu kurz kommen. Deshalb ermutigt der Engel Gabriel die Hirten schon bei der Geburt Jesu: *„Fürchtet euch nicht!"* Deshalb versichert Jesus in der Bergpredigt immer wieder: *„Euer Vater weiß, was ihr braucht!"* Deshalb kann es später im 1. Johannesbrief heißen: *„Furcht ist nicht in der Liebe, sondern die vollkommene Liebe treibt die Furcht aus."*

Ich vergleiche die Gemeinschaft um Jesus herum gerne mit einer *Kläranlage.* Eine Kläranlage hat die Aufgabe, verschmutztes und vergiftetes Wasser zu reinigen, so daß es wieder genießbar ist. Dazu werden beispielsweise Bakterien eingesetzt, die Schmutz und Gifte absorbieren und biologisch umwandeln. Nach der Klärung fließt das Wasser wieder genießbar in die Leitungen. Jesus ist gewissermaßen Gottes *Klärmittel.* Er absorbiert den Schmutz, er entgiftet das „Lebenswasser" der Menschen, die sich auf ihn einlassen. Seine Worte waren *reinigend.* Sein Verhalten war *klärend.* Es gibt keinen Menschen, bei dem Reden und Handeln so übereinstimmen wie bei ihm.

So konnte es nicht ausbleiben, daß die Menschen, die in seiner Nähe lebten, immer mehr merkten: Jesus ist mehr als ein Prophet. Nicht nur seine Worte kommen von Gott. Sondern die *Botschaft* und der *Bote* sind in einer besonderen Weise eins. Der Bote *ist* die Botschaft.

Gerade weil Wort und Person Jesu so stimmig sind, reicht es nicht, die Entscheidung zu fällen: Diese Botschaft ist gut oder schlecht, richtig oder falsch. Es geht immer auch um eine Entscheidung über den Boten: Wer ist dieser Mensch? Vor dieser Entscheidung standen auch die Jünger, nachdem sie schon eine ganze Weile mit Jesus unterwegs waren:

Jesus fragte seine Jünger: „Für wen halten mich die Leute eigentlich?" Sie antworteten: „Sie sagen, du bist (der auferstandene) *Johannes der Täufer; andere halten dich für Elia* (ein alttestamentlicher Prophet, dessen Rückkehr die Juden vor der Ankunft des Messias erwarteten), *andere sagen, du bist Jeremia oder irgendein anderer Prophet." Da fragte er sie: „Für wen haltet denn ihr mich?" Da antwortete Simon Petrus: „Du bist der Messias, der Sohn des lebendigen Gottes!" Und Jesus antwortete ihm: „Glücklich bist du zu preisen, Simon, denn Menschen haben dir das nicht offenbart, sondern mein Vater im Himmel."* (Matthäus 18,13–17)

Wer *war* Jesus von Nazareth? Wer *ist* Jesus Christus? Heute sagen einige: Ein Guru oder ein „Erleuchteter", wie etwa Buddha. Andere sagen: Ein gescheiterter Träumer und Utopist. Wieder andere: Ein jüdischer Rabbi oder Prophet, der erst nach seinem Tod von seinen Jüngern zum Messias und Gottessohn hochstilisiert wurde. Vielleicht war er das alles *auch*. Wer aber die Überlieferungen ehrlich und kritisch prüft, wird merken: Jesus geht in keiner dieser Kategorien auf. Jesus ist immer auch *anders* und *mehr* und sprengt am Ende solche Vergleiche. Und Jesus ist unseren Versuchen, ihn nachzuahmen oder einzuholen auch heute noch immer voraus.

Die Kirche der ersten Jahrhunderte hat sich bemüht, die beiden Seiten Jesu – die menschliche und die übermenschliche, göttliche – „zusammenzubringen", ohne daß eine der beiden Seiten dabei zu kurz kommt. Das Ergebnis war die Lehre von der „Inkarnation", der „Menschwerdung Gottes": Gott selbst hat sich in diesem Menschen Jesus Christus den Menschen gezeigt wie er wirklich ist: ein liebender Vater. Er wollte teilhaben an unserem Schicksal, er hat sich mit uns identifiziert.

In Christus ist Gott selbst unter uns! Auf dieses Geheimnis wollen auch die Evangelisten Matthäus und Lukas hinweisen, wenn sie schreiben, daß die Mutter Jesu Jungfrau war, daß Jesus zwar einen himmlischen, aber keinen irdischen Vater hatte. Mit der Geburt Jesu Christi ist nicht eine neue Person entstanden, die vorher nicht existierte, sondern Gottes Sohn, der schon „von Ewigkeit her" beim Vater war, ist Mensch geworden.

Die meisten heutigen Menschen des „Westens" tun sich sehr schwer mit der Geschichte von der Jungfrauengeburt. Das klingt zu sehr danach, als ob hier die Sexualität abgewertet werden soll, als ob eine normale Zeugung zu „schmutzig" wäre für Gottes Sohn. Gerade weil die spätere Kirche die Sexualität oft verteufelt hat, kann dieser Eindruck leicht entstehen. In der Bibel selbst freilich haben die Geschichten von der Jungfrauengeburt nichts Antisexuelles oder Frauenfeindliches. Im Gegenteil: Maria wird als starke Frau geschildert, die die göttliche Herausforderung annimmt und „Ja" sagt zu Gottes Wegen. Ein noch größeres Hindernis für den Glauben an die Jungfrauengeburt liegt aber wohl in der Tatsache, daß solche Dinge einfach nicht in ein „wissenschaftliches" Weltbild passen, in dem nur das zählt, was man sehen oder messen kann. Obwohl mittlerweilen viele Naturwissenschaftler daran zweifeln, ob diese Sicht der Welt haltbar ist, bestimmt sie noch immer große Teile unseres Denkens. In diesem Weltbild ist für Wunder oder „übernatürliche" Eingriffe Gottes kein Platz. Vielleicht hilft uns ein Blick nach „Osten": An die Jungfrauengeburt Christi glauben auch die Moslems, obwohl sie Jesus nicht für Gottes Sohn halten und sexuell nicht sonderlich verklemmt sind. Auch Buddhisten und Hindus haben mit solchen göttlichen Wundern keine Schwierigkeiten. Von ihren Gurus und Heiligen werden ähnlich außergewöhnliche Dinge berichtet wie das, was im Neuen Testament geschieht. Die Begegnung mit den östlichen Religionen kann uns helfen, unsere verengte „rationalistische" Sicht der Welt zu überwinden. Gott ist nicht der Gefangene sogenannter „Naturgesetze", die wir sowieso nur ungenügend kennen. Auch viele Naturwissenschaftler sind heute bereit, die Begrenztheit ihres Wissens zuzugeben. Gott ist der souveräne Herr der Geschichte und der Natur. Keine Religion, auch das Christentum nicht, läßt sich mit einer „wissenschaftlichen" Weltsicht vereinbaren, die nur das gelten läßt, was man sehen und messen kann. Religion ist immer auch ein Protest gegen diese Einengung der Wirklichkeit. Gott greift direkt und leibhaft in die Materie ein und nimmt sie in der Menschwerdung seines Sohnes an. Der Kirchenvater Athanasius hat es so formuliert: „Was nicht angenommen ist, ist auch nicht erlöst."

Wir können mit religiösen Aussagen, die nicht in unser Weltbild passen, zweierlei machen: Wir können sie streichen oder zurechtinterpretieren, bis die Disharmonie behoben ist. Oder wir können unser bisheriges Weltbild in Frage stellen. Vielleicht ist es zu begrenzt. Die sogenannte New-Age-Bewegung hat in den letzten Jahren das bisher gängige Weltbild in Frage gestellt und sich dabei auf neuere physikalische Erkenntnisse und die Weisheit östlicher Religionen berufen. Es würde den Rahmen dieses Buches sprengen, das Verhältnis zwischen Christentum und New Age zu untersuchen. Eine gute erste Einführung bietet das kleine Buch von *Erwin Haberer*, das in den Literaturhinweisen angegeben ist.

Das Geheimnis der Person Jesus Christus ist das Geheimnis der Liebe Gottes: Er wurde einer von uns und blieb doch ganz er selbst. Liebe vereinigt immer beides in sich: Hingabe (sich selbst verlassen) – und die Erfahrung, daß ich erst im Akt der Hingabe ganz zu mir selbst komme. In Jesus Christus gibt sich Gott ganz hin an seine geliebten Menschen – und kommt gerade dadurch zu sich selbst, zu seinem „Wesen", das Liebe ist.

Gesprächsimpulse

– Zusammentragen, welche Seite Jesu einem persönlich am wichtigsten ist und mit welchen Zügen seiner Person wir nicht zurechtkommen

– Rollenspiel „Der reiche Jüngling": Jeweils zwei TeilnehmerInnen spielen die Szene nach. Wenn möglich können alle Mitglieder der Gruppe je einmal den jungen Mann und Jesus spielen. Hinterher Austausch über die Gefühle und Gedanken in beiden Rollen. In einem erweiterten Rollenspiel können auch andere Elemente der Geschichte gespielt werden: mögliche Zuschauer, der Reichtum, der Weg...

– Betrachtung verschiedener Jesusbilder; welches gefällt mir oder spricht mich an? Wie sieht „mein" Jesus aus?

– Diskussion über das Weltbild der TeilnehmerInnen des Gesprächs. Was ist ein Wunder? Haben wir selbst schon Wunder erlebt?

– Diskussion über die Frage der Jungfrauengeburt.

Zum Weiterlesen

Kallistos Ware, Der Aufstieg zu Gott – Glaube und geistliches Leben nach ostkirchlicher Überlieferung, Freiburg 1983, Herder Verlag. Kapitel 4: „Gott – der Mensch", vor allem der Abschnitt: „Warum eine jungfräuliche Geburt?" Der Autor führt in die Glaubenswelt der orthodoxen Kirche ein. Seine Ausführungen können uns helfen, unser einseitig rationales Denken zu überwinden und „mystische" Zugänge zu Gott zu entdecken.

Nikos Kazantzakis, Die letze Versuchung, 1984, rororo 5464. Dieser Jesus-Roman, dessen Verfilmung große Proteste ausgelöst hat, geht der Frage nach, was gewesen wäre, wenn Jesus ein ganz normales bürgerliches Leben mit Familie geführt hätte. Diese Versuchung, „ganz normal" zu sein, verfolgt Jesus bis zuletzt. Er entscheidet sich gegen sie, weil er seinem Auftrag gehorsam sein will.

Hanna Wolff, Jesus der Mann, Stuttgart 1985[8], Radius Verlag. Die Autorin deutet Jesus aus tiefenpsychologischer Sicht und stellt fest, daß Jesus als Mann viele „weibliche" Eigenschaften „integriert" hat und gerade auch deshalb ein vollkommener Mensch ist.

Erwin Haberer, Herausforderung New Age, München 1989, Evangelischer Presseverband. Eine knappe, aber sehr informative Einführung in das Gedankengut von New Age mit einer profilierten christlichen Stellungnahme.

Gerd Theissen, Der Schatten des Galiläers. Historische Jesusforschung in erzählender Form, München 1987[3], Chr. Kaiser Verlag. Eine spannende Schilderung der sozialen und politischen Verhältnisse zur Zeit Jesu, auf deren Hintergrund seine Botschaft hautnah erlebbar wird.

6. KAPITEL

Warum ist Jesus
nicht im Bett gestorben?

Anregungen und Übungen

1. Für diese Übung brauchst du mindestens eine halbe Stunde Zeit und einen Raum, wo du ungestört bist. Schließe die Augen und stelle dir die folgende Szene möglichst plastisch vor. Verweile dabei an jedem Punkt und achte auf deine Gefühle!

Ich liege im Krankenhaus und bin schwer krank.
Der Arzt teilt mir mit, daß ich nur noch wenige Wochen zu leben habe.
Ich versuche zu spüren, was diese Nachricht in mir auslöst.
Ich überlege mir, was ich vor meinem Tod noch erledigen möchte.
Mit wem würde ich gerne über meine Gefühle sprechen?
Wen würde ich in meinem Testament bedenken?
Wie sollte meine Beerdigung gestaltet werden?
Was sollte in der Leichenrede über mich gesagt werden?
Wen möchte ich in meinen letzten Stunden um mich haben?
Ich stelle mir meine letzten Stunden vor.
Ich stelle mir vor, wie ich sterbe.
Ich sehe, wie ich mich im Augenblick des Todes von meinem Körper löse.
Ich stelle mir meine Beerdigung vor.

Ich empfehle dir, über diese Übung mit einem anderen Menschen zu reden. Wenn du während der Übung merkst, daß sie zu schwierig oder zu angsterregend für dich ist, nimm dir bitte die Freiheit, sie abzubrechen.

2. Aus Psalm 22:

Mein Gott, mein Gott, warum hast du mich verlassen?
Ich schreie. Aber meine Hilfe ist fern. Mein Gott!
Ich rufe den ganzen Tag, aber du antwortest nicht.
Ich rufe die ganze Nacht und finde doch keine Ruhe.
Unsere Väter und Mütter hofften auf dich.
Sie hofften – und du hast ihnen geholfen.
Sie schrien zu dir – und wurden gerettet.
Sie setzten auf dich – und gingen nicht zugrunde.
Ich aber bin ein Wurm und kein Mensch,
ein Spott für die Leute, verachtet vom Volk.

Wer mich sieht, verspottet mich,
reißt das Maul auf, schüttelt den Kopf:
„Er klage Jahwe sein Leid, der soll ihm helfen,
der rette ihn, wenn er Lust dazu hat."
Weggeschüttet bin ich wie Wasser,
meine Knochen haben sich voneinander gelöst.
Das Herz zerschmilzt in meinem Körper wie Wachs.
Meine Kräfte sind vertrocknet wie eine Scherbe.
Die Zunge klebt mir am Gaumen.
Wilde Köter haben mich umringt,
die Bande der Bösen ist um mich.
Sie haben meine Hände und Füße durchbohrt.
Ich kann meine Knochen zählen.
Sie aber weiden sich an meinem Anblick,
sie blicken voller Verachtung auf mich herab.
Sie teilen meine Kleider unter sich.
Sie verlosen mein Gewand . . .

In diesem Gebet, das viele Jahrhunderte vor Christus aufgeschrieben wurde, beschreibt ein „Gerechter", wie er leidet. Viele Motive dieses Psalms kehren in der Passionsgeschichte Christi wieder. Versetze Dich in den Beter oder die Beterin dieses Psalms hinein. Gibt es Aussagen, mit denen du Dich aus eigener Lebenserfahrung identifizieren kannst?

3. Aus Jesaja 53:

Er war nicht schön. Er war nicht groß.
Wir haben ihn gesehen – aber da war keine Erscheinung,
die uns beeindruckt hat.
Er war der Allerverachtetste, der Unwerteste,
nichts als Schmerzen und Krankheit.
Er war so verachtet, daß man das Gesicht bedeckte vor ihm.
Für nichts haben wir ihn geachtet.
Und doch: Er trug unsere Krankheit,
er lud sich unsere Schmerzen auf.
Wir aber dachten: Der wird von Gott gequält,
geschlagen und gefoltert.
Aber es ist unsere Schuld, die ihn verwundet.
Es ist unsere Sünde, die ihn zerreißt.
Die Strafe ist ihm auferlegt, damit wir Frieden finden.
Und seine Wunden machen uns heil.

Die Vorstellung, daß ein „Gerechter" stellvertretend für andere leidet, findet sich in den späteren Schriften der israelitischen Propheten, vor

Schwedisches Kruzifix, 12. Jh.
Der leidende König

allem in diesem berühmten „Gottesknechtslied", das mindestens 500 Jahre vor Christus aufgeschrieben wurde. Immer wieder haben sich die LeserInnen dieser alten Weissagungen gefragt, wer in diesem Lied gemeint ist. Ist das jüdische Volk dieser „Gottesknecht", der immer wieder zum Sündenbock für alle anderen Völker wird? Spricht der Prophet von sich selbst? Oder ist es eine Weissagung auf Christus hin, wie die Kirche später gemeint hat? Die Frage bleibt offen. Aber dieses Lied zeigt, daß stellvertretendes Leiden den Juden nicht fremd war. Hast du schon einmal erlebt, wie jemand stellvertretend für dich etwas Schweres auf sich genommen hat? Warst du selbst schon einmal solch ein „Stellvertreter?"

4. Bildbetrachtung Kreuzigung. Betrachte die Gesichtszüge des Gekreuzigten. Was drücken sie für dich aus?

5. Der Apostel Paulus schreibt mehr als 20 Jahre nach der Kreuzigung Jesu an die Korinther:

> *Als ich zu euch kam, kam ich nicht mit großen Reden und großer Weisheit daher, um euch das Geheimnis Gottes zu sagen. Ich hatte beschlossen, nichts zu kennen als allein Jesus Christus den Gekreuzigten! So kam ich zu euch schwach, ängstlich und zitternd. Ich habe euch nicht mit menschlicher Weisheit betört. Gott selbst hat seinen Geist und seine Kraft bewiesen, damit euer Glaube nicht auf menschlicher Klugheit beruht, sondern allein auf Gottes Kraft.*
> (1. Korinther 2,1–5)

Weshalb ist deiner Meinung nach die Botschaft vom Kreuzestod Jesu für menschliche Logik und Klugheit anstößig und ärgerlich?

Die sechste Expedition

400 Jahre vor Christus verurteilt die Stadt Athen den Philosophen *Sokrates* zum Tode. Durch seine Lehren habe er Unruhe gestiftet, die Jugend verführt und die Götter gelästert, heißt es in der Begründung. Er soll einen Becher Gift trinken und so seinem Leben selbst ein Ende setzen. Die Freunde sind verzweifelt, raten zur Flucht. Aber Sokrates will nicht. Er hat keine Angst vor dem Tod. „Entweder ist mit dem Tod alles aus", sagt er, „dann gleicht der Tod einem tiefen und traumlosen Schlaf. Und was gibt es Schöneres als eine Nacht, in der man so schlafen kann? Oder der Tod ist ein Übergang in eine bessere Welt. Die Seele befreit sich von der Last des alternden Körpers und geht in die ewige Welt seliger Geister ein. Beides ist einem mühevollen Leben hier auf Erden vorzuziehen." Und so trinkt der Philosoph den Giftbecher: heiter, gelassen, zufrieden.

Jesus stirbt ganz anders. Heitere Gelassenheit angesichts des Todes ist ihm fremd. Auch in dieser Beziehung ist er Vollblutjude. Denn für die Juden ist Jahwe ein Gott des Lebens, des Lebens *vor* dem Tod. Wir haben schon davon gesprochen, wie irdisch und diesseitig die Hoffnungen und Verheißungen des Alten Testaments sind: Nachkommen, Land, Königtum, Tempel, Essen, Trinken und Feiern, das messianische Friedensreich, der Völkerfriede – alles irdische Hoffnungen. Die Erde läßt sich nicht so leicht ausspielen gegen den Himmel. Leben ist Beziehung, Freundschaft, Liebe, Volk. Im Tode bricht das alles ab. Der Tod ist der Feind des Lebens und deshalb Gottes Feind.

Erst ganz spät und nur an wenigen Stellen des Alten Testaments ist eine Hoffnung auf ein Leben *nach* dem Tod zu finden: Gott, der die Welt aus dem Nichts erschaffen hat, kann auch die Toten zurückrufen ins Leben. Zur Zeit Jesu teilten nicht alle Juden diese Ansicht. Zwischen der Partei der *Pharisäer*, die an die Auferstehung glaubten, und der Partei der *Sadduzäer*, die meinten, mit dem Tod sei alles aus, tobte ein erbitterter Streit über diese Frage. Bei diesem Thema teilte Jesus die Meinung der Pharisäer.

Zurück zur Ausgangsfrage dieses Kapitels: Warum ist Jesus nicht im Bett gestorben? Ein Kind hat so gefragt. Eine gute Frage. Warum geht Jesus den Weg ans Kreuz? Warum stirbt er, der Liebhaber des Lebens, nicht „alt und lebenssatt", wie es jeder Jude sich wünschte?

Auch seine Jünger waren nicht auf dieses Ende vorbereitet. Gleich nachdem Petrus erkannt hat: „Du bist der Messias!" kündigt Jesus seinen Freunden das baldige Ende an:

> *Seit dieser Zeit fing Jesus Christus an, den Jüngern zu sagen, daß er nach Jerusalem gehen und viel leiden müsse von den Ältesten und Oberpriestern und Schriftgelehrten und getötet werden und am dritten Tag auferstehen. Da nahm ihn Petrus beiseite und fuhr ihn an: „Gott bewahre, Herr! Das soll dir auf keinen Fall passieren!" Er aber drehte sich um und sagte zu Petrus: „Weg mit dir, Satan! Du führst mich in Versuchung. Denn du willst nicht, was göttlich ist, sondern was menschlich ist."* (Matthäus 16,21–23)

Jesus von Nazareth, der Messias? Ja, aber ganz anders als es die meisten erwartet haben. Nicht der Machtmensch, der eingreift und aufräumt und Israel politisch nach oben bringt. Er wählt stattdessen den Weg des Leidens. Das ist das Ende menschlicher Allmachtsträume. Heimlich haben die Jünger ja schon gestritten, wer einmal welchen Ministerposten bekommt, wenn Jesus zum König gekrönt wird. *Judas* gehörte wahrscheinlich einer Guerilla-Gruppe an, die mit Gewalt versuchte, das Land aus der Knechtschaft der Römer zu befreien. Er hat womöglich gemeint, dieser Jesus würde zunächst in aller Stille Leute um sich sammeln, um dann im geeigneten Augenblick zuzuschlagen und die Macht an sich zu reißen. Stattdessen zieht Jesus zur Hauptstadt Jerusalem, bereit, sein Leben zu opfern. Der Zeitpunkt ist das Pessachfest. Gläubige Juden bemühten sich, dieses Fest in der Hauptstadt zu begehen. Das Pessachfest war – und ist – die jüdische Erinnerung an den Auszug des Volkes aus der ägyptischen Sklaverei. Damals hatten die Israeliten Lämmer geschlachtet und ihre Türpfosten mit dem Blut der Tiere bestrichen. Als Gott die Erstgeburten der Ägypter schlug, verschonte der „Würgeengel" die Häuser, an deren Türen das Tierblut klebte.

Auch Jesus will mit seinen Freunden das Pessachfest nach altem Brauch feiern: Ein Lamm wird im Tempel geschlachtet und im Kreis der nächsten Angehörigen rituell verspeist. Dieses Pessachessen wird Jesu Henkersmahlzeit. Jesus selbst wird zum neuen Pessachlamm. Wie damals in Ägypten die Teilnahme am Pessachmahl Zeichen des Bundes war, Beweis der Zugehörigkeit zum Gottesvolk, Bewahrung und Aufbruch signalisierte, so werden nun die Jünger Jesu zur Kerngruppe des neuen Gottesvolkes, des neuen Bundes. Während der Mahlzeit nimmt Jesus das Brot und den Becher, sagt Dank nach altem Brauch. Aber dann verändert er eigenmächtig den Ritus: *„Das ist mein Leib. Das ist mein Blut"*, sagt er.

Nach dem Essen geht es Schlag auf Schlag. Ein Nachtspaziergang führt Jesus und seine Jünger vor die Stadtmauern. Dort befindet sich ein verlassener Ölbaumgarten, Gethsemane. Jesus läßt die Jünger zurück. In der Einsamkeit der Nacht beginnt er zu beten. Er ringt mit Gott. Er will nicht sterben. Am Ende weiß er: es gibt keinen anderen Weg. Er nimmt ihn an. Dann kommt Judas, zusammen mit einer Abteilung Soldaten. Der Kuß, Symbol der Liebe und Freundschaft, wird zum Zeichen des Verrats: „Der ist es, den ergreift!" Vielleicht hat Judas seinen Meister – wie gesagt – verraten, um ihn zum Handeln zu zwingen. Wenig später erhängt sich der Jünger, als er merkt, daß man mit Jesus kurzen Prozeß macht. Die anderen Jünger nutzen den Schutz der Nacht zur Flucht.

Man schleppt Jesus vor das „Synhedrion", den „Hohen Rat". Trotz der römischen Besatzung gab es noch eine gewisse jüdische Gerichtsbarkeit, vor allem in religiösen Angelegenheiten. Im „Hohen Rat" saß der Adel, der sich zur Partei der *Sadduzäer* zusammengeschlossen hatte. Der oberste Hüter des Gesetzes ist in diesem Jahr ein Mann namens *Kaiphas*, der „Hohe Priester".

Eine der Hauptanklagen lautet: Jesus hat das *Gesetz* gebrochen. Immer wieder hat er am Sabbat geheilt. Man durfte zwar einem Kranken helfen, der an einem Sabbat verunglückt war. Jesus aber hat am Sabbat nicht nur Erste Hilfe geleistet. Er hat auch Menschen geheilt, die schon jahrzehntelang krank waren. Solche Heilungen hätten auch auf Sonntag oder Montag verschoben werden können. Um das *Gesetz* geht es in diesem Prozeß. Das Gesetz galt den Juden als Hilfe zum Leben, als Rahmen, Norm und Wegweiser. Bis heute gibt es ein jüdisches Fest, das „Freude am Gesetz" heißt. An diesem Tag kann man in Israel erleben, wie strenggläubige alte Männer ausgelassen um die Gesetzesrollen (Tora) tanzen und singen. Als Hilfe zum Leben hat auch Jesus das Gesetz geschätzt und geachtet. Aber dieses Gesetz hatte zu seiner Zeit eine Eigendynamik entwickelt. Es wurde von vielen Gesetzestreuen dazu benutzt, sich abzugrenzen, sich über andere zu erheben. Nun war das Gesetz nicht mehr für die Menschen da, wie Jesus es wollte, sondern die Menschen wurden Sklaven des Gesetzes. Das aber hat Jesus abgelehnt.

Hinter dem engen Gesetzesglauben steht eine ganz bestimmte Vorstellung von Gott. Gott ist eine Art Buchhalter oder Polizist im Himmel, der genau aufpaßt, wie oft das Gesetz übertreten wird. Am Jüngsten Tage wird dann abgerechnet: Gott wägt die guten und die bösen Taten ab. Nur wenn beide Seiten das gleiche Gewicht haben, legt Gott auf der guten Seite eins zu. Das – und nur das – ist seine Barmherzigkeit. Wenn aber die Sünden überwiegen, kann Gott selbst nichts mehr machen.

Das wichtigste Gesetz war die Einhaltung des Sabbats. Bis heute kämpfen strenggläubige Juden in Israel darum, daß am Sabbat das gesamte öffentliche Leben lahmgelegt wird. Man war – und ist – folgender Ansicht: Wenn alle Juden ohne Ausnahme wenigstens einmal den Sabbat einhalten, dann kommt der Messias. Jede Heilung, die Jesus am Sabbat getan hat, bedeutete für sie: die Ankunft des Messias wurde ein weiteres Mal vereitelt! Für Jesus hatte der Sabbat, wie wir bereits beschrieben haben, einen anderen Sinn: Der Sabbatfriede ist für ihn das Symbol der wiederhergestellten Schöpfung. Diesem Ziel dienen gerade die Heilungen. Sie weisen auf den „Schalom" hin, jene umfassende Ruhe, Ganzheit und Geborgenheit, für die die Welt nach Gottes Willen bestimmt ist.

Hinter dem Vorwurf der Gesetzlosigkeit verbarg sich noch ein anderes, unausgesprochenes Motiv: Eifersucht und Neid. Viele Schriftgelehrte und Pharisäer bemühten sich mit großem Einsatz, das einfache Volk zum strengen Gesetzesgehorsam zu bekehren. Aber ihre Art wirkte so arrogant und besserwisserisch, ihr Lebenswandel so freudlos und verklemmt, daß sie oft eher Spott und Ablehnung ernteten als Zuspruch. Jesus dagegen flogen die Herzen der Massen gleichsam zu.

Gerade die einfachen Leute fühlten sich akzeptiert von ihm. Er forderte nichts als schlichtes Vertrauen und zeigte den Menschen, daß Gott liebenswert und befreiend ist: *„Euer Vater weiß, was ihr braucht!"* Wenn Gott so war, wie Jesus es sagte (und lebte), dann war es schön, ein Gotteskind zu sein. Das haben die einfachen Fischer, die Taglöhner, die Frauen und Kinder, die Sünder und Ausgestoßenen sofort begriffen.

Todeswürdige Verbrechen freilich konnte man Jesus nicht vorhalten. Da mußte ein Vergehen von anderem Kaliber her. Man fand es: *Gotteslästerung!* Hatte sich dieser Jesus nicht erdreistet, Sünden zu vergeben, was in bestimmten Fällen nicht einmal Gott kann? Hatte er nicht göttliche Gesetze aufgehoben und annulliert, als er behauptet hatte:

Ihr wißt, daß zu den Alten gesagt worden ist: Du sollst deinen Nächsten lieben und deinen Feind hassen. Ich aber sage euch: Liebet eure Feinde! Ihr wißt, daß den Alten gesagt worden ist: Du sollst keinen Meineid schwören. Ich aber sage euch, daß ihr überhaupt nicht schwören sollt! Ihr wißt, daß gesagt wurde: Auge um Auge, Zahn um Zahn. Ich aber sage euch: Leistet dem Bösen keinen gewaltsamen Widerstand! (Matthäus 5)

Wer kann es wagen, auf diese Weise „ich" zu sagen? Stellt sich dieser Jesus nicht fortwährend an Gottes Platz? Redet und handelt er nicht wie Gott selbst? Und nennt man ihn bei seinen Jüngern nicht „Gottes Sohn?"

So stellt denn Kaiphas die entscheidende Frage: „Bist du Gottes Sohn?" Und Jesus erwidert: „Du sagst es!" Da zerreißt der Hohe Priester seine Kleider – ein Zeichen der Trauer und Wut – und schreit: „Jetzt habt ihr seine Gotteslästerung gehört". Das Urteil fällt: „Er ist des Todes schuldig!" Nur wenige Mitglieder des Hohen Rats stimmen dagegen.

Damit ist das Urteil aber noch nicht rechtskräftig. Palästina war römisches Besatzungsgebiet. Todesurteile mußten vom römischen Statthalter *Pontius Pilatus* bestätigt werden, bevor man sie vollstrecken konnte. Pilatus war berüchtigt wegen seiner diktatorischen Regierungsweise. Wahrscheinlich war er in diesen finsteren und langweiligen Winkel des römischen Reiches strafversetzt worden. Er haßte die Juden. Und die maßgeblichen Kreise Israels suchten nach einer Gelegenheit, den ungeliebten Statthalter loszuwerden, der ihnen schon übel mitgespielt hatte.

Ein Urteil wegen Gotteslästerung würde Pilatus nicht unterschreiben. Was scheren ihn die religiösen Empfindsamkeiten der Juden! Die jüdischen Behörden wissen: Eine *politische* Anklage muß her. Da war doch die Sache mit dem Messias! Auch Pilatus ist sich klar, daß das Wort „Messias" politisch hochbrisant ist. Immer wieder waren Guerilla-Kämpfer aufgetreten, die sich als Messias ausgegeben und versucht hatten, das Großreich Davids neu zu errichten. Zu diesem Zweck mußten aber zunächst die Römer vertrieben werden. Gerade eben war wieder solch ein Messias-Anwärter verhaftet worden: *Jesus Barrabas*, ein Untergrundkämpfer, der vor nichts zurückschreckte. Mit dieser Anklage gehen die jüdischen Autoritäten zu Pilatus: „Jesus von Nazareth behauptet der Messias zu sein, der König der Juden." Das kann Pilatus nicht durchgehen lassen. Er weiß natürlich, daß der Hohe Rat sonst nicht besonders romfreundlich oder kaisertreu ist und daß Kaiphas der letzte wäre, der einen Messiasanwärter ausliefern würde. Von der ersten Begegnung an ist Pilatus überzeugt davon, daß Jesus unschuldig ist und daß seine Verurteilung ganz andere Hintergründe hat.

Die Evangelien schildern die dramatische Begegnung zwischen diesen beiden Männern: Pilatus, der Macht hat über Leben und Tod und Jesus, der scheinbar ohnmächtig vor dem Stadthalter steht.

> Pilatus: „*Bist du der König der Juden?*"
>
> Jesus: „*Ist das deine Frage oder haben andere das behauptet?*"
>
> Pilatus: „*Bin ich ein Jude? Dein Volk und die Hohenpriester haben dich an mich ausgeliefert. Was hast du verbrochen?*"
>
> Jesus: „*Mein Königreich ist nicht von dieser Welt. Wäre es von dieser Welt, dann würden meine Diener dafür kämpfen, daß ich nicht den Juden ausgeliefert würde. Mein Reich ist aber nicht von dieser Welt.*"
>
> Pilatus: „*Also bist du doch ein König?*"
>
> Jesus: „*Du sagst es, ich bin ein König. Ich bin geboren und in die Welt gekommen, um die Wahrheit zu bezeugen. Wer aus der Wahrheit ist, hört und versteht mich.*"
>
> Pilatus: „*Was ist Wahrheit?*" (Johannes 18,33–38)

Pilatus möchte Jesus freilassen. Seine Frau hat einen Alptraum gehabt und fleht ihren Mann an, „diesen Gerechten" nicht zu verurteilen. Aber da ist ja noch dieser andere Jesus (Barrabas), der Gewalttäter. Zum Pessachfest ist eine Amnestie üblich: ein Gefangener wird auf Wunsch des Volkes freigegeben. Pilatus führt der Menge beide Jesusse vor, beide Messiasanwärter: *Jesus Barrabas*, den Mörder – und *Jesus von Nazareth*. Das Volk will Barrabas!

Pilatus kann versuchen, was er will, die jüdischen Autoritäten haben die besseren Karten: „Wenn du den freiläßt, bist du kein Freund des Kaisers. Denn wer sich selbst zum König macht, ist ein Feind des Kaisers." Pilatus unternimmt einen letzten müden Versuch, seine Rivalen zu demütigen und fragt: „Soll ich euren König kreuzigen?" Sie aber gebärden sich plötzlich als die loyalsten Untertanen des Reiches: „Wir haben keinen König außer dem Kaiser!" Pilatus wäscht seine Hände als Zeichen dafür, daß er selbst unschuldig ist und unterschreibt das Todesurteil, wohl wissend, daß er damit Justizmord begeht.

Die Kreuzigung war eine Exekutionsart, die in Israel nicht üblich war. Nach römischem Recht war sie besonders entehrend und wurde nur über Schwerstverbrecher verhängt, die nicht das römische Bürgerrecht besaßen. Der Delinquent mußte das Querholz selbst zur Richtstätte tragen. Unterwegs oder am Richtplatz wurde er völlig entkleidet und nackt ausgepeitscht. Sodann wurde er mit ausgebreiteten Armen am Querholz angenagelt oder angebunden, das im Anschluß an einem bereits eingerammten Pfahl hochgezogen wurde. An der Spitze des Kreuzes wurde eine Tafel mit Name und Schuld des Verurteilten befestigt. Der Nachlaß des Hingerichteten fiel an das Exekutionskommando. Es konnte Tage dauern, bis der Tod eintrat. Sollte der Tod beschleunigt werden, zerschlug man die Knochen des Delinquenten mit Eisenkeulen. Der Leichnam blieb normalerweise hängen, bis er verwest war oder von streunenden Tieren gefressen wurde. Er konnte allerdings auch gnadenhalber zur Bestattung freigegeben werden, außer im Fall von Hochverrat.

Da Jesus im Palast des Pilatus ausgepeitscht wurde, ist er schon zu schwach, um den Querbalken bis zum Richtplatz Golgatha („Schädelstätte") vor der Stadtmauer zu schleppen. Ein Passant, *Simon von Kyrene*, wird gezwungen, dem Gefolterten zu helfen.

Auf Golgatha geht alles sehr schnell. Nur wenige Zuschauer sind dabei, Frauen aus seiner Umgebung, die Mutter, von allen männlichen Jüngern nur Johannes. Einen Betäubungstrunk lehnt Jesus ab. Überraschend schnell – schon nach sechs Stunden – tritt der Tod ein. Jesus stirbt, wie die ältesten Zeugnisse sagen, mit einem Schrei auf den Lippen: *„Mein Gott, mein Gott, warum hast du mich verlassen?"* (Markus 15,34)

Joseph von Arimathia, ein Ratsherr, der offenbar schon früher mit Jesus sympathisiert hatte, stellt sein eigenes Grab zur Verfügung, eine Art Höhlengruft. Sie wird mit einem Stein verschlossen. Da die Bestattung kurz vor Sabbatanbruch stattfindet (der nächste Tag beginnt nach jüdischer Auffassung mit dem Sonnenuntergang des vorhergehenden Tages), kann die übliche Einbalsamierung nicht mehr vollzogen werden. Auf Antrag der jüdischen Behörden wird das verschlossene Grab durch römische Soldaten bewacht, um einen Leichenraub zu verhindern. Das sind die *Fakten*, die sich einigermaßen sicher rekonstruieren lassen. Was aber ist die *Bedeutung* dieses Todes? Welchen Sinn hat dieser Justizmord aus religiösen und/oder politischen Motiven? Das Christentum steht und fällt mit der Behauptung, daß dieser Tod über die Fakten hinaus einen ganz besonderen Sinn hat. Jesus Christus ist *für uns* gestorben! Schon im Neuen Testament taucht immer wieder diese Formulierung auf. Was ist damit gemeint?

Eine verbreitete Deutung dieses „für uns" besagt, der Tod Jesu sei eine Art Sühneopfer oder Loskauf für unsere Sünden gewesen. Gott hat Jesus für die Sünden bestraft, die wir begangen haben, damit er uns nicht mehr bestrafen muß. Dieser Tod war also nötig, um Gott zu besänftigen und ihm Genugtuung zu verschaffen. Gott wäre in diesem Fall ein unerbittlicher Richter, sein Sohn Jesus dagegen derjenige, der sich aus Liebe zu den Menschen selbst opfert.

Anselm von Canterbury, ein englischer Theologe des 11. Jahrhunderts, hat diesen Gedanken folgendermaßen ausgebaut: Als die Menschen gesündigt haben, haben sie damit gegenüber Gott, dem großen König, einen Akt der Majestätsbeleidigung begangen. Diese Beleidigung muß gesühnt und wiedergutgemacht werden, ja mehr noch: Nach germanischem Rechtsverständnis, wie es damals in England noch vorherrschte, konnte etwas Böses nur dadurch gutgemacht werden, daß eine Erstattung *plus* einer zusätzlichen „Satisfaktion" entrichtet wurde. Diese „Satisfaktion" oder Genugtuung war das Schmerzensgeld für den erlittenen Schaden.

Damit stand die Menschheit vor einem unlösbaren Dilemma: Von Haus aus sind wir Menschen dazu verpflichtet, Gott über alle Dinge zu lieben. Schon eine einzige Sünde ist eine nie mehr gutzumachende Beleidigung. Denn es würde ja nicht genügen, fortan Gott immer zu lieben. Wir müßten *darüber hinaus* noch eine Genugtuung leisten, die diese vollkommene Liebe noch übertrifft. Das aber ist unmöglich.

Die einzige Lösung besteht nach Anselm darin, daß Gott selbst Mensch wird. Es ist geradezu eine zwingende Notwendigkeit, daß er das tut. In Menschengestalt kann er die Sühne leisten. Der Gottmensch Jesus stirbt ohne Schuld. So wird sein Tod zu einer Leistung, die über das hinausgeht, was von ihm gefordert ist (nur als *Sünder* hätte er sterben müssen!). Der unschuldige Tod des sündlosen Menschen Jesus ist also das Schmerzensgeld, das den göttlichen Zorn besänftigt. So macht Jesus den Akt der Majestätsbeleidigung juristisch ungeschehen. Aus Liebe zu den Menschen läßt Jesus diese

„Genugtuung" auf das Konto der Menschheit verbuchen. Auf diese Weise ist die Versöhnung mit Gott möglich.

Ich finde diese Theorie sehr problematisch. Was ist das für ein Gott, der beleidigt im Himmel sitzt und juristisch befriedigt werden muß, der Blut sehen will, um nicht mehr zornig zu sein? Das ist wieder jener Buchhalter, bei dem es um Schulden und Bezahlung geht. Man hat dabei den Eindruck, die ganze Beziehung zwischen Gott und Mensch sei eine juristisch genau geregelte Transaktion. (Es ist kein Wunder, daß die Kirche wenig später Ablaßbriefe verkauft hat, deren Besitz die Garantie war, daß die Sündenstrafen erlassen waren. Das war der Auslöser von Martin Luthers Reformation.) Ein Gott, der die Liebe ist, wie das Neue Testament sagt, kann nicht zugleich solch eine Krämerseele sein. Ein solcher Tod hätte für unser Leben auch keine Konsequenzen. Weil wir selbst es Gott sowieso nicht recht machen können und Christus alles für uns getan hat, wäre es zwecklos, den Versuch zu unternehmen, ein neues Leben anzufangen. Wir könnten immer nur staunend und bewundernd vor Jesus stehen und ihn anbeten. Aber wir könnten ihm nicht wirklich nachfolgen. Wir wären passive Zuschauer eines großen Welttheaters.

Als ich Ostern 1988 in Jerusalem war, erlebte ich am Karfreitag ein besonders abstoßendes Schauspiel. Die Gassen der Altstadt waren wie ausgestorben, da die politischen Spannungen zwischen Palästinensern und Juden eine kriegsähnliche Situation geschaffen hatten. Aber eine amerikanische Gruppe ließ sich davon nicht abschrecken, ihre Art von Kreuzesverehrung direkt vor der Grabeskirche vorzuführen. Ein ziemlich beleibter älterer Herr spielte Jesus, über und über mit roter Farbe oder Ketchup beschmiert. Um ihn herum fünf Damen, aufdringlich geschminkt, dazu ein „Hoher Priester" mit falschem Bart und dicker Brille. Eine der Damen trug – schlecht versteckt – zwei batteriebetriebene Lautsprecherboxen mit sich, aus denen vorproduzierte Hammondorgelmusik dudelte. Eine andere Dame sang dazu ins Mikrophon. Weitere Darstellerinnen weinten und schrien: „Oh Dschieses, oh Dschieses!" (Jesus). Eine trat aus der Gruppe heraus ins Publikum und beschwor uns mit großer Geste: „They are killing him like an animal! I should hang on that cross!" (Sie bringen ihn um wie ein Tier! Ich müßte an diesem Kreuz hängen!). Ein paar moslemische Araber, die dabeistanden, schüttelten die Köpfe, alberten herum und zwinkerten sich zu: „Oh, Jesus loves you!" Und das alles an einem Tag, an dem es wieder Tote gegeben hatte im „Heiligen Land"! Aber das scheint diese Gruppe nicht bewegt zu haben. Ihr Jesus und das reale Leiden hier und heute hatten offensichtlich nichts miteinander zu tun.

Am selben Abend waren wir zu Gast bei einer jüdischen Pessachfeier. Von der Straße weg lud man uns ein, mitzufeiern. Zum Pessach-Ritus gehört auch, daß man Fremde einlädt, sogar Nichtjuden, damit sie sich mitfreuen an der Befreiung. Diese Feier wirkte auf mich – ganz anders als das Erlebnis an der Grabeskirche – nicht wie Theater. Die Freude war echt und ungekünstelt. Es war nicht das erste Mal, das ich mich als Christ für meine Glaubensgenossen geschämt habe. Was haben wir nur immer wieder mit Jesus gemacht!

Welchen Sinn kann sein Tod aber dann haben? Ich sehe ihn als letzte Konsequenz der Menschwerdung Gottes, als letzten Akt seiner Solidarität mit uns. Gott rettet uns, indem er sich mit uns identifiziert und an unserem Geschick Anteil nimmt. Das Kreuz zeigt, daß Gott bis in die tiefsten Tiefen hinein alles auf sich nimmt, was wir erfahren: „Nur was angenommen ist, ist auch erlöst". Durch den Tod Christi ist nun auch der Tod, die Erfahrung der Trennung und Gottverlassenheit („Mein Gott, warum hast du mich verlassen?") vom dreieinigen Gott selbst erlebt und eingeholt und gerade so „erlöst" worden. Jesus hat unser ganzes Leben von der Wiege bis zur Bahre (von der Krippe bis zum Kreuz) angenommen und teilt unser ganzes Geschick.

So ist sein Tod kein Scheitern der Liebe, sondern im Gegenteil: der Sieg der vollkommenen Liebe. Im Wort „Passion" steckt auch für unsere Ohren beides: Leiden und Leidenschaft. Wer sich jemals auf das Abenteuer der Liebe eingelassen hat, weiß, wie eng leidenschaftliche Liebe und Leiden zusammengehören. Das Leiden Christi ist der höchste Ausdruck seiner leidenschaftlichen Liebe zu uns Menschen. Im Hohelied Salomos, einer erotischen Dichtung, die den Weg ins Alte Testament gefunden hat, stehen die Sätze:

> *Die Liebe ist stark wie der Tod! Die Leidenschaft ist unüberwindlich wie das Totenreich. Ihre Glut ist feurig, eine Flamme Jahwes. Viele Wasser können die Liebe nicht auslöschen. Viele Ströme können sie nicht ertränken.* (Hoheslied 8,6–7)

Je mehr wir ahnen und begreifen, wie sehr er uns geliebt hat, desto mehr werden wir selbst verwandelt zur Liebe. Es geht eben um viel mehr als darum, daß einer unsere Schulden bezahlt hat und wir fröhlich weitermachen können wie bisher. Jemand hat gezeigt, daß Liebe möglich ist! Das weckt in uns die Sehnsucht, ebenso zu lieben. „Für uns gelitten" heißt nicht, daß unser eigenes Leiden mit der Passion Jesu erledigt ist. Im Gegenteil. Christus hat gelitten, damit wir lernen, zu lieben und zu leiden wie er. „Christus zeigt uns keinen Weg um das Leiden herum, sondern durch das Leiden hindurch, das bedeutet, kein ersatzweises Leiden, sondern rettendes Begleiten"

(*Kallistos Ware*). Christus nachfolgen bedeutet, sich auch in das Leiden Christi hineinziehen zu lassen. *Dietrich Bonhoeffer*, der kurz vor Kriegsende als Widerstandskämpfer hingerichtet wurde, hat diese Erfahrung wenige Monate vor seinem Tod in einem Gedicht[1] niedergeschrieben:

Christen und Heiden

1
Menschen gehen zu Gott in ihrer Not,
flehen um Hilfe, bitten um Glück und Brot,
um Errettung aus Krankheit, Schuld und Tod.
So tun sie alle, alle, Christen und Heiden.

2
Menschen gehen zu Gott in Seiner Not,
finden ihn arm, geschmäht, ohne Obdach und Brot,
sehn ihn verschlungen von Sünde, Schwachheit und Tod.
Christen stehen bei Gott in Seinen Leiden.

3
Gott geht zu allen Menschen in ihrer Not,
sättigt den Leib und die Seele mit Seinem Brot,
stirbt für Christen und Heiden den Kreuzestod,
und vergibt ihnen beiden.

Nach dem abstoßenden Schauspiel vor der Jerusalemer Grabeskirche hat ein Freund von mir sarkastisch gesagt: „Das Christentum ist die Behindertenarbeit des lieben Gottes!" Der Satz hat mich ein bißchen geärgert, weil ich erstens eine Reihe von Behinderten kenne, die mir viel bedeuten, und weil ich zweitens froh bin, daß ich von Gott mit meinen eigenen seelischen Behinderungen akzeptiert werde. Aber das ist natürlich nicht alles. Es stimmt zwar, daß Jesus unsere Behinderungen ernstnimmt und annimmt. Und erst durch die Brille des Glaubens beginnen wir zu sehen, wie behindert wir sind. Aber seine „Behindertenarbeit" besteht eben nicht darin, uns einfach von all dem zu befreien. Sondern er mutet uns zu, daß wir trotz dieser Behinderungen und mit ihnen leben und dennoch an seiner Seite für andere dasind. Wir müssen nicht warten, bis wir selber ganz geheilt sind – das werden wir in diesem Leben niemals sein. Gott kann uns jetzt schon brauchen. Das Mitleiden mit Christus ist sogar Teil unserer eigenen Heilung. Und in all dem können wir darauf vertrauen, daß Er an unserer Seite ist – sogar im Tod. Das ist unsere Rettung.

---

1 Dietrich Bonhoeffer, Widerstand und Ergebung, Chr. Kaiser Verlag, München

Gesprächsimpulse

– Vergleich von Kreuzesdarstellungen aus der Kunstgeschichte; welche Aspekte der Kreuzigung waren den Menschen in den verschiedenen Epochen wichtig?

– Lesen der Passionsgeschichte in einem der Evangelien mit verteilten Rollen, Austausch darüber, wie man sich in dieser Rolle (Petrus, Pilatus, Hoher Priester, Teil des Volkes, Jesus) empfindet.

– Austausch darüber, was der Kreuzestod Jesu für die einzelnen bedeutet.

Zum Weiterlesen

Kallistos Ware, Der Aufstieg zu Gott (siehe Kapitel 5), vor allem: „Gehorsam bis zum Tod" (108ff) und „Tod als Sieg" (111ff).

Walter Jens, Der Fall Judas, Stuttgart 1975, Kreuz-Verlag. Der Autor geht in einem fiktiven Gerichtsverfahren der Frage nach, ob Judas wirklich schuldigzusprechen ist, oder ob er nicht eine Art Heiliger ist, der durch seine Tat erst die Erlösung ermöglichte.

Fjedor Dostojewski, Der Großinquisitor, reclam-UB 6256. Jesus kommt im Mittelalter, zur Zeit der Großinquisition, nach Spanien. Er wird erneut verhaftet und hingerichtet, obwohl der Großinquisitor ihn erkennt. Die Freiheit, die Christus gepredigt hat, würde – so sagt der Großinquisitor – die Menschen überfordern. Die katholische Kirche dagegen hätte den Menschen diese Freiheit wieder genommen und sie auf diese Weise viel glücklicher gemacht.

7. KAPITEL

Der Aufstand Gottes

Anregungen und Übungen

1. Hast du bestimmte Vorstellungen davon, was nach dem Tod kommt? Glaubst du, daß dann alles aus ist? Meinst du, die Seele sei unsterblich? Oder eher, daß der ganze Mensch stirbt und von Gott auferweckt wird? Rechnest du mit einer Wiederverkörperung (Reinkarnation)? Hast du bisher keine bestimmte Ansicht zu dieser Frage? Was ist deiner Ansicht nach die christliche Auffassung?

2. Lies und vergleiche in deiner Bibel die Osterberichte der vier Evangelisten: Markus 16,1–8 (Markus 16,9–20 wurde später hinzugefügt und fehlt in den ältesten Handschriften), Matthäus 28, Lukas 24, Johannes 20 und 21.

a) Lassen sich die Ereignisse anhand dieser Texte rekonstruieren? Sammle Übereinstimmungen und Abweichungen.

b) In welcher Person aus diesen Ostergeschichten (Maria Magdalena, Petrus, Johannes, Thomas, Emmausjünger etc.) findest du dich am ehesten wieder? Wenn dir die Entscheidung schwerfällt, kannst du auch eine weitere Figur erfinden, die *deine* Rolle im Ostergeschehen verkörpert!

c) Falls du an der ganzen Geschichte zweifelst, versuche diesen Zweifel zu formulieren, etwa so: Es fällt mir schwer, an diese Geschichte zu glauben, weil...

3. Der älteste biblische Hinweis auf die Auferstehung Jesu Christi findet sich im 1. Korintherbrief des Paulus, der etwa 25 Jahre nach dem eigentlichen Ereignis geschrieben wurde (die Evangelien wurden 15 bis 30 Jahre nach den Paulusbriefen verfaßt). Paulus schreibt im 15. Kapitel unter anderem:

> *Ich habe euch nur das weitergegeben, was ich selbst empfangen habe: Christus ist für unsere Sünden gestorben, er wurde begraben und ist am dritten Tag auferstanden, wie es in den Schriften vorausgesagt war. Petrus hat ihn gesehen, danach alle zwölf Jünger, danach 500 Geschwister zugleich. Viele von ihnen leben noch, einige sind bereits verstorben. Jakobus hat ihn gesehen, dann nochmals alle Apostel. Zuletzt habe auch ich ihn gesehen, der ich ein Nachzügler bin.*

*Ist aber Christus von den Toten auferstanden, wie kommt es dann,
daß einige von euch sagen: „Es gibt keine Auferstehung?" Wenn es
keine Auferstehung gibt, dann ist auch Christus nicht auferstanden,
dann ist unsere Botschaft Unsinn, dann steht euer Glaube auf töner-
nen Füßen. Ist Christus nicht auferstanden, dann sind auch die
verloren, die im Vertrauen auf ihn gestorben sind. Hat Christus für
uns nur vor dem Tod Bedeutung, dann sind wir ärmer dran als alle
anderen Menschen.*

*Christus ist jedoch auferstanden. Er hat den Anfang gemacht; alle
anderen Toten werden ihm folgen. Ein Mensch (Adam) hat den Tod
in die Welt gebracht, ein Mensch (Christus) hat den Anfang gemacht
mit der Auferstehung von den Toten.*

*Man könnte fragen: „Wie soll man sich das denn vorstellen, wenn die
Toten auferstehen? Was für einen Körper werden sie haben?" Ich
vergleiche es mit einem Acker: Das Korn wird in die Erde gelegt und
es muß erst sterben, damit Leben aus ihm entstehen kann. Aus dem
toten Korn schafft Gott neues Leben.*

*So wird es auch mit der Auferstehung sein: Was wir in die Erde legen,
das ist mit dem Tod behaftet. Was auferstehen wird, das kann vom
Tod nicht mehr zerstört werden. Anstelle von unserem verweslichen
Körper werden wir einen unverweslichen Körper bekommen. So ist
der Tod am Ende mit dem Sieg verknüpft. Tod, wo ist dein Sieg
geblieben? Tod, wo ist dein Stachel? Wir danken Gott, der uns am
Sieg Anteil gibt, den unser Herr Jesus Christus erkämpft hat.*

Warum betont Paulus deiner Meinung nach, daß so viele Zeugen den
auferstandenen Christus gesehen haben?

Es fällt auf, daß Paulus Maria Magdalena und die anderen Frauen
nicht erwähnt, denen doch der Auferstandene zuerst begegnet ist.
Kannst du dir das erklären?

Weshalb meint Paulus wohl, daß Christen ohne Auferstehungshoffnung ärmer dran sind als alle anderen Menschen?

4. Das Johannesevangelium berichtet, daß Jesus am Ostersonntag
seinen Jüngern erschienen ist. Einer allerdings war nicht dabei: Thomas.

*Thomas war nicht dabeigewesen, als Jesus kam. Die anderen Jünger
berichteten ihm: „Wir haben den Herrn gesehen!" Er aber sagte zu
ihnen: „Wenn ich nicht die Narben der Nägel in seinen Händen sehe
und meinen Finger darauf lege, und wenn ich nicht meine Hand in
seine Seitenwunde lege, dann kann ich das nicht glauben."*

*Nach weiteren acht Tagen waren die Jünger wieder beisammen.
Thomas war diesmal dabei. Da kam Jesus, trat in ihre Mitte – obwohl*

die Türen verschlossen waren – und sprach: „Friede sei mit euch!"
Dann sagte er zu Thomas: „Komm, leg deinen Finger hierher und
schau dir meine Hände an! Gib deine Hand her und lege sie in meine
Seite! Und sei nicht ungläubig, sondern glaube!"
Da sprach Thomas zu ihm: „Mein Herr! Mein Gott!" Jesus aber sagte
zu ihm: „Weil du mich gesehen hast, Thomas, glaubst du. Glücklich
sind die, die glauben können ohne zu sehen!" (Johannes 20,24–29)

Kannst du dich in Thomas hineinversetzen? Seine Situation ähnelt
unserer Lage: Er hat von der Auferstehung zwar gehört, aber keine
leibliche Begegnung mit dem auferstandenen Christus gehabt. Wie
geht Jesu mit seinem Zweifel um? Könnte das für deinen eigenen
Glauben Bedeutung haben?
5. Gestalte das Thema „Ostern" und „Auferstehung" schöpferisch:
z. B. durch ein Bild, ein Gedicht, Musik, Tanz, Tonen oder ein anderes
kreatives Ausdrucksmittel.

Die siebente Expedition

Ich war im Kino:
Blutüberströmt
fertiggemacht
fiel einer um
als letzter von allen –
das war ein Western!

Ich war in der Kirche:
Blutüberströmt
fertiggemacht
stand einer auf
als erster von allen –
das war ein Ostern!

Lothar Zenetti hat dieses Gedicht „Kalauer" überschrieben.[1] Er
knüpft damit an eine alte Tradition der Kirche an, an das „Ostergelächter". Im Mittelalter war es üblich, sogenannte „Mysterienspiele"
in den Kirchen aufzuführen, Dramen der Heilsgeschichte. In den
Osterspielen ging es vor allem darum, die Niederlage von Tod und
Teufel zu feiern und diese Verkörperungen des Bösen kräftig auszulachen. Die Pfarrer spickten ihre Predigten mit Witzen, um die Gemeinde durch die Stimulierung der Lachmuskeln aus der trüben
Stimmung der Passionszeit zu erlösen.

1 Lothar Zenetti, Texte der Zuversicht, J. Pfeiffer Verlag, München 1987[6], S. 63.

Es ist ja wirklich eine groteske Situation, um die es an Ostern geht:

> Die Situation reizt zum Lachen: die einen, weil es für sie einfach lächerlich ist, daß ein Toter leben soll; die anderen, weil ihr Glaube begriffen hat, daß der Tod wenigstens dieses eine Mal unsterblich blamiert worden ist. *(Eberhard Jüngel)*

Von diesem christlichen Ostergelächter ist heute wenig zu hören. Wer kräftig lachen will, geht eher ins Kino oder ins Theater, aber nicht in die Kirche, auch nicht an Ostern. Es lohnt sich, darüber nachzudenken, warum den Christen wohl das Lachen vergangen ist, trotz dieser befreienden Botschaft. Wenn es, wie ich hoffe, zu einer erneuerten und lebendigeren Kirche kommen wird, dann wird eines der untrüglichsten Zeichen dafür sein, daß in dieser Kirche wieder von Herzen gelacht wird, weil die „gute Nachricht" nicht im Kopf hängen bleibt, sondern Herz und Bauch erfaßt. Es darf gelacht werden, weil Jesus lebt!

Die Botschaft von der Auferstehung Jesu ist eine revolutionäre Botschaft. Revolution heißt „Umwälzung". Bei der Auferstehung Christi geht es um die entscheidende Umwälzung der Weltgeschichte, um eine Umwertung aller Werte, um einen „Aufstand Gottes" gegen die Herrschaft des Todes, um Gottes endgültiges „Ja" zum Leben. Auferstehung und Aufstand, diese beiden Worte gehören nicht nur sprachlich eng zusammen. Der Glaube an die Auferstehung bedeutet, daß wir uns in Gottes Aufstand und Protest gegen den Tod und seine Helfershelfer hineinziehen lassen. „Christen sind Protestleute gegen den Tod" (*Christoph Blumhardt*).

Zugleich ist die Geschichte von der Auferstehung eine ungeheure Zumutung für uns, vor allem für unseren Intellekt. Es widerspricht den sogenannten „Naturgesetzen" und aller Lebenserfahrung, daß Tote plötzlich wieder herumspazieren. Tot ist tot! In dem alten deutschen Studentenlied „Als die Römer frech geworden" wird diese Auffassung des „gesunden Menschenverstandes" auf den Punkt gebracht. Nach der Schlacht im Teutoburger Wald verlangt der römische Kaiser von seinem glücklosen Feldherrn Varrus die verlorenen Legionen zurück. Aber:

> Sein deutscher Sklave, Schmidt geheißen,
> dacht', mich soll das Mäusle beißen,
> wenn er je sie wiederkriegt.
> Denn wer einmal tot daliegt,
> wird nicht mehr lebendig.

Bis heute vermuten (oder fürchten) viele, die Sache mit der Auferstehung könnte nur eine schöne Erfindung der Jünger sein, an der sie

sich nach der großen Enttäuschung von Karfreitag wieder hochgezogen haben. Die Geschichte vom „Leichenklau" der Jünger ist so alt
wie das Christentum selbst. Daß die Leiche nicht mehr da war, mußten auch die damaligen Behörden zugeben. Aber das leere Grab ist für
sich genommen eben noch kein Beweis für die Auferstehung Christi.
Die Raubtheorie ist mindestens ebenso logisch. Und auch der Zweifel
an der Auferstehung gerade unter denen, die Jesus gekannt und
geliebt haben, ist uralt. Nicht nur der sprichwörtliche „ungläubige
Thomas", sondern alle Jünger reagierten zunächst mit Skepsis auf die
Botschaft der Frauen, denen Jesus zu allererst begegnet war. Maria
von Magdala, Johanna und Maria, die Mutter des Jakobus, erzählten
den Aposteln von dieser Erscheinung.

*Aber ihnen erschienen diese Worte wie Märchen; sie glaubten den
Frauen nicht.* (Lukas 24,11)

Für uns kommt erschwerend hinzu, daß die vier Evangelien den
Ablauf der Ereignisse mit erheblichen Abweichungen erzählen.
Diese Unterschiede lassen sich nicht so leicht miteinander harmoni-
sieren; deshalb ist es unmöglich, den historischen Sachverhalt genau
zu rekonstruieren.
Die älteste Ostergeschichte steht im Markusevangelium und berichtet
nüchtern und trocken:

*Als am Abend die Sabbatruhe aufgehoben war, kauften Maria Mag-
dalena, Maria, die Mutter des Jakobus, und Salome wohlriechende
Öle, um den Leichnam einzubalsamieren. Ganz früh am Sonntagmorgen, bei Sonnenaufgang, kamen sie zum Grab. Unterwegs hatten
sie sich bereits den Kopf zerbrochen: „Wer wälzt uns den Stein vom
Grab?" Der Stein war nämlich sehr groß. Als sie hinkamen, sahen
sie, daß der Stein schon entfernt war. Sie betraten die Grabhöhle.
Dort saß rechts ein junger Mann, der ein weißes Gewand anhatte. Sie
erschraken sehr; er aber sagte zu ihnen: „Habt keine Furcht! Ihr
sucht Jesus von Nazareth, der ans Kreuz genagelt wurde. Er ist nicht
hier. Gott hat ihn vom Tod erweckt. Hier seht ihr die Stelle, wo er
gelegen hat. Und jetzt geht und erzählt seinen Jüngern, vor allem
Petrus, daß Jesus euch nach Galiläa vorausgeht. Dort werdet ihr ihn
sehen, genau wie er gesagt hat." Da verließen sie die Grabhöhle und
flohen. Sie zitterten vor Entsetzen und Angst und erzählten nieman-
dem davon.* (Markus 16,1–8)

Eine spröde Geschichte. Nichts von Glauben, Freude und Hoffnung.
Im Gegenteil: Furcht, Entsetzen und Flucht sind die spontanen Reaktionen der Frauen. Selbst die Botschaft der weißen Gestalt bewirkt

zunächst nichts. Psychologisch gesehen befinden sie sich mitten in einem Trauerprozeß, der sie seelisch so beansprucht, daß sie nichts Neues aufnehmen oder glauben können. Das leere Grab scheint ihre Trauer eher noch zu verstärken. Erst hat man ihnen den lebendigen Jesus geraubt, jetzt auch noch den toten! Gerade dieser Bericht ohne Pauken, Trompeten und Halleluja hilft mir, die Ostergeschichten glaubwürdig zu finden. Was die Frauen erleben, das kann ich nachvollziehen. Das ist so realistisch, daß ich das Gefühl habe: so etwas erfindet man nicht. Ich habe bereits angedeutet, daß die Ostergeschichten der Bibel stark voneinander abweichen. Das beweist, daß sie nicht einfach voneinander abgeschrieben wurden. Offensichtlich waren viele Erzählungen im Umlauf darüber, wie das nun eigentlich war, als Jesus auferstand. Bemerkenswert ist auch, daß keiner der Evangelisten versucht, den Vorgang der Auferstehung selbst darzustellen oder auszumalen. Und alle geben übereinstimmend zu, daß es zunächst Frauen waren, denen Jesus erschienen ist. Auch das hätte man kaum erfunden; Frauen waren nach jüdischem Recht nicht fähig, ein juristisch gültiges Zeugnis abzulegen. Maria Magdalena war außerdem einst Dirne und schwer geisteskrank (besessen!) gewesen. Wenn es möglich gewesen wäre, hätte man gerade ihr Zeugnis bestimmt unterschlagen. So lohnt es sich zu fragen, an welchen Punkten *die vier Evangelisten* sich *einig* sind, um der historischen Wahrheit näherzukommen.
1. Jesus wird am Karfreitag begraben.
2. Am dritten Tag (Sonntag) ist er nicht mehr im Grab. Am Sonntagmorgen finden die Frauen bzw. die Jünger das leere Grab vor. Das leere Grab löst eher Erschrecken und Verwirrung aus als Glauben.
Matthäus, Lukas und *Johannes* berichten darüber hinaus:
3. Jesus wird mehrmals von seinen Jüngerinnen und Jüngern gesehen.
4. Alle drei Evangelisten betonen die Leiblichkeit der Auferstehung. Der Auferstandene hat eine „materielle" Gestalt. Er kann berührt werden. Er ißt und trinkt. Er trägt an seinen Händen und Füßen und an der Seite die Narben der Kreuzigung. „Ich bin kein Gespenst", sagt er.
5. Der neue Leib hat physikalische Eigenschaften, die ein normaler Leib nicht hat. Er kann durch verschlossene Türen gehen oder plötzlich erscheinen oder verschwinden. (Ähnliche Phänomene werden übrigens von vielen lebenden und toten Gurus in Indien und von sogenannten „Starzen", den Heiligen der orthodoxen Kirche in Rußland und auf dem Mönchsberg Athos, berichtet!)
Was hat das alles zu bedeuten? Unser bisheriges „naturwissenschaft-

liches" Weltbild, das heute allerdings auch viele Naturwissenschaftler für zu begrenzt und nicht mehr zureichend halten, kommt mit solchen Phänomenen nicht zurecht. Im Rahmen dieses Weltbildes, das das Abendland in den letzten zwei Jahrhunderten maßgeblich beherrscht hat, gibt es nur folgende Lösungen:
1. Es handelt sich um eine Halluzination der Jünger. In ihrer Trauer haben sie sich so sehr auf Jesus konzentriert, daß sie ihn schließlich gemeinsam „gesehen" haben und daraus Hoffnung schöpfen konnten. Ähnliches wird von spiritistischen Sitzungen erzählt. Durch die Konzentration einer ganzen Gruppe auf eine bestimmte Person kann diese, wie berichtet wird, „sichtbar" werden (Materialisierung). Solche Erscheinungen sind nach Meinung vieler Fachleute, die sich wissenschaftlich mit PSI-Phänomenen befassen, nicht „objektiv", sondern Produkte der kollektiven „Gruppenseele". Durch den starken gemeinsamen Wunsch der Gruppe, so etwas zu erleben, kommt das Erlebnis „tatsächlich" zustande.
2. Eine andere Möglichkeit wäre die, daß die Jünger nach Karfreitag zur Einsicht gekommen sind, daß die Botschaft und Sache Jesu nicht mit ihm gestorben ist, sondern „irgendwie" weiterwirkt. Diese Meinung wurde in diesem Jahrhundert auch von einigen bekannten Universitätstheologen vertreten, wie zum Beispiel von *Willi Marxen*, der Ostern so interpretiert, daß die Jünger plötzlich begriffen hätten: Die Sache Jesu geht weiter! *Lothar Zenetti*, der uns mit seinem „Kalauer" schon am Anfang dieses Kapitels begegnet ist, hat diese Theorie karikiert[2]:

Lieber Apostel Paulus
wenn ich mal so sagen darf
nicht wahr, du hast doch
ich meine, was Jesus angeht
genauer seine Auferstehung
das nicht so wörtlich gemeint
eins Korinther fünfzehn
du weißt schon
nur in dem Sinne wohl
daß er sozusagen geistig
sinnbildlich gemeint
in uns allen weiterlebt
daß wir neuen Mut fassen
den Blick erheben wie
die Natur neu aufblüht
so ähnlich eben

2 Lothar Zenetti, Texte der Zuversicht, J. Pfeiffer Verlag, München 1987[6], S. 66.

es geht schon, die Sache
geht schon weiter, man muß
sie vorantreiben, die gute Sache
an die wir doch alle irgendwie
glauben, den Fortschritt, mein' ich
Mitmenschlichkeit und so
Frieden, nicht wahr
das wolltest du doch sagen –
Nein?

Die Visionshypothesen von einem Jesus, der „innerlich" weiterlebt in seinen Jüngern haben einen Haken: Jesus ist nämlich nicht nur seinen Jüngern erschienen, sondern wenigstens zwei Menschen, die ihn und seine Botschaft vor dieser Erscheinung abgelehnt haben: Sein leiblicher Bruder Jakobus gehörte zu denen, die Jesus vor Ostern für verrückt hielten. Erst durch eine Erscheinung des Auferstandenen ist er zum Glauben gekommen. Und der ehemalige Pharisäer Paulus versuchte mit allen Mitteln, die neue Lehre zu unterdrücken und zu verfolgen. In seinen Briefen berichtet er selbst mehrfach, daß er erst dadurch zum Glauben gefunden hat, daß der auferstandene Jesus ihm völlig überraschend „erschienen" ist.

3. Es gibt auch die Behauptung, Jesus sei nur scheintot gewesen. Die Jünger hätten ihn gesundgepflegt und er habe dann incognito weitergelebt. So habe er einige Zeit später auch Paulus „erscheinen" können[3]. Anschließend sei dieser Jesus dann nach Indien gewandert. Dort habe er bis ins hohe Alter als Guru gewirkt, dort sei er auch gestorben und begraben. Dagegen spricht der ausdrückliche Hinweis im Johannesevangelium, daß die Soldaten die Herzseite Jesu mit einer Lanze durchstoßen haben. Das war nicht zu überleben. Außerdem hätten drei Tage kaum genügt, einen so gefolterten Menschen wieder auf die Beine zu bringen.

4. Bleibt noch die Betrugshypothese. Wenn die Sache mit der Auferstehung ein bewußter Betrug der Jünger ist (obwohl es dafür kein einleuchtendes Motiv gibt), dann müßte man ehrlicherweise die gesamte Bibel und das gesamte Christentum auf die Müllhalde der Weltgeschichte kippen. Ich möchte mein Leben jedenfalls nicht auf eine Lüge gründen.

Einen Beweis dafür, daß Ostern kein Betrug ist, gibt es nicht. Aber vieles spricht dafür, daß an Ostern wirklich etwas Außergewöhnli-

---

3 Zuletzt hat diese These Franz Alt in seinem ansonsten zum Teil faszinierenden und großartigen Buch „Jesus – der erste wahre Mann" (München 1989) vertreten. Leider verficht der Autor diese Theorie mit geradezu dogmatischer Schroffheit und läßt sich auf eine Diskussion gar nicht erst ein.

ches geschehen ist. Es ist erstaunlich, daß die Stimmung einer Gruppe von Menschen, die vor Todesangst schlottern, nach wenigen Tagen derartig umschlägt. Diese Jüngerinnen und Jünger haben gleichsam über Nacht die Todesfurcht überwunden. Die meisten von ihnen haben später mit dem Leben für ihre Einstellung bezahlt. Wäre alles nur ein geschickter Betrug gewesen, wären später sicher wenigstens einige angesichts der Folter und der Todesstrafe umgekippt und hätten alles zugegeben. Erstaunlich bleibt auch, daß nicht nur einige, sondern *alle* Jüngerinnen und Jünger behaupteten, Jesus gesehen zu haben.

Dennoch wiederhole ich: Einen Beweis der Auferstehung im strengen Sinne gibt es nicht! Erst jüngst wurde das einzige „Beweisstück", das sogenannte Turiner Grabtuch mit dem Abbild eines Mannes mit christusähnlichen Zügen und Wundmalen, als Fälschung aus dem Mittelalter erwiesen. Die Anhänger dieses „Beweisstückes" hatten unter anderem behauptet, die ungeheuere göttliche Energie des Auferstehungsvorganges hätte photographisch gewirkt und das Abbild Jesu auf das Leichentuch gebannt. Ich gebe zu, daß auch ich immer gehofft habe, daß da was „dran" ist. Kurz vor Drucklegung dieses Buches ist bereits eine Widerlegung der Widerlegung erschienen. Das verwirrende Karussell dreht sich weiter! Wie schön wäre ein endgültiger „Beweis"!

Aber es soll wohl nicht sein. Wie Thomas und die Jünger kommen auch wir nur dann zum Glauben, wenn wir dem Auferstandenen persönlich „begegnen". Die Wirklichkeit der Auferstehung läßt sich nicht mit Argumenten oder Indizstücken beweisen (oder widerlegen); sie läßt sich nur erfahren. Wer Jesus Christus als lebendiges Gegenüber, als Freund und Gesprächspartner erfährt, kann auch glauben, daß Jesus Christus lebt!

Ähnlich wie bei der Kreuzigung wollen wir auch bei der Auferstehung noch einen Schritt weitergehen und fragen: Angenommen, dieses Wunder ist wirklich geschehen, angenommen, Jesus ist wirklich auferstanden, wie die Bibel berichtet – was hätte das für Konsequenzen, was würde das für uns bedeuten?

1. Es hätte sicherlich Konsequenzen für unser Weltbild. Der Glaube an die Auferstehung legt es nahe, Weltbildern skeptisch zu begegnen, die meinen, alles erklären zu können. Könnte es nicht sein, daß Gott größer ist als sogenannte „Naturgesetze" und „Geschichtsgesetze?" Wenn Gott existiert, dann hat er auch die Freiheit, die Regeln und Gesetze, die er gesetzt hat, in besonderen Fällen zu überschreiten – ganz abgesehen davon, daß wir viele dieser „Gesetze" nur unzureichend kennen.

2. Wenn Jesus auferstanden ist, dann wäre der Tod, dieser „letzte Feind", wie ihn die Bibel nennt, nicht unbesiegbar. Er hätte nicht mehr das letzte Wort. Er wurde zumindest einmal überwunden. Wenn er aber einmal überwunden werden konnte, dann kann er immer wieder überwunden werden. Wenn Jesus lebt, dann können auch wir leben! Wir müßten dann nicht mehr auf den Tod starren wie das Kaninchen auf die Schlange, wir müßten ihn auch nicht mehr verdrängen, weil er ein so bedrohliches und unlösbares Dilemma wäre. Es gäbe so etwas wie ein Lachen auch angesichts des Todes und gegen den Tod, ein Ostergelächter. So könnte uns der Tod – gegen seinen Willen gleichsam – zum Freund werden, zur letzten „Station auf dem Weg zur Freiheit" (*Dietrich Bonhoeffer*), zum „Bruder Tod" (*Franz von Assisi*).

3. Wenn Jesus auferstanden ist, dann bedeutet das: es gibt keine Lage und Situation, mag sie auch noch so dunkel aussehen, die hoffnungslos ist. Alles Grauen, alles Leid, selbst der Tod ist nicht die letzte Wirklichkeit. Die Auferstehung bestätigt, daß der Tod Christi nicht das Scheitern der Liebe war, sondern ihr größter Triumph. So kann Paulus sich trösten:

Ich bin gewiß, daß weder Tod noch Leben, weder himmlische noch irdische Machthaber oder Gewaltherrscher, weder die Gegenwart noch die Zukunft, weder Hohes noch Tiefes noch irgendein anderes Geschöpf uns von der Liebe Gottes trennen kann, die in Jesus Christus unserem Herrn da ist. (Römer 8,38–39)

Wir haben eine Hoffnung über den Tod hinaus. Diese Hoffnung läßt sich nicht so leicht definieren oder detailliert beschreiben; es ist angemessener, sie in Bilder und Gleichnisse zu kleiden. In der Offenbarung des Johannes, dem letzten Buch der Bibel, wird sie so skizziert:

Gott wird bei den Menschen wohnen. Sie werden sein Volk sein. Er selbst wird bei ihnen sein und alle Tränen aus ihren Augen abwischen. Den Tod wird es nicht mehr geben, auch nicht Leid, Hilfeschreie oder Schmerz. Denn das Alte ist vergangen.
(Offenbarung 21, 3–4)

4. Auferstehung ist etwas anderes als die alte Vorstellung von einer „unsterblichen Seele", wie sie zum Beispiel der griechische Philosoph Plato vertrat. Er meinte, im Tode würde sich die reine, unsterbliche Seele aus dem Gefängnis des hinfälligen Leibes befreien. Dahinter steckt eine Abwertung des Körpers und der Materie. Das „Edlere" ist der Geist. Leider hat diese Vorstellung später auch das Christentum

beeinflußt. Das hat zu einer Abwertung des Körpers und der Sexualität geführt. Jesus aber hat in seiner Auferstehung Seele und Leib gerade nicht auseinandergerissen. Die leibliche Auferstehung Christi erinnert uns daran, daß Gott unsere ganze Person – mit Leib, Seele und Geist – verwandeln, wiederbeleben und verewigen will.

5. Auferstehung ist etwas anderes als Reinkarnation. Viele Menschen glauben daran, daß sich die Seele immer wieder verkörpern muß, bis sie endgültig geläutert und erlöst ist. Wir sind jedes Mal auf der Welt, um uns ein Stück weiter hochzuarbeiten. Unsere Erlösung müssen wir selber vollbringen. Und was wir diesmal nicht schaffen, das schaffen wir vielleicht im nächsten Leben. Manche westliche Anhänger von New Age finden die Vorstellung vielleicht „chic", im Mittelalter schon einmal als Burgfräulein dagewesen zu sein oder während der französischen Revolution als Jakobiner. Auch die Aussicht, weitere Chancen zu haben, das Leben in all seinen Facetten auszukosten, mag reizvoll erscheinen. Für Hindus und Buddhisten, die an die Reinkarnation glauben, ist dieser Gedanke nicht schön, tröstlich oder beruhigend, sondern entsetzlich. Sie sehnen sich nach der Erlösung aus dem unerbittlichen Karma-Gesetz. Der auferstandene Christus ist das „Ende des Gesetzes", wie Paulus einmal sagt. Christen und Chri-

»Komisch, ich hab noch nie eine alte Raupe gesehen.«

stinnen können deshalb in der Gewißheit sterben, daß sie sich nicht wieder und wieder in einem weiteren irdischen Versuch bewähren und selbst erlösen müssen. Der Tod Jesu und seine Auferstehung gelten „ein für allemal". (Zur Karma-Vorstellung ausführlicher im nächsten Kapitel!)
6. Ohne Hoffnung auf ein Leben nach dem Tod ist unsere knappe Lebenszeit massiv belastet. Alles muß jetzt ausgekostet werden. „Laßt uns essen und trinken, denn morgen sind wir tot!" So kann das Leben leicht zu einem Tanz auf dem Vulkan werden. Die Auferstehungshoffnung kann demgegenüber eine gewisse Gelassenheit vermitteln.
7. Die Auferstehung ist keine billige Vertröstung aufs Jenseits. Die Kritiker des Christentums haben diesen Vorwurf immer wieder erhoben. Die Kirche hat allzuoft die Hoffnung auf das ewige Leben auf die Zeit nach dem Tode vertagt und so die herrschenden politischen Verhältnisse unterstützt. Wenn wir das Neue Testament gründlich lesen, merken wir, daß sich das nicht halten läßt. Die Auferstehung hat eine revolutionäre politische Bedeutung. Sie beginnt ja bereits mit einem politischen Vergehen Gottes: Er zerstört das römische Staatssiegel am Grab des Aufrührers Jesus von Nazareth. Damit macht sich Gott einer „Regelverletzung" schuldig; wahrscheinlich kam es nach Ostern zu einer Anzeige gegen Unbekannt wegen Sachbeschädigung an Staatseigentum und Widerstand gegen die Staatsgewalt. Gott erlaubt dem Staat nicht, das Leben einzusperren. Es ist schwer, sich der Komik dieser Situation zu entziehen: Gott demontiert die Insignien der römischen Supermacht.
In Richard Attenboroughs Film „Schrei nach Freiheit" kommt eine Szene vor, die mich unmittelbar an die biblische Auferstehungsgeschichte erinnert hat. Ein weißer Journalist in Johannisburg (Südafrika), der sich zum Kampf gegen den Rassismus „bekehrt" hat, wird von der südafrikanischen Staatsmacht unter strengen Hausarrest gestellt, „gebannt", wie es in Südafrika heißt. Tag und Nacht patrouillieren Soldaten vor seiner Tür. Er soll lebendig in seinem Haus begraben werden. Seiner Frau gelingt es, ihn im Auto – unter Decken auf dem Rücksitz versteckt – aus dem Haus zu schmuggeln, so daß er schließlich über die Grenze fliehen kann. Dann schwenkt die Kamera wieder zurück zu dem verlassenen Wohnhaus. Die Bewacher stehen noch immer gelangweilt und kaugummikauend vor der Tür, als sie in der Nachrichtensendung des Autoradios hören müssen, daß der Vogel längst ausgeflogen und im Ausland ist. Das ganze Kino hat vor Begeisterung gebrüllt bei dieser Szene. Das war so eine Art Ostergelächter! Die Mächte, die das Leben einsperren wollten, sind ausgeschmiert! Die Auferstehung ist Gottes Aufstand gegen die Resignation und

gegen ein Leben, das diesen Namen nicht verdient. Wenn der Tod
überwunden ist, dann brauchen auch die Armen und Unterdrückten
nicht mehr zu resignieren, sie können schon jetzt ihr Recht auf Leben
einklagen! Die Jünger haben jedenfalls den Mut gehabt, in alle Welt
zu gehen und überall kleine Zellen des Lebens, sogenannte „Gemeinden" aufzubauen. Sie haben den Konflikt mit staatlichen und religiösen Autoritäten riskiert. Sie waren Zeuginnen und Zeugen des Lebens, Protestleute gegen den Tod. Protest bedeutet wörtlich übersetzt: für etwas Zeuge oder Zeugin sein. Der Protest der ersten Christen war ein Protest für das Leben.

Das Leben ist heute vielfältig bedroht: Millionen sterben, weil die
Lebensmittel ungerecht verteilt werden; der Wald geht kaputt, weil
kurzfristige wirtschaftliche Interessen Vorrang haben vor dem Um-
weltschutz; Tiere werden für Kosmetika, Pelze und zum Teil unnötige
Medikamente hingemordet; Kinder werden im Mutterleib getötet;
unverantwortliche Raserei auf den Straßen bringt Tausende um;
Suchtmittel erweisen sich als Selbstmord auf Raten; trotz aller Bemü-
hungen um Abrüstung ist die Menschheit noch immer von einem
riesigen Waffenarsenal bedroht. All das sind Zeichen des Todes, die
wir nicht einfach hinnehmen können, wenn wir an den Sieg des
Lebens glauben. Dabei geht es weniger darum, den moralischen
Zeigefinger zu heben und über die „böse Welt" zu jammern. Es geht
vielmehr darum, daß wir – wenn wir ChristInnen und „Protestleute
gegen den Tod und für das Leben" sein wollen – versuchen, durch
unseren Lebensstil für das Leben einzustehen und der vielfachen
Bedrohung und Vernichtung eine positive Alternative entgegenzu-
setzen. Es geht darum, Modelle einer Welt aufzubauen, in der es
Hoffnung gibt und in der das Leben sich lohnt.

Das bedeutet umgekehrt, daß sich Menschen, die an die Auferstehung glauben, da verweigern müssen, wo das Geschäft mit dem Tod
gemacht wird. In den ersten Jahrhunderten war es zum Beispiel
undenkbar, daß Christen Kriegsdienst leisten und andere Menschen
töten. Wie Christus selbst ließen sie sich lieber töten als andere
Menschen umzubringen. Die Auferstehungshoffnung stellt uns auch
heute vor ähnlich gravierende und konkrete Entscheidungen darüber, was wir mitmachen können und was nicht.

Statt einer Zusammenfassung ein Gedicht[4] von Kurt Marti, der als
Pfarrer und Schriftsteller in der Schweiz lebt:

---

4 Kurt Marti, LEICHENREDEN, 1969, © Luchterhand Literaturverlag, Frankfurt/Main

Das könnte manchen Herren so passen,
wenn mit dem Tode alles beglichen,
die Herrschaft der Herren,
die Knechtschaft der Knechte
bestätigt wäre für immer.

Das könnte manchen Herren so passen,
wenn sie in Ewigkeit Herren blieben
im teuren Privatgrab
und ihre Knechte
in billigen Reihengräbern.
Aber es kommt eine Auferstehung,
die anders, ganz anders wird,
als wir dachten.

Es kommt eine Auferstehung,
die ist der Aufstand Gottes gegen die Herren
und gegen den Herrn aller Herren,
gegen den Tod.

Gesprächsimpulse

– Rollenspiel in der Gruppe: die Jünger sind verzweifelt, weil Jesus tot ist. Plötzlich betritt er (ebenfalls durch einen Mitspieler/eine Mitspielerin verkörpert) das Zimmer. Auswertung der Reaktionen.

– Diskussion über Auferstehung, Seelenwandlung, Lehre von der unsterblichen Seele.

– Bibelgespräch über verschiedene Auferstehungsberichte in den Evangelien.
Textvergleich, Schwerpunkte und Besonderheiten der verschiedenen Texte.

Zum Weiterlesen

Kurt Marti, Leichenreden, Neuwied 1971[5], Luchterhand Verlag. In provozierender Form setzt sich der Schweizer Dichterpfarrer mit Tod und Auferstehungshoffnung auseinander.

8. KAPITEL

Keine Aussage ohne den Anwalt

Anregungen und Übungen

1. Notiere, was dir zu „Heiliger Geist" einfällt.
Hast du schon einmal Erfahrungen gemacht, die du mit dem Heiligen Geist in Verbindung bringst? Kannst du mit dem christlichen Dogma vom „dreieinigen Gott" (Vater, Sohn und Heiliger Geist) etwas anfangen?
Wie stellst du dir das Verhältnis von Gott Vater, Jesus Christus und Heiligem Geist vor?
Wenn du ein Symbol für den Heiligen Geist malen sollest, was würde dir einfallen?

2. *Ich will den Vater bitten, daß er euch einen anderen Anwalt schenkt, der für immer bei euch bleiben wird: den Geist der Wahrheit. Die Welt kann ihn nicht empfangen, denn sie sieht und erkennt ihn nicht. Ihr aber kennt ihn, denn er wird bei euch bleiben und in euch wohnen. Ich lasse euch nicht verwaist zurück; ich selbst komme zu euch. Nicht mehr lang wird es dauern, bis die Welt mich nicht mehr sieht. Ihr aber werdet mich sehen, denn ich lebe und ihr sollt auch leben. Der Anwalt, den mein Vater in meinem Namen senden wird, der heilige Geist, wird euch alles lehren und euch an alles erinnern, was ich euch gesagt habe.*

   Es ist gut für euch, daß ich weggehe. Denn wenn ich nicht ginge, könnte der Anwalt nicht zu euch kommen. Wenn ich aber weg bin, will ich ihn zu euch senden. Wenn er, der Geist der Wahrheit kommen wird, dann wird er euch in die ganze Wahrheit führen. Er wird nicht aus sich selbst reden, sondern das, was er hören wird, wird er euch mitteilen und das, was zukünftig ist, wird er euch vorhersagen. (Aus Johannes 14 und 16)

   Sie werden euch vor Gericht ziehen, in den Synagogen werdet ihr ausgepeitscht werden, vor Statthalter und Könige werdet ihr um meinetwillen geschleppt werden, zum Zeugnis gegen sie. Wenn sie euch dort hinbringen und ausliefern, dann macht euch keine Sorgen darum, was ihr sagen sollt. In dieser Situation wird euch eingegeben werden, was ihr reden sollt. Denn nicht ihr seid es, die da reden, sondern der Heilige Geist. (Markus 13, 9.11)

Überlege, welche Funktionen ein Rechtsanwalt oder Verteidiger hat. Inwiefern brauchen die Jünger nach dem Weggang Jesu einen „Anwalt?"

3. *Unter den Pharisäern war ein Mann namens Nikodemus, ein Mitglied des Hohen Rats. Der kam eines Nachts zu Jesus und begann: „Rabbi, wir wissen, daß du ein Lehrer bist, der von Gott kommt. Denn niemand kann solche Zeichen tun wie du, wenn nicht Gott mit ihm ist." Jesus antwortete ihm: „Wirklich, ich sage dir: Wenn jemand nicht von oben her neugeboren wird, kann er das Reich Gottes nicht sehen." Da fragte ihn Nikodemus: „Wie kann ein Mensch geboren werden, wenn er alt ist? Soll er noch einmal in den Mutterleib zurück, um wiedergeboren zu werden?" Jesus antwortete ihm: „Ich sage dir: Wenn jemand nicht durch Wasser und Geist geboren wird, kann er nicht ins Gottesreich kommen. Was vom Fleisch geboren ist, das ist Fleisch. Aber was vom Geist geboren ist, das ist Geist. Wundere dich deshalb nicht, wenn ich behauptet habe: Ihr müßt neu geboren werden. Der Wind weht, wo er will. Du hörst zwar sein Brausen, aber du weißt nicht, woher er kommt und wohin er fährt. So verhält es sich mit jedem Menschen, der aus dem Geist geboren ist."*
    (Aus Johannes 3)

Kannst du dir unter dieser „neuen Geburt" aus „Wasser und Geist" etwas vorstellen? Manche meinen, Jesus spielt hier auf eine Wiederverkörperungslehre (Reinkarnation) an. Was spricht dafür, was dagegen? Das Wirken des Geistes wird mit dem Wehen des Windes verglichen. Wie könnte das gemeint sein?
4. In der Bibel gibt es verschiedene Symbole für den heiligen Geist. Am bekanntesten ist das Symbol der Taube (bei der Taufe Jesu kommt der Geist „wie eine Taube" auf ihn herab). Daneben sind es vor allem die Bilder elementarer Naturkräfte: Sturm, Feuer, Wasser. Welches dieser genannten Bilder gefällt dir am besten? Was wollen die Autoren der Bibel deiner Meinung nach damit ausdrücken?

Die achte Expedition

Man schreibt den 31. Dezember 1899, den letzten Tag des 19. Jahrhunderts. Im US-amerikanischen Städtchen Topeka, im Bundesstaat Kansas, trifft sich eine Handvoll einfacher frommer Männer und Frauen, die sich schon länger in einer kleinen Bibelschule um den Prediger *Charles F. Parham* schart. Diese Leute sehnen sich – wie viele christliche Kreise ihrer Zeit – danach, daß die Kraft und Geistesfülle der

Urchristenheit wiedererwacht. Man hat die biblischen Berichte, vor allem die Apostelgeschichte, studiert und ist zu dem Schluß gekommen, daß dort von einem untrüglichen Zeichen für das Wirken des Heiligen Geistes die Rede ist: Immer wieder wird erzählt, daß Menschen den Heiligen Geist empfangen und sofort beginnen, „in anderen Zungen" oder Sprachen zu reden, das heißt: Gott in einer fremden Sprache zu loben, die sie niemals erlernt haben. So beginnt man in dieser Bibelschule, ein Jahr lang um eine erneute Geistausgießung und um ein neues Auftreten dieses Zeichens zu beten. Am 1. Januar 1901 ist es soweit: *Agnes Oznam*, eine Schülerin Parhams, bittet ihren Lehrer darum, ihr die Hände aufzulegen, während sie betet. Sie erlebt während dieses Gebets ihre „Taufe im Geist" und beginnt „in Zungen zu reden". Es dauert nicht lang, und alle Schüler und Schülerinnen Perhams – und auch dieser selbst – haben ähnliche Erlebnisse. So entsteht die sogenannte „Pfingstbewegung". An anderen Orten der Welt geschieht innerhalb weniger Jahre ähnliches, es kommt zu „Pfingstereignissen" in den USA, in Norwegen und in Wales.

Als die Bewegung 1907 durch norwegische Predigerinnen auch Deutschland erreicht, setzen „erweckte" christliche Kreise in Kassel und Großalmerode Großveranstaltungen an, auf denen die Damen auftreten. Das Ganze endet mit einem furchtbaren Eklat.

> „Es kam zu allerlei unguten Ausbrüchen einer entfesselten Ekstase, die starken Widerspruch hervorriefen, Männer und Frauen wälzten sich unter Stöhnen, Zuckungen, Krämpfen und Hallelujageschrei auf dem Boden. Auf dem Gipfelpunkt der Erregung setzte das Zungenreden ein ... Ein Gemeinschaftsleiter machte Luftsprünge. Ein Pastor wand sich einer Schlange gleich zwischen den Stühlen hindurch. Diese Vorgänge boten natürlich Nahrung für sensationelle Presseberichte ..."

So berichtet *Heinrich Dallmeyer*, der selbst dabei war und sich – wie viele andere – nachträglich von diesen Erscheinungen distanziert hat. Viele „Pietisten", die jahrelang auf eine neue Geistausgießung gehofft hatten, waren so schockiert und ernüchtert, daß sie nun meinten, der Teufel selbst habe sie zum Narren gehalten und der „Geist von unten" sei hier am Werk gewesen.

All das ereignete sich mit Berufung auf den „Heiligen Geist", von dem Christen, die zur Kirche gehen, Sonntag wie Sonntag im Glaubenskenntnis sagen: „Ich glaube an den Heiligen Geist, die heilige christliche Kirche ..." Ansonsten ist in der Kirche vom Heiligen Geist selten die Rede, das Pfingstfest ist zum Ausflugstag ins Naherholungsgebiet geworden; und selbst gläubige Christen sind etwas ratlos, wenn sie nach Auskunft gefragt werden über den Heiligen Geist.

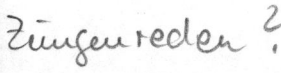
Zungenreden ?

Ekstatische Erlebnisse sind selten und werden eher etwas fragwürdigen „Sekten" zugeordnet oder gar – siehe oben – verteufelt. Man hat mit Recht von einer Geist*vergessenheit* und von einer Angst vor dem Heiligen Geist in der Kirche gesprochen und gesagt, die Geist*versessenheit* einiger Randgruppen sei nur eine Reaktion darauf, daß in Sachen Heiliger Geist in der Volkskirche nichts los ist.

Trotzdem halten auch die Großkirchen zumindest dogmatisch am Dogma von der Dreieinigkeit Gottes fest: Der eine Gott begegnet den Menschen in dreifacher Weise oder besser: in drei Personen: Als Vater und Schöpfer, als Sohn und Erlöser, als Heiliger Geist, Anwalt und Vollender der Welt. Dieses kompliziert wirkende Dogma läßt nicht nur Moslems und Zeugen Jehovas am Gottesglauben der christlichen Kirchen irrewerden. Auch die meisten Christinnen und Christen müssen kapitulieren, wenn sie jemandem diese Zusammenhänge erklären sollen.

Fragen über Fragen also. Wer oder was ist dieser „Heilige Geist", der anscheinend vor allem in etwas abartigen ekstatischen Sondergruppen und in komplizierten theologischen Gedankengebilden eine Rolle spielt?

Schon auf der ersten Seite der Bibel ist vom „Geist Gottes" die Rede:

> *Am Anfang schuf Gott die Himmel und die Erde. Die Erde aber war wüst und gestaltlos, es war finster über der Urflut und der Geist Gottes brauste über dem Wasser.* (1. Mose/Genesis 1,1–2)

Was die meisten Übersetzer mit „Geist Gottes" wiedergeben, liest sich im hebräischen Text des Alten Testaments *ruach elohim*. Die Vokabel *ruach* hat viele Bedeutungen: Wind, Sturm, Atem, Hauch – es handelt sich jedenfalls immer um Luft in (stärkerer oder schwächerer) Bewegung. Das Wort *ruach* ist übrigens weiblich! Elohim bezeichnet die göttliche Sphäre. Eine *ruach elohim* ist also – ganz wörtlich genommen – so etwas wie ein „göttlicher Sturm" oder eine „göttliche Luftbewegung". Die *ruach* hat's in sich: Bewegung, Dynamik, Energie und Urgewalt stecken in ihr. All das wurde von den Menschen des Alten Testaments immer mitgehört und mitgemeint, wenn sie von der *ruach* sprachen. Erst ganz am Ende der alttestamentlichen Zeit „beruhigte" sich das Wort: aus dem gefährlichen, ungestümen Gottessturm wurde der Geist, von dem ein später Prophet sagen kann: *„Der Geist des Herrn ruht auf mir."* (Jesaja 61,1)

In der ältesten Zeit des Volkes Israel hat die ruach meist etwas damit zu tun, daß Gott in die Geschichte eingreift, um sein Volk zu retten:

> Als sich die Midianiter versammelt hatten und sich in der Ebene Jesreel lagerten (um Israel anzugreifen), da überfiel die

ruach Jahwes den Gideon. Er stieß in die Posaune und die Abiesrite folgten ihm nach … (Richter 6,33f)

Gottes *ruach* ergreift also einen Mann – oder in einigen Geschichten auch eine Frau – und gibt ihm/ihr die Kraft und Vollmacht, im Namen Jahwes siegreich zu handeln. Oft steht dabei ein eher mickriges israelitisches Aufgebot einem riesigen feindlichen Heer gegenüber. Aber im entscheidenden Augenblick fällt ein „Gottesschrecken" auf die Feinde, sie geraten in Panik, fliehen und bringen sich gegenseitig um. Ist die Notsituation behoben, verläßt die *ruach* die Führergestalt; die *ruach* verleiht keine fortdauernde Macht und schafft keine Institutionen, sondern kommt und geht, wie es Jahwe gefällt.

Daneben taucht die *ruach* in dieser frühen Zeit (um 1000 vor Christus) im Zusammenhang mit ekstatischen Propheten auf. Besonders eindrücklich ist folgende Geschichte: König Saul, dem Jahwe die Gunst entzogen hat, wird von einer „bösen *ruach* Jahwes" (!) gequält. Er verfolgt seinen Widersacher, den Freischärler und neuen Jahwe-Günstling David. Dieser kann zum Propheten Samuel nach Rama fliehen.

Da sandte Saul Boten aus, um David zu fangen. Sie aber begegneten einer Schar von Prophetenschülern in Verzückung und Samuel an ihrer Spitze. Da kam die ruach elohim *(Geist Gottes) auf die Boten Sauls, so daß auch sie in Verzückung gerieten. Als das Saul gemeldet wurde, sandte er andere Boten aus, aber auch die gerieten in Verzückung. Da sandte er abermals Boten aus; aber auch die gerieten in Verzückung. Schließlich ging er selbst nach Rama. Als er aber zum großen Brunnen in Sechu kam, fragte er nach Samuel und David. Man sagte ihm: „Sie sind in Najot in Rama." Da kam die* ruach elohim *auch über ihn; von Verzückung ergriffen zog er bis nach Najot in Rama. Dort riß er sich die Kleider vom Leib und stand verzückt vor Samuel. Dann fiel er nackt zu Boden und lag einen ganzen Tag und eine ganze Nacht so da.* (Aus 1. Samuel 19)

Ähnliche Erfahrungen werden auch aus anderen Religionen berichtet. Ekstatische Ergriffenheit ist ein allgemein menschliches und religiöses Phänomen. Indische Fakire und die tanzenden Derwische des Islam haben vergleichbares erlebt. Auch die Sonnentänze der amerikanischen Ureinwohner (Indianer) und der Affentanz auf Bali haben ähnliche Merkmale (Die Geschichte von Saul erinnert auch auffallend stark an die Ereignisse, die Anfang unseres Jahrhunderts jenen Skandal in Kassel und Großalmerode auslösten!). Im Rahmen der religiösen Ausdrucksformen des frühen Israel wurden solche Erlebnisse offensichtlich geduldet oder sogar als „normal" empfunden. Sie konnten auf die göttliche *ruach* zurückgeführt werden. In ihrer Freiheit „durfte" die *ruach* auch Dinge tun, die sinnlos oder „verrückt" waren. Und Sauls Depression zeigt, daß die *ruach* Jahwes auch Unheil stiften konnte!

Dann wird es jahrhundertelang still um sie. Die großen Gerichtspropheten Israels, die mit den Sünden des Königs und des Volkes in Gottes Namen abrechneten, haben sich niemals auf die *ruach* berufen. Sie waren keine Ekstatiker, sondern predigten eine klare, nüchterne Botschaft der Umkehr. Bezahlten Hofpropheten, die mit Visionen, Träumen und übersinnlichen Erlebnissen prahlten, standen sie ablehnend gegenüber. Erst in der Spätzeit Israels – nach dem Zusammenbruch und nach dem Gottesgericht des babylonischen Exils –, tauchte die *ruach* wieder auf, aber nun in einer gewandelten Bedeutung:

> *Ich werde euch ein neues Herz und eine neue ruach* geben. Meine ruach *werde ich in euer Inneres geben* (Hesekiel/Ezechiel 36). *Ich will meine ruach ausgießen über alles Fleisch. Eure Söhne und Töchter werden weissagen, eure Alten werden träumen, eure jungen Leute werden Visionen haben . . . Über Sklavinnen und Sklaven will ich meine* ruach *ausgießen in jener Zeit.* (Joel 3)

Die *ruach* soll also allen zugänglich werden und eine Art „innere Wandlung" möglich machen, einen unmittelbaren Zugang zu Gott schaffen.

Schließlich ist die *ruach* Gottes die Kraft, die im kommenden Messias wirken wird. Den Messiasgeist hatte schon Jesaja für die Zeit nach dem Gottesgericht angekündigt:

> *Der Geist Jahwes läßt sich auf ihm (dem Messias) nieder, der Geist der Weisheit und der Einsicht, der Geist des Rates und der Stärke, der Erkenntnis und der Gottesfurcht.* (Jesaja 11,2).

All diese vielfältigen und zum Teil gegensätzlichen Aspekte der *ruach* tauchen im Neuen Testament wieder auf. Nur zwei Beispiele: Der Täufer Johannes verkündigt einen Messias, der „mit Heiligem Geist und Feuer" taufen wird. Es ist sehr wahrscheinlich, daß auch er – wie die Gerichtspropheten Israels – mit dieser „Feuertaufe" den schrecklichen Sturm des Gottesgerichtes gemeint hat. Das Bild vom Wind kehrt in der Nikodemusgeschichte wieder: „*Der Wind weht, wo er will . . . So ist jeder, der aus dem Geist geboren ist.*" (Johannes 3,8).

Das Neue Testament wurde auf griechisch verfaßt. Auch das griechische Wort *pneuma* bedeutet „Wind in Bewegung", Atem, Hauch. Der auferstandene Christus haucht seine Jünger an und sagt: „*Empfangt* den *Heiligen Geist! Wem ihr die Sünden erlaßt, dem sind sie erlassen!"* (Johannes 20,22). Mit dem Anhauch seines Geistes vermittelt er seinen Jüngern also seine eigene Vollmacht, Sünden zu vergeben. Aber auch „stürmischere" Phänomene wie das „Zungenreden" werden in der Apostelgeschichte und in einigen Paulusbriefen erwähnt (obwohl ich das „Zungenreden" oft auch sehr ruhig, harmonisch und fast „nüchtern" erlebt habe). In der Gemeinde von Korinth gab es Christen, die sich auf eine Reihe von außergewöhnlichen „Geist"-Erfahrungen berufen konnten – und damit prahlten! Hatten sie „mehr" Heiligen Geist als andere? Paulus bestreitet das. Nicht jede Begeisterung ist auf den Heiligen Geist zurückzuführen. Deshalb fordern die Apostel die ersten Gemeinden auf, die Geister zu untersuchen, ob sie von Gott sind. Geist und Un-Geist wehen dicht nebeneinander und sehen sich manchmal zum Verwechseln ähnlich! Aber wie soll man als „normaler" Mensch den Unterschied herausfinden?

Jesus selbst hatte eine ganz besondere Beziehung zum Heiligen Geist. Die Geschichten von der Geburt Jesu bezeichnen den Heiligen Geist als den eigentlichen „Urheber" seines Lebens. Bei Jesu Taufe kommt der Heilige Geist auf ihn herab. Der Geist ist es auch, der ihn sodann in die Wüste schickt. Und bei seiner ersten öffentlichen Predigt in seiner Heimatstadt Nazareth legt Jesus das Wort des Propheten Jesaja aus: „Der Geist des Herrn ruht auf mir!" Jesus bezieht dieses Wort auf sich selbst. Der irdische Jesus ist „Produkt", Gesandter und Träger des Heiligen Geistes.

Nach Ostern tauschen beide gleichsam die Rolle: Nun ist der Heilige Geist ein Gesandter des auferstandenen Herrn: Jesus bläst die Jünger an und gibt ihnen die Vollmacht, in der Kraft des Heiligen Geistes Sünden zu vergeben, wie er es getan hat. An Pfingsten schließlich werden sie alle mit der Kraft des Heiligen Geistes erfüllt:

Anläßlich des Pfingsttages (ursprünglich ein jüdisches Erntefest) *waren sie alle an einem Ort versammelt. Plötzlich brauste es vom Himmel her wie ein mächtiger Sturm und füllte das ganze Haus aus, in dem sie saßen. Es erschienen ihnen auch feuerähnliche Zungen, die sich verteilten und sich einzeln auf sie niederließen. Sie wurden vom Heiligen Geist erfüllt und fingen an, in fremden Sprachen zu predigen, wie es ihnen der Geist eingab. Zu dieser Zeit waren in Jerusalem gottesfürchtige Juden aus allen Ländern unter dem Himmel. Als sich das Brausen ereignete, strömte die Menge von überallher zusammen. Als sie alle hörten, wie die Jünger in ihrer Sprache predigten, erregten sie sich und fragten: „Sind das nicht alles Leute aus Galiläa, die da reden? Wieso verstehen wir dann alle unsere*

> *Muttersprache? Wir hören, wie sie in unseren Sprachen die großen Taten Gottes verkündigen.* " Es kam zu einer allgemeinen Verwirrung und sie fragten durcheinander: „Was hat das alles zu bedeuten?" Ein paar allerdings hatten nur Spott übrig und sagten: „Diese Leute sind doch angesäuselt." (Aus Apostelgeschichte 2)

Petrus hält nach diesem eindrücklichen Ereignis eine Ansprache, in der er das Geschehen erklärt und auf das Wirken des auferstandenen und „erhöhten" Jesus Christus zurückführt: Jesus sendet denselben Geist, den er einst empfangen hat, damit seine Jüngerinnen und Jünger über dieselbe Kraft, Vollmacht und Motivation verfügen können wie er in seinen Erdentagen.

An Pfingsten kommt es zu den ersten christlichen Taufen; Tausende nehmen die Botschaft der Apostel an. Pfingsten ist der Geburtstag der christlichen Kirche. Von dieser Pfingstgeschichte her läßt sich leichter verstehen, wer oder was der Heilige Geist ist. Die Sturm- und Feuerbilder zeigen, daß es sich noch immer um eine dynamische Kraft Gottes handelt, um eine elementare, unverfügbare, unberechenbare Energie. Sie bewirkt, daß Menschen, die eben noch mutlos waren, den Mund aufmachen und von dem erzählen, was sie erlebt haben. Der Heilige Geist macht die Jünger zu Zeugen des auferstandenen Jesus. Schon bald zeigt sich, daß sie mit dieser neuen Kraft nicht nur anders reden, sondern auch anders handeln können. Es kommt zu Heilungen, die ganz ähnlich „ablaufen" wie die Heilungen, die Jesus bewirkt hat. Am Ende ihres Lebens erleiden die meisten Apostel den Märtyrertod. Auch im Sterben folgen sie ihrem Meister nach. Petrus zum Beispiel, der einst seinen Meister aus Feigheit verleugnet hat, wird durch die Kraft des Heiligen Geistes zu einem mutigen Bekenner, der sich auch vor Fürstenthronen nicht einschüchtern läßt.

Der Heilige Geist ist also nicht nur irgendeine göttliche Kraft – es ist vielmehr dieselbe Energie, die auch Jesus angetrieben hat. Es ist zugleich jene Urkraft, mit deren Hilfe Gott das gesamte All geschaffen hat! Schöpfung, Erlösung und Erneuerung der Welt sind alle auf die gleiche Urkraft, auf das Wirken des Geistes Gottes zurückzuführen. Deswegen ist zum Beispiel auch das Engagement für die Erhaltung der Schöpfung ein geistliches Anliegen.

Der Heilige Geist ist die – physisch unsichtbare – Gegenwart Gottes in den Christen und unter den Christen. *„Ich bin bei euch alle Tage bis zum Ende der Welt",* hatte Christus zum Abschied gesagt (Matthäus 28, 20). Jetzt erleben die Jünger es: In seinem Geist ist er selbst anwesend, wie er es in seinen Abschiedsreden angekündigt hatte: *Ich gehe fort, aber ich komme – unsichtbar – zurück* (Abschiedsreden: Johannes 14–16)

Der Heilige Geist ist Gott selbst, so wie Jesus Gott selbst (in Menschengestalt) war. Der Heilige Geist wird allerdings nicht Mensch, wie Jesus Mensch geworden ist. Er hat keine sichtbare Eigengestalt, sondern wird nur indirekt sichtbar im Leben der Menschen, die sich seinem Einfluß öffnen. So wie das Wehen des Windes an der Bewegung der Bäume sichtbar wird, so wird das Wehen des Heiligen Geistes am Leben der Christinnen und Christen sichtbar, die im Neuen Testament übrigens allesamt „Heilige" genannt werden.

Weil der Heilige Geist so unverfügbar und „abstrakt" bleibt, nicht zu fangen und nicht zu lokalisieren ist, weil er immer wieder weht, wo er will – deshalb ist es für viele Menschen schwer, sich den Heiligen Geist als „Person" vorzustellen. Mit „Person" verbinden wir ja meist eine räumlich konkrete Gestalt – wie zum Beispiel Jesus. Alle großen Kirchen halten trotzdem daran fest, daß der Heilige Geist eine Person ist. Damit ist gemeint: Durch den Heiligen Geist und im Heiligen Geist begegnet uns Gott selbst. Der Geist ist die Gegenwart Gottes unter uns Menschen. Wir können dieses Gegenwart anreden und anbeten. Wir können diesen Geist bitten: „Komm, Heiliger Geist!" Paulus drückt das so aus: *Der Herr* ist *der Geist – und wo der Geist des Herrn ist, da ist Freiheit!* (2. Korinther 3,17)

Welche Rolle spielt nun dieser Heilige Geist im christlichen Leben? Das erste haben wir bereits in der Pfingstgeschichte miterlebt: der Geist ermutigt, „begeistert" und begabt Menschen, so daß sie ihre Menschenfurcht ablegen und freiheraus reden und handeln können. Direkt nach der Pfingstgeschichte erfahren wir, welche Konsequenzen dieses Ereignis hat: der Heilige Geist berührt viele einzelne im Innersten (nach der Predigt des Petrus heißt es in der Apostelgeschichte: „Als sie das hörten, ging es ihnen durchs Herz!"), so daß sie zum Glauben an Jesus Christus finden und ihr bisheriges Leben ändern können. Der Geist vollbringt das Wunder des Glaubens. Martin Luther hat den Dritten Glaubensartikel („Ich glaube an den Heiligen Geist...") so ausgelegt:

Ich glaube, daß ich nicht aus eigener Vernunft oder Kraft an Jesus Christus, meinen Herrn, glauben oder zu ihm kommen kann; sondern der Heilige Geist hat mich durch das Evangelium berufen, mit seinen Gaben erleuchtet, im rechten Glauben geheiligt und erhalten..

Der Heilige Geist ist aber nicht nur am Glauben einzelner Individuen interessiert, er schafft zugleich Gemeinschaft unter den Menschen, er überbrückt Barrieren, er macht es möglich, daß die unterschiedlichsten Leute zusammenfinden. Im Alten Testament steht die Geschichte vom Turmbau zu Babel (1. Mose/Genesis 11). Als die Men-

schen sein wollten wie Gott und in ihrem Hochmut den ersten Wol-
kenkratzer errichteten, wurde ihre Sprache verwirrt, so daß sie
schließlich einander nicht mehr verstanden. Pfingsten ist so etwas
wie die Umkehrung dieser Geschichte. Der Geist Gottes hilft Menschen, einander über alle Barrieren hinweg zu verstehen. Überhaupt:
der Heilige Geist ist nun allen Menschen zugänglich, keine Spezial-
gabe mehr für wenige Auserwählte. Genau das hatte der Prophet Joel
für die Zeit des Messias angekündigt.

In der Pfingstgeschichte wird ausdrücklich betont, daß sich der Geist
auf jede Einzelperson gesetzt hat. Das bedeutet: Der Geist produziert
– trotz der Gemeinschaft, die er schafft – keinen uniformierten Ein-
heitsbrei, sondern sorgt dafür, daß sich jede Person individuell zu
dem entfalten kann, was Gott in ihr angelegt hat. Die Gemeinschaft
des Geistes ist deshalb farbenfroh und vielgestaltig. Gemeinschaft
des Geistes bedeutet, daß sich die unterschiedlichsten Menschen
begegnen können, einander annehmen und als Ergänzung – anstatt
als Bedrohung – erleben. Der Heilige Geist macht aus Fremden Freundinnen und Freunde.

Der Heilige Geist verfolgt seine Ziele, indem er Menschen mit den
Gaben Gottes ausstattet. Das kann entweder so aussehen, daß er
verborgene Begabungen und Talente weckt und freisetzt, so daß sie
sich entfalten können – oder daß Menschen den Mut finden, zu
zeigen, was in ihnen steckt. Es kann aber auch bedeuten, daß er
Menschen mit ungeahnten neuen Kräften und Gaben überrascht.
Solche Geistesgaben oder Charismen (vom griechischen Wort cha-
risma, „Gnade") waren in der ersten Christenheit zahlreich vorhanden. Zu ihnen gehörten die Gabe des Lehrens ebenso wie die Gabe
der Buchführung, die Gabe, Kranke zu heilen oder die Gabe, das
Evangelium Ungläubigen zu predigen. Auch Visionen, prophetische
Eingebungen und das besagte „Zungenreden" wurden akzeptiert
und gepflegt. Dabei war es für Paulus besonders wichtig, daß außergewöhnliche Begabungen nicht mehr wert sind als ganz „normale".
Alle Gemeindeglieder waren seiner Meinung nach „geistbegabt".

Später kam es allerdings zur „Klerikalisierung" der Kirche: Besondere
„Amtsträger" waren für immer mehr geistliche Aufgaben zuständig;
die „Laien" wurden immer mehr in die Rolle des Hörens und Gehor-
chens gedrängt. Dennoch ließen sich die Geistesgaben nie ganz aus-
rotten. Immer hat es Menschen gegeben, oft sehr einfache, ungebil-
dete Laien, die von Gott in besonderer Weise angerührt wurden. Das
Volk mit seinem meist untrüglichen Gespür für das Echte erkannte
solche „Heiligen" häufig „auf den ersten Blick". Der Amtskirche blieb
mehr als einmal nichts anderes übrig, als solche Menschen wenig-

stens nach ihrem Tod „heiligzusprechen". Zu Lebzeiten waren sie jedenfalls oft sehr unbequem und ein Stachel im – mitunter trägen – Fleisch der organisierten Religion.

Die Geistesgaben dienen dem einen Ziel: die „Früchte des Geistes" gedeihen zu lassen und so zum Aufbau des Gottesreiches beizutragen. Losgelöst von diesen Zielen werden auch die glänzendsten Begabungen sinnlos oder sogar gefährlich. Die Geistesfrüchte zählt Paulus im Galaterbrief auf: *Die Frucht des Geistes ist Liebe, Freude, Friede, Gerechtigkeit, Freundlichkeit, Güte, Treue, Sanftmut, Selbstbeherrschung* (Galater 5,22). Von solchen „guten Früchten" ist der Rückschluß auf die Qualität des Baumes zulässig. Jesus sagt: *„Ein guter Baum bringt gute Früchte!"*

Vor allem aber bleibt der Heilige Geist der Geist der Freiheit. Überall, wo Enge, Unterdrückung, Abhängigkeit und Gebundenheit regieren, sei es durch die „Umstände", durch andere Menschen oder durch eigene schuldhafte Verstrickung, will der Heilige Geist Freiheit schaffen. Der Geist macht aus Sklaven (der Menschen oder der Verhältnisse) Kinder Gottes, nicht mehr Beherrschte, sondern „die ersten Freigelassenen der Schöpfung" *(Kant).*

Der Geist durchbricht die „Determiniertheit" der menschlichen Existenz. Wir werden auf vielfache Weise von außen gelenkt, beherrscht und bestimmt. Unsere Herkunft prägt uns. Die sozialen Verhältnisse und unser Beruf bestimmen uns. Viele glauben auch, daß der Lauf der Gestirne unser Geschick lenkt. Wo bleibt da die Freiheit? Viele Menschen wollen gar nicht frei sein. Sie sind froh, wenn sie ihre Schwächen auf die Eltern, die Verhältnisse oder die Sterne schieben können. Wären wir frei, hätten wir keine Ausrede mehr (Das mag einer der Gründe sein, weshalb es – auch in der Kirche – solch eine tiefsitzende „Angst vor dem Geist" gibt!). Der Geist Gottes sprengt alle diese Ketten und mutet uns Freiheit und Verantwortung zu. Wir sind Kinder Gottes! Wir sind keinem Menschen und keinem Gesetz mehr ausgeliefert, das von Menschen stammt. Gott hat uns durch seinen Geist geehrt und geadelt. Aber Adel verpflichtet. Es ist eine große Herausforderung, wenn man weiß, daß man „zur Freiheit befreit" ist (Paulus).

Viele glauben, unser Leben wird von unsichtbaren Schicksalsmächten gelenkt. Der Geist Gottes spricht uns davon frei. Nicht Gelenkte, sondern Mitlenker Gottes sind wir! „Priester und Könige" nennt der 1. Petrusbrief die Mitglieder der Gemeinde.

Wenn uns der Geist ergreift, werden wir selbst „unberechenbar" – wie der Wind: *Er weht, wo er will, du hörst sein Brausen, aber du weist nicht, woher und wohin – so sind Menschen, die aus dem Geist geboren sind*

(Johannes 3). Menschen, die vom Geist Gottes angetrieben werden, haben an Gottes Freiheit Anteil und werden dadurch „weltfremd". Sie erleben, daß sie in gewisser Weise in den Dingen der Welt stehen und doch auch über ihnen, in der Welt sind, aber nicht „von der Welt". Sie erleben, daß sie vieles besser verstehen, aber selbst immer weniger „von außen her" verstanden werden:

> *Was kein Auge je gesehen und kein Ohr je gehört hat, was sich kein menschliches Herz je ausgedacht hat, das hat Gott denen zuteil werden lassen, die ihn lieben. Uns aber hat es Gott geoffenbart durch seinen Geist. Denn der Geist erkundet alles; selbst in die Tiefen Gottes dringt er vor. Was im Menschen ist, das weiß ja auch niemand als nur der menschliche Geist. So weiß auch niemand, was in Gott vor sich geht, außer dem Geist Gottes. Wir haben nicht den Geist der Welt bekommen, sondern den Geist, der aus Gott kommt. Deshalb können wir auch wissen, was uns Gott geschenkt hat. Davon reden wir nicht mit menschlichen weisen Worten, sondern mit Worten, wie der Geist sie lehrt. Wir deuten das Wirken des Geistes auf geistgewirkte Art. Von Natur aus nimmt der Mensch das nicht an, was von Gott kommt. Es ist Unsinn für ihn; er kann es nicht verstehen. Es muß vom Geist her beurteilt werden. Der geisterfüllte Mensch dagegen kann alles beurteilen und doch von niemandem wirklich beurteilt werden. Denn wer hat den Geist des Herrn erkannt? Wir aber haben den Geist Christi. (1. Korinther 2,9–16)*

Das könnte arrogant und überheblich klingen, vor allem dann, wenn Menschen von sich selbst behaupten, sie hätten den Geist – und ihn anderen absprechen. Ob wir wirklich vom Geist Gottes geleitet werden, das können wir in der Regel nicht selbst beurteilen, sondern nur andere, die uns „an den Früchten" erkennen. Vollmundige Sätze wie die eben zitierten sind nur dann wahr und gedeckt, wenn sie ein Mensch – wie Paulus – mit seinem gesamten Leben (und Sterben) unterschreibt.

In unserem Jahrhundert scheint sich in der Kirche erneut vieles zu manifestieren, was der ersten Christenheit gegeben war. Obwohl unsere Welt und unsere Kirche so nüchtern und rational geworden sind, brechen an vielen Orten Zeichen eines neuen Pfingsten auf. Papst Johannes XXIII. hat um ein solches neues Pfingsten gebetet. Das Zweite Vatikanische Konzil hatte einige sehr geisterfüllte Momente und hat viele Hoffnungen geweckt. Leider ist dieser Schwung mittlerweile weitgehend dahin.

Ein Schuß Begeisterung würde uns Menschen des Westens nicht schaden. Aber sie ist in sich selbst noch kein Qualitätsbeweis. Wesentlicher als emotionale Erlebnisse ist es, daß wir vom Geist Gottes so ergriffen werden, daß die Sehnsucht nach dem Gottesreich, die Sehnsucht nach Gottes Ehre im Himmel und nach seinem Frieden auf der Erde uns neu ergreifen und auf die Beine bringen würde. Vielleicht beginnt das mit einem Gebet, das auch du dir zueigen machen kannst, wenn du willst: „Komm, Heiliger Geist, und erneuere das Antlitz der Erde, erneuere deine Kirche – und fang bei mir an!"

Gesprächsimpulse

– Austausch über bisherige Erfahrungen mit dem „Heiligen Geist"

– anhand biblischer Texte heraussuchen, welche „Funktionen" oder Aufgaben der Heilige Geist hat

– Austausch darüber, welche Charismen oder Geistesgaben die Mitglieder der Gesprächsgruppe bei anderen und bei sich selbst sehen. Gespräch darüber, welche Geistesgaben in der Gemeinde, in der Kirche, in der heutigen Weltsituation nötig wären (Aufzählung biblischer Geistesgaben und Kriterien zum Umgang mit diesen Gaben: 1. Korinther 12,1–11 und 14,1–25).

– Austausch darüber, welche Gaben die einzelnen gerne hätten und auf welche sie lieber verzichten würden. Eventuell Gebet um diese Gaben.

Zum Weiterlesen

Eduard Schweizer, Heiliger Geist, Stuttgart 1978, Kreuz Verlag.

128

9. KAPITEL

Familienanschluß

Anregungen und Übungen

1. Was fällt dir zum Stichwort „Kirche" ein? Welche Erlebnisse hast du mit Pfarrern und anderen Kirchen-„Funktionären" gehabt? Hast du schon einmal eine Gemeinde erlebt, wo du dich wohlgefühlt hast? Gibt es Kirchengebäude, die dich besonders ansprechen? Wann warst du zum letzten Mal im Gottesdienst? Wie war das? Hat dich jemals ein Gottesdienst beeindruckt oder dir sogar Spaß gemacht?

2. *Wie der Körper eine Einheit bildet, aber dennoch viele Körperteile hat, die zwar viele sind, aber dennoch gemeinsam den einen Körper bilden, so ist es auch mit Christus. Durch den einen Geist wurden wir durch die Taufe Teile des einen Körpers, Juden und Nichtjuden, Sklaven und Freie. Wir alle sind von demselben einen Geist durchdrungen. Auch der menschliche Körper besteht nicht aus einem, sondern aus vielen Körperteilen. Wenn der Fuß sagen würde: „Ich bin keine Hand, also gehöre ich nicht zum Körper!", so wäre er doch ein Körperteil. Wenn das Ohr sagen würde: „Ich bin kein Auge, deshalb gehöre ich nicht zum Körper!", so wäre es doch ein Körperteil. Wenn der ganze Körper nur Auge wäre, wo bliebe dann das Gehör? Wenn er nur Gehör wäre, wo bliebe dann der Geruchssinn? Gott hat jeden Teil so in den Körper eingefügt, wie es seiner Absicht entsprach. Wären alle ein und dasselbe Körperteil, wo bliebe dann der Gesamtkörper? So gibt es viele Körperteile, und doch nur einen Körper. Das Auge kann auch nicht zur Hand sagen: „Ich brauche dich nicht." Ebensowenig kann der Kopf zu den Füßen sagen: „Ich brauche euch nicht." Im Gegenteil: gerade die scheinbar schwächeren Körperteile sind unentbehrlich. Die Teile, die wir für weniger edel halten, ehren wir besonders. Und die weniger anständigen Körperteile behandeln wir mit besonderem Anstand. Die anständigen Teile haben das nicht nötig. Gott hat den Körper so zusammengefügt, daß er dem unscheinbarsten Teil mehr Ehre zukommen ließ, damit im Körper keine Spaltung eintritt, sondern alle Teile einträchtig füreinander sorgen. Wenn ein Körperteil leidet, dann leiden alle anderen mit. Wenn ein Körperteil besondere Ehrung erfährt, dann freuen sich alle anderen mit. Ihr seid der Körper Christi. Jeder und jede ist ein Teil seines Leibes.* (1. Korinther 12,12–27)

Meditiere das Bild vom Körper mit seinen einzelnen Körperteilen. Empfindest du dich als solch ein Teil? Wenn du selber wählen könntest, welcher Körperteil du am liebsten wärst, welcher wäre das (Auge, Ohr, Hand, Mund, Nase, Fuß, Hirn, Herz...)? Welcher Körperteil möchtest du nicht sein? Wie müßte eine Gemeinde aufgebaut sein, die dieses Bild ernst nimmt?

3.   *Die Gemeinde der Gläubigen war ein Herz und eine Seele. Niemand nannte etwas von dem, was er oder sie besaß, „Eigentum", sondern sie hatten alles gemeinsam. Mit großer Kraft bezeugten die Apostel die Auferstehung Jesu, des Herrn. Reiche Gnade ruhte auf ihnen allen. Niemand unter ihnen litt Not. Haus- und Grundstückbesitzer verkauften ihre Habe und brachten den Erlös den Aposteln. Davon wurde allen das zugeteilt, was sie brauchten.*
   (Apostelgeschichte 4,32–35)

Was sagt dir dieses Bild von Kirche? Möchtest du zu solch einer Gemeinschaft gehören? Weshalb haben die ersten Christen deiner Meinung nach auch ihre materiellen Güter miteinander geteilt? Warum ist das deiner Meinung nach nicht so geblieben?
4. Dein Traum von einer anderen Kirche: Wie müßte die „ideale" Gemeinde aussehen? Wie, wann und wo sollte sie sich versammeln? Wie sollten Entscheidungen gefällt werden? Welche Rolle hättest du selbst gern in dieser Gemeinde? Wie sollten die verschiedenen Gemeinden untereinander in Verbindung stehen? Sollte es weiterhin theologisch gebildete PfarrerInnen geben? Bischöfe? Einen Papst? Welche Rolle sollten Frauen und Kinder in der Gemeinde spielen? Welche Aufgaben sollten „Laien" übernehmen?

Die neunte Expedition

Wir leben in einer Zeit, in der das Interesse für Religion gewaltig gewachsen ist. Noch vor wenigen Jahren hatten gebildete Menschen meist nur ein müdes Lächeln dafür übrig; heute kann man in fast jeder Gesellschaft religiöse Themen anschneiden, ohne Angst haben zu müssen, peinlich berührte Blicke auf sich zu ziehen. Bücher mit religiösen Themen erzielen hohe Auflagen. Die Kirchen könnten sich über diese Entwicklung freuen, wenn die Sache nicht einen Haken hätte: Diese neue Religiosität findet weitgehend außerhalb der Kirche statt. Östliche Meditationsformen und uralter „Aberglaube" wie Kartenlegen, Spiritismus und Astrologie sind gefragt und attraktiv. Das Christentum und die Kirche dagegen scheinen abgewirtschaftet zu

haben. Und selbst diejenigen, die Jesus und die Bibel nicht völlig ad
acta gelegt haben, sind kaum noch an kirchlich organisierter Religion
interessiert. „Jesus ja – Kirche nein!" scheint die Devise zu lauten.
Wenige hundert Kilometer östlich von uns sah die Lage – jedenfalls
bis vor kurzer Zeit – anders aus. Vor wenigen Jahren war ich eingeladen, an einem Glaubensseminar in Dresden teilzunehmen. Junge
Erwachsene, die meisten im Alter zwischen 20 und 30, versammelten
sich regelmäßig, um sich auf ihre Taufe oder – verspätete – Konfirmation vorzubereiten. Ich fragte diese Leute, weshalb sie sich denn jetzt
noch taufen lassen wollen, obwohl sie doch mit Schwierigkeiten im
Alltag rechnen müssen, wenn sie das tun. Fast alle von ihnen sagten
sinngemäß: „Der Glaube an Gott und an Jesus und an die Dreieinigkeit – also, das ist für uns sehr kompliziert. Vieles verstehen wir da
nicht. Aber die Kirche imponiert uns. In der Kirche, da erleben wir
etwas, was es sonst so nicht gibt bei uns. Da werden wir als Einzelne
ernstgenommen, da sind wir nicht nur ein Rädchen im Getriebe. In
der Kirche ist ein Freiraum, wo wir sagen können, was wir denken. In
der Kirche können wir so sein wie wir sind."
Dieser auffallende Unterschied zwischen der Lage in der Bundes-
republik und der in der vor-revolutionären DDR kann viele Gründe
haben. *Jim Wallis* von der christlichen Friedensbewegung in den USA
hat die Sache auf den Punkt gebracht: „Im Osten wird die Kirche
verfolgt, bei uns wird die Kirche verführt." Er meinte damit: Die Kirche
im Osten – und an anderen Orten, wo sie beeinträchtigt oder sogar
unterdrückt wurde (und wird) – hatte und hat eine größere Chance,
anziehend und glaubwürdig zu sein. Wer dazugehören will, muß eine
Entscheidung treffen, die oft Nachteile bringt. Mitläufer und Karteilei-
chen haben da keine große Chance. Aber da, wo die Kirche selbst Teil
des herrschenden Systems ist, wo sie reich und privilegiert ist, besteht
die Gefahr, daß sie satt und träge wird. Eine angepaßte Kirche hat
wenig Ausstrahlung und fordert niemanden heraus.
Freunde von mir führten neulich in der Nürnberger Fußgängerzone
eine Umfrage durch: „Was halten Sie von Pfarrern? Was halten Sie
von der Kirche?" An diesem Wochenende waren viele Besucher aus
der DDR in der Stadt. Auffallend war, daß sich die DDR-Bürger
durchweg positiv über Pfarrer und Kirche äußerten: „Ohne die Kirche wäre die Revolution bei uns nie möglich gewesen!" Die Bundes-
bürger dagegen brachten fast nur kritische Äußerungen.
Aber nicht nur die gegenwärtige Situation der Kirchen bei uns hindert viele, sich wirklich mit ihnen zu identifizieren. Das Christentum
selbst hat eine 2000jährige Geschichte hinter sich, in der es wahrlich
nicht nur Ruhmesblätter gibt. Auch wenn das wie „Netzbeschmut-

zung" aussieht, möchte ich es mir und dir nicht ersparen, an einige Sünden der Kirche in ihrer langen Geschichte zu erinnern:

In den ersten Jahrhunderten unserer Zeitrechnung wurden die Christen im römischen Reich verfolgt. Ihr Martyrium brachte ihnen viel Sympathie auch von Andersdenkenden ein. Gerade deshalb war der Siegeszug des Christentums nicht mehr aufzuhalten. Es bewies mehr Kraft als die alten Religionen und Kulte. Aber sobald die Kirche – im 4. Jahrhundert nach Christus – nicht mehr vom Staat verfolgt wurde, sondern als staatstragende Kraft Anerkennung fand, begann sie selbst, Andersdenkende zu unterdrücken. Als das Christentum Staatsreligion wurde, drängelten sich Opportunisten und Emporkömmlinge zur Taufe. Viele, die ernsthaft christlich leben wollten, fühlten sich in dieser Kirche nicht mehr daheim und zogen sich zurück: die einen ins Kloster; die anderen gründeten eigene Gemeinschaften, die von der herrschenden Großkirche oft blutig verfolgt wurden.

Im frühen Mittelalter zogen die Kreuzritter los, um das Heilige Land gewaltsam den Moslems zu entreißen. Zuvor wüteten sie in den jüdischen Ghettos Europas und ermordeten Zehntausende von Menschen. Dann wateten sie in Jerusalem buchstäblich im Blut der hingeschlachteten Anhänger Mohammeds und meinten noch, dies alles zur Ehre Gottes zu tun.

Zu Beginn der Neuzeit segelten spanische und portugiesische Eroberer ins heutige Lateinamerika und vernichteten im Namen Christi jahrhundertealte Kulturen. Mit den Eroberern kamen die Missionare und die Inquisition. In Peru habe ich den Inquisitionspalast besichtigt, wo die Foltergeräte ausgestellt sind, mit deren Hilfe Ketzer zum „Geständnis" gezwungen werden sollten. Nach diesem Besuch konnte ich keine der spanischen Kirchen mehr betreten, die man damals mit Prunk und Pomp auf den Ruinen der geschleiften Inkapaläste gebaut hat.

Bis ins 18. Jahrhundert hinein wurden vor allem Frauen der Hexerei bezichtigt und auf dem Scheiterhaufen verbrannt – nicht nur in katholischen, sondern ebenso in protestantischen Gebieten. Die Protestanten lutherischer und calvinistischer Prägung begannen dort, wo sie selbst Anerkennung gefunden hatten, andere christlichen Gruppen, vor allem die „Täufer", zu vertreiben oder abzuschlachten.

Auch in unserem Jahrhundert haben die Kirchen als ganzes bei uns keine besonders gute Figur gemacht. Im ersten Weltkrieg haben sie die Waffen gesegnet. Später leisteten nur einzelne wirklich Widerstand gegen Hitler. Als die Synagogen brannten, schwiegen die offiziellen Kirchen. Keine Kirche hat ihre Gläubigen zur Kriegsdienstver-

weigerung aufgerufen, obwohl klar war, daß Hitler einen „ungerechten" Krieg führt (nach alter kirchlicher Lehre dürfen sich Christen
nicht aktiv an solch einem Krieg beteiligen!). Die amerikanischen
Bomberpiloten flogen mit dem ausdrücklichen Segen der katholischen Kirche nach Hiroshima, um dort die erste Atombombe abzu-
werfen – ihr Zielpunkt war übrigens die dortige katholische Kathe-
drale! Auch das verstieß gegen alle Regeln des „gerechten Krieges".
Das Sündenregister des Christentums ließe sich beliebig erweitern.
Zur Zeit erscheint eine „Kriminalgeschichte des Christentums" des
kirchenkritischen Autors *Karlheinz Deschner,* die an der Kirche kein
einziges gutes Haar läßt. Sie ist auf viele dicke Bände angelegt.
Das alles läßt sich auch nicht so leicht durch den Hinweis auf die
positiven kulturellen und diakonischen Leistungen des Christentums
kosmetisch verschönen. „Jesus Christus hat das Reich Gottes verkündigt – und gekommen ist die Kirche!" – diesen Stoßseufzer des Theologen *Alfred Loisy* zu Beginn unseres Jahrhunderts können sich wahrscheinlich viele Menschen innerhalb und außerhalb der Kirche zu
eigen machen. Mit der Glaubwürdigkeit des Christentums ist es nicht
sonderlich gut bestellt.
Dazu kommt, daß sich die Kirche insgesamt sehr schwer tut, ihre
eigenen Sünden beim Namen zu nennen. Sie fordert zwar einzelne
Menschen auf, ihre Sünden zu erkennen und zu bekennen, geht aber
dabei selten mit gutem Beispiel voran. Ich warte noch immer darauf,
daß der Papst bei einem seiner Lateinamerikabesuche auch Schand-
orte wie den Inquisitionspalast in Lima aufsucht und dort öffentlich
die Schuld der Kirche bekennt.
Es war ein wichtiges und befreiendes Signal, als nach dem zweiten
Weltkrieg führende evangelische Kirchenleute das „Stuttgarter
Schuldbekenntnis" verfaßten und unterschrieben, in dem es unter
anderem heißt: „Wir klagen uns an, daß wir nicht mutiger bekannt,
nicht treuer gebetet, nicht fröhlicher geglaubt und nicht brennender
geliebt haben." Leider überdeckten bald auch in der Kirche Wieder-
aufbau und Wirtschaftswunder diesen Neuansatz der Reue und Umkehr; es kam zu keiner grundlegenden Kirchenreform, sondern eher
zu einer Restauration alter Zustände.
Ich kann Leute gut verstehen, die dem Christentum den Rücken
kehren, die fragen, was eine Religion taugen kann, in deren Namen –
und von deren Vertretern – im Laufe der Geschichte soviel Unrecht
getan wurde. Ich kann auch Menschen verstehen, die sich mit Jesus
und Gott auseinandersetzen wollen – aber nicht mit der „real existierenden Kirche".
Trotzdem bin ich der Meinung, daß die These „Christ kann ich auch

ohne Kirche sein" oder der Ausruf „Gott (und Jesus) ja – Kirche nein!"
nicht tragfähig und haltbar sind und bald jeden ernstzunehmenden
Inhalt verlieren. Ein wirklich christlicher Glaube läßt sich nicht indi-
vidualistisch und losgelöst von der Kirche praktizieren – oder er hat
nichts mehr mit der Botschaft Christi zu tun. Jesus selbst hat sich
ausdrücklich an die Kirche gebunden, so ärgerlich das klingen mag.
Ich kann Jesus nicht ohne die Kirche und ohne die konkreten Menschen haben, die den Namen Christi tragen – auch wenn sie sich noch
so oft und so schwer gegen den Geist ihres Meisters versündigen.
Diese gewagte Behauptung muß wohl etwas genauer erklärt werden:
Jesus hat keinen individualistischen Erlösungsglauben gepredigt. Er
hat nicht die Frage beantwortet, wie der einzelne mit Gott klar kommt
und irgendwann nach dem Tod ins Himmelreich eingeht. Jesus hat
das Reich Gottes verkündigt, etwas, was vor dem Tod und hier auf der
Erde beginnt, etwas, was alle Lebensbereiche berührt, etwas, was viel
mit Gemeinschaft zu tun hat. Das erste sichtbare Zeichen des Reiches
Gottes bestand darin, daß Jesus vor 2000 Jahren eine Gruppe von
Männern und Frauen um sich gesammelt hat, die ihre Isolation aufgegeben haben, um gemeinsam mit ihm zu leben.
Diese Gruppe hat mit dem Tod und der Auferstehung Christi nicht
aufgehört zu existieren. Im Gegenteil: Sie wurde zur Urzelle der
Kirche. Nach Pfingsten verstand sich diese Gemeinde als Körper
Christi, als Gemeinschaft, in der Christus unsichtbar durch seinen
Geist lebt und wirkt. Diese Urgemeinde war die Keimzelle dessen,
was wir heute „Kirche" nennen. Es ist offensichtlich, daß Jesus in
seinen Erdentagen Gemeinschaft gewollt hat – und daß der auferstandene Christus diese Gemeinschaft bestätigt und mit seinen Gaben
und Kräften ausgestattet hat. Deshalb kann die Frage nicht heißen:
„Kirche – ja oder nein?" Es geht vielmehr um die viel radikalere Frage:
„Welche Kirche hat Jesus gewollt? Und wie muß sich die Kirche
verändern, damit sie dem, was Jesus gewollt hat, wieder ähnlicher
wird?"
Die schärfste Kritik an der Kirche ist niemals von außen gekommen,
sondern von innen. Jesus selbst, seine Botschaft, sein Leben – das sind
die wirklich kritischen Prüfsteine, an der sich die Kirche messen
lassen muß. Heilige wie Franz von Asissi, die Jesus und sein Evangelium ernstgenommen haben, haben der Kirche einen Spiegel vorge-
halten, wie ihn die Feinde des Christentums nicht zur Verfügung
hatten. Die Heiligen haben das Evangelium gelebt. Sie haben von der
Kirche nichts gefordert, sondern sie haben ihr gezeigt, was möglich
ist. Sie haben die Kirche vor allem niemals frontal angegriffen, obwohl sie selbst häufig genug unter der Engstirnigkeit der verfaßten

Kirche zu leiden hatten. Solche Menschen haben die Kirche von innen
her verändert. Sie haben es gewagt, diese Kirche zu lieben, obwohl
diese sich oft eher wie eine Hure verhalten hat als wie die „Braut
Christi". Ohne die Liebe der Heiligen hätte sich diese Institution
keine 2000 Jahre lang halten können. Die Tatsache, daß die Kirche
trotz ihres Versagens noch immer fasziniert und daß Menschen – trotz
dieser Kirche – immer noch und immer wieder von Christus und
seiner Botschaft ergriffen werden – ist schon fast so etwas wie ein
Gottesbeweis.

Welchen Sinn hat die Kirche, wenn sie denn – wie ich behaupte –
einen Sinn hat? In Jesus Christus hat sich Gott ganz auf unsere
menschliche Existenz eingelassen. Er ist „Fleisch geworden". Er hat
auch alle menschliche Schwäche angenommen. Er hat sich an diese
Welt gebunden. Das war die einseitige und souveräne Tat seiner
Liebe.

Mit der „Himmelfahrt" war es mit der leiblich sichtbaren Gegenwart
Christi zunächst einmal zu Ende. Aber auch der Geist Gottes, der an
Pfingsten gesandt wurde, will nicht in luftiger „Geistigkeit" existieren, er sucht vielmehr einen Ort, wo Gott weiterhin leiblich sichtbar
und anschaulich wird. Das ist die Gemeinde: sie ist eine Art Fortset-
zung der körperlichen Gegenwart Christi auf Erden. „Christus existiert als Gemeinde", so hat es der Theologe und Widerstandskämpfer
Dietrich Bonhoeffer ausgedrückt. Der Unterschied zwischen dem Körper des historischen Menschen Jesus und seiner Gemeinde besteht
natürlich darin, daß Christus *einer* war, während die Kirche *viele*
Mitglieder hat (und noch dazu mittlerweile gespalten ist). Außerdem war Jesus nach dogmatischer Auffassung „sündlos", was man
von der Kirche nicht behaupten kann. Allzuoft hat sie ihren Auftrag,
Jesus nachzufolgen, mißverstanden: Sie wollte sich seine Herrschaft
und Größe anmaßen, aber nicht sein Kreuz auf sich nehmen. Schon in
der Jüngerschaft Jesu war dieses Problem angelegt, wie eine Episode
aus dem Evangelium zeigt:

Eines Tage kommt die Frau des Zebedäus mit ihren beiden Söhnen
(Johannes und Jakobus) zu Jesus, fällt vor ihm nieder und will ihn
offensichtlich um etwas bitten. Er fragt sie: „Was willst du?" Sie
antwortet: „Versprich mir, daß meine beiden Söhne in deinem Reich
die Ehrenplätze links und rechts von dir bekommen!" Jesus antwortet: „Ihr wißt nicht, was ihr bittet! Könnt ihr den Kelch trinken, den
ich trinken werde?" (eine Anspielung auf den „Leidenskelch", das
heißt, auf seinen gewaltsamen Tod!). „Ja ja", sagen sie, „das können
wir!" Er antwortet ihnen: „Ihr werdet diesen Kelch zwar trinken!
Doch die Plätze zu meiner Rechten und Linken habe ich nicht zu

vergeben; dort sitzen die, für die mein Vater diese Plätze bestimmt hat." Als die anderen zehn Jünger das hören, werden sie wütend über die beiden Brüder. Da ruft Jesus sie alle zu sich und sagt:

> *„Ihr wißt, daß die Herrschenden ihre Völker unterdrücken und die Machthaber ihre Macht über Menschen mißbrauchen. So soll es bei euch nicht sein. Wer bei euch groß sein will, der soll allen anderen dienen. Wer der Erste sein will, der soll sich zu eurem Sklaven machen. Denn auch ich bin nicht gekommen, um mich bedienen zu lassen, sondern um zu dienen und mein Leben hinzugeben . . ."* (Matthäus 20,20–28)

Schon an diesem Text wird deutlich, daß Jesus eine Gemeinschaft anstrebt, in der die Werte der Welt radikal umgekehrt werden. „Oben" und „unten" werden ganz anders definiert. Es geht dabei natürlich nicht darum, daß sich Päpste und Kirchenobere selbst als „Diener" bezeichnen und sich mit der Demut dieses Titels schmücken – es geht darum, daß – im Gegensatz zu weltlichen Ordnungen – keine Befehls- und Herrschaftshierarchie von oben nach unten aufgebaut wird. Genau das aber hat die Kirche immer wieder getan! Anstatt Kontrastgesellschaft oftmals nur Parallelstrukturen zur Welt! Das ist einer der Punkte, wo Christus selbst der schärfste Kritiker der Realitäten ist und wo sein Wort uns direkt herausfordert, Strukturen und Haltungen zu verändern. Es gibt „ketzerische" Strukturen, die „bekehrt" werden müssen!

Christus möchte, daß die „Welt", wenn sie die Kirche betrachtet, eine Anschauung vom Reich Gottes bekommt, eine Ahnung, worum es da gehen könnte, einen Vorgeschmack des Himmels. Christus traut seinen Jüngern zu, daß das möglich ist. Deswegen hat er sich zurückgezogen, seinen Geist versprochen und die Kirche fehlbaren Menschen wie Petrus anvertraut (keinem „unfehlbaren" Papst!).

Petrus war ein Mensch, der sich und seinen Mut häufig selbst überschätzt hat, der im voraus oft große Töne gespuckt hat, um dann ziemlich jämmerlich zu versagen. Eigentlich hieß er Simon. Jesus nennt ihn Petrus, das heißt: Felsen: *„Du bist Petrus – und auf diesen Felsen will ich meine Kirche bauen!"* (Matthäus 16,18). Jesus baut nicht auf perfekte Profis, sondern auf fehlbare Menschen, die auch versagen können, auf Menschen wie dich und mich. Er baut auf Menschen, die untergehen, wenn sie nur auf sich selbst blicken, auf Menschen, die wissen, daß Christus die Kraft ist, aus der heraus sie leben.

Jesus traut ganz simplen Leuten wie dir und mir zu, sein Werk fortzusetzen. Trotz 2000 Jahren Kirchengeschichte bindet er sich auch heute an Menschen, die versagen und scheitern können. Nur so will

er die Welt vollenden. Es scheint manchmal so, als ob Gott viel mehr
an uns glaubt als wir an ihn. Die Gründung der Kirche ist ein Beweis
dafür.
Aus dem alltäglichen Leben wissen wir, daß uns nichts so beschwin-
gen oder motivieren kann wie jemand, der an uns glaubt und uns
vertraut. „Gott glaubt an uns" – das ist die eigentliche Motivations-
kraft der Kirche – und ihre Verpflichtung! Wie wir an Pfingsten
gesehen haben, konkretisiert sich das darin, daß Gott *allen*Gläubigen
den Heiligen Geist schenkt. Daß der Heilige Geist der Lebensatem der
Kirche ist, das bedeutet auch, daß Gott keine erstarrte Institution will,
sondern eine veränderliche, lebendige, begeisternde Gemeinde, die
durch den Heiligen Geist jung bleibt.
Der Heilige Geist ist nach Pfingsten keine Gabe für Spezialisten,
sondern ausgegossen „auf alles Fleisch". Das bedeutet, daß wir alle
„potentielle" Heilige sind, daß jede/r von uns etwas Unersetzliches
zum Aufbau des Reiches Gottes beitragen kann, daß gerade unsere
besondere Gabe gebraucht wird. Wie die verschiedenen Körperteile
nur gemeinsam einen funktionsfähigen Körper bilden können, so
sind wir alle gemeinsam verantwortlich für das „Bodybuilding" (früher sagte man „Körperertüchtigung") des Leibes Christi.
Die Gemeinschaft der ersten Christen hat sich nicht auf die geistig-
seelische Sphäre beschränkt. Als erstes wurden die materiellen Probleme gelöst: zwischen Arm und Reich wurde Ausgleich geschaffen.
Das ist hochaktuell für uns heute, wo ein Großteil der Weltbevölke-
rung hungert, während wir im materiellen Überfluß leben. Da diejenigen, die sich „Christen" nennen, zum großen Teil materiell gut
versorgt sind, wären gerade wir Christen in der Lage, durch Teilen
materielle Gerechtigkeit zu schaffen und den Hunger zu besiegen.
Wir müssen nicht einmal bis in die Dritte Welt gehen: Aussiedler,
Übersiedler und Asylbewerber drängen in unser Land, um in Freiheit
und einer gewissen materiellen Sicherheit leben zu können. Sind wir
bereit, von unserem Überfluß abzugeben, damit andere Menschen
wenigstens das Nötigste bekommen? Im Leib Christi geht es auch
ums leibliche Wohlergehen!
Ein anderes wichtiges Bild für die Kirche war von Anfang an das der
Familie. Die ersten Christen haben sich als geschwisterliche Gemeinschaft verstanden. Die Bande, die durch das Wasser der Taufe gestiftet
worden waren, erwiesen sich stärker als die alten Blutsbande. Hier
wurde das alte Sprichwort umgekehrt: „Wasser ist stärker als Blut!"
Um Christi willen konnte und kann es passieren, daß sich Familien
entzweien. Er hat das vorausgesagt. Aber die „geistliche Familie"
kann als Realität ebenso stark oder stärker erlebt werden als die

natürliche Familie. Das ist in unserer Zeit besonders wichtig, wo immer mehr Familien zerbrechen, wo so viele Menschen – vor allem in den Städten – entwurzelt sind. So ähnlich war es auch in den Großstädten der Antike, in denen die ersten Gemeinden entstanden sind. Viele der ersten Christinnen und Christen entstammten der Unterschicht, waren Sklavinnen und Sklaven, die gar nicht als vollwertige Menschen betrachtet wurden, sondern als Ware und als Arbeitstiere. In der Kirche erlebten sie, daß die Schranken der Welt nicht mehr entscheidend waren. Auch das ist eine bleibende Herausforderung.

In den Armenvierteln Lateinamerikas sind in den letzten Jahrzehnten Hunderttausende von „Basisgemeinden" entstanden. Zehn oder zwanzig Menschen in einem Armenviertel tun sich zusammen, beginnen die Bibel zu lesen und fragen ständig: Was hat das, was da steht, mit unserer realen Alltagssituation zu tun? Sie stellen also immer wieder eine Beziehung her zwischen dem Evangelium und ihrem Leben. Und sie merken, wie eng beide miteinander verknüpft sind, wenn man nur die richtigen Fragen stellt.

Wo kann man bei uns Kirche erleben, die mit dem etwas zu tun hat, was in der Bibel beschrieben wird? Ich glaube, fast in jeder Ortsgemeinde gibt es Kreise, die versuchen, das zu leben, was Jesus gewollt hat. Ein bißchen Suche ist schon nötig, aber es gibt sie, die lebendige Kirche: innerhalb der verfaßten Kirchen, oder auch an deren Rand. Ich selbst betrachte es als großes Geschenk, daß ich in Würzburg und Nürnberg, aber auch auf Reisen in die USA, das Entstehen und Wachsen kleiner Basisgemeinden miterleben und -gestalten konnte. Ähnliche Experimente finden an vielen Orten statt. Es gibt evangelische, katholische und ökumenische Gemeinschaften, die versuchen, konsequent zusammenzuleben. Viele von ihnen sind offen für Gäste, die zur Ruhe kommen wollen oder bereit sind, eine Weile mitzuleben und mitzuarbeiten. An der Basis der Kirche tut sich viel mehr, als man auf den ersten Blick sieht.

Kirche existiert auf verschiedenen Stufen und Ebenen. Paulus schreibt an die Gemeinde in Korinth sinngemäß: *Ihr selber, jeder und jede von euch, ist ein Tempel des Heiligen Geistes* (1. Korinther 3,17; 6,19). Diese unterste Stufe oder Ebene möchte ich als *Personkirche* bezeichnen. Ich bin als Tempel des Geistes ein Stück Kirche, wenn auch nicht die ganze Kirche. Wohin ich als Christ komme, dort ist Kirche. *Wie* ich lebe, davon hängt auch ab, welche Einstellung andere Menschen zur Kirche gewinnen.

Im Neuen Testament ist davon die Rede, daß sich einzelne Personen zusammentun zu sogenannten *Hauskirchen*. Man traf sich nicht nur

am Sonntag zum Gottesdienst, sondern auch im Alltag. In dieser
überschaubaren Gruppe konnten Gemeinschaft und Vertrauen wachsen. Da konnten auch Konflikte ausgetragen werden. Man teilte alles
miteinander, betete miteinander. Diese enge Gemeinschaft war vielen Außenstehenden suspekt, weil man so etwas einfach nicht kannte.
„Seht, wie lieb sie einander haben", sagten die einen. Bei anderen
kursierten die wildesten Gerüchte darüber, was in den Zusammen-
künften der Christen vor sich ginge. Jedenfalls wurde Gemeinde im
ersten Jahrhundert in verbundlicher Gemeinschaft gelebt. In den
letzten Jahrzehnten ist in der ganzen Welt eine Hauskreis- oder Haus-
kirchenbewegung entstanden, die an diese Ur-Erfahrung von Kirche
anknüpfen will; solche Kreise gibt es heute überall – und auch hier
lohnt sich die Suche. Manchmal stehen die Termine solcher Hauskreis-
treffen im kirchlichen Gemeindeblatt, manchmal kann man durch
einen Anruf im Pfarramt Informationen erhalten.

Aber eine Wohlfühlgruppe mit familiärer Atmosphäre ist auch nicht
alles. Dieser Horizont ist nach biblischen Maßstäben zu eng. Wie ich
mich selbst in einem Hauskreis mit anderen Menschen „vernetze", so
ist auch ein Netzwerk solcher kleinen Gruppen nötig, eine „Gemeinschaft der Gemeinschaften". Das könnte im Idealfall die *Ortsgemeinde*
sein. In der Urchristenheit war es selbstverständlich, daß alle Christen, die an einem Ort leben, zusammengehören. Wenigstens einmal
wöchentlich trafen sich alle zum gemeinsamen Gottesdienst.

Aber selbst diese Ortskirche ist noch nicht alles. Im Neuen Testament
gibt es von Anfang an ein Bewußtsein für die *Weltkirche,* das Netzwerk aller Getauften. Gott geht es immer um die einzelne Person und
zugleich um die ganze Welt! Deswegen ist die Kirche immer „katho-
lisch", das heißt „weltumfassend". Das hat konkrete Folgen: Uns
kann es nicht egal sein, was mit unseren Geschwistern in anderen
Weltteilen geschieht. Und weil alle Menschen Gottes Geschöpfe und
Glaubensgeschwister „auf Hoffnung" sind, kann uns nicht egal sein,
was mit irgend einem Menschen geschieht. Es gibt einen globalen
Christuskörper. Und auch für den gilt das Wort des Paulus: *„Wenn ein
Körperteil leidet, dann leiden alle anderen mit."* (1. Korinther 12)

Die Kirche ist vielfach gespalten. Das ist eine Schande. Es ist auch
einer der Gründe für die Unglaubwürdigkeit des Christentums und
für den Unglauben der Welt. Christus ist in seinem letzten Gebet für
die Einheit der Seinen eingetreten:

> *Ich bitte für die, Vater, die du mir gegeben hast, denn sie gehören dir.*
> *Alles, was mein ist, ist dein. Und in ihnen bin ich verherrlicht. Ich bin*
> *jetzt nicht mehr in der Welt – aber sie. Ich gehe ja zu dir. Heiliger*

Vater, bewahre sie in deinem Namen, den du mir gegeben hast, damit sie ebenso einig sind wie du und ich. Solange ich da war, konnte ich sie bewahren. Aber jetzt gehe ich zu dir. Ich bitte nicht, daß du sie aus der Welt nimmst, sondern daß du sie vor dem Bösen bewahrst. Wie du mich in die Welt geschickt hast, so schicke ich sie hinaus in die Welt. So bitte ich auch für alle, die durch ihr Wort zum Glauben an mich finden. Alle sollen eins sein, wie du, Vater, in mir bist und ich in dir, damit die Welt glaubt, daß du mich gesandt hast. Die Welt hat dich nicht erkannt, aber ich. Und sie haben erkannt, daß du mich geschickt hast. Ich habe ihnen deinen Namen bekannt gemacht, damit die Liebe, mit der du mich geliebt hast, in ihnen ist, und damit ich selbst in ihnen bin. (Aus Johannes 17)

Die Chancen stehen gut, daß sich dieses Gebet Jesu doch eines Tages erfüllt. Die Zeit der großen Glaubensspaltungen ist vorbei. Christinnen und Christen verschiedener Konfessionen leben an denselben Orten, arbeiten zusammen, heiraten einander. Die theologischen Streitigkeiten verlieren an Bedeutung. Diejenigen, die sich (an der Basis!) ernsthaft engagieren, finden zueinander, denn – trotz vieler Getaufter – schrumpft die Zahl bewußter Christen. Sie erleben, daß sie dieselben Fragen, Zweifel und Hoffnungen haben. Jugendliche aller Konfessionen entdecken gemeinsam neue Formen des Glaubens, zum Beispiel in der ökumenischen Gemeinschaft Taizé in Frankreich. Dadurch entsteht so etwas wie ein „nachkonfessionelles" Christentum – auch wenn die Kirchenleitungen das noch nicht immer und überall deutlich registrieren. Es wird vielleicht noch eine Weile dauern, bis die sichtbare Einheit der Kirchen realisiert ist. Aber an diesem Punkt bin ich Optimist. Ich habe selbst erlebt, wie mich die Begegnung mit anderen Traditionen bereichert hat. Ich würde es heute als Verarmung empfinden, wenn ich mich nur „Lutheraner" oder „Protestant" nennen würde. Ich möchte gerne ein Christ sein, der aus der lutherischen Tradition kommt, sich über die Schätze der eigenen Herkunft freut, aber mit Neugier und Offenheit entdeckt, was Gott anderen geschenkt und gegeben hat. Ich freue mich, daß ich zum Volk Gottes gehöre, das überkonfessionell und international ist und ich möchte meinen Beitrag dazu leisten, daß auch die sichtbare Einheit der Kirche eines Tages möglich wird.

Gesprächsimpulse

– (in einem ökumenischen Kreis): Austausch darüber, was den einzelnen an anderen Konfessionen gut gefällt. Kritische Betrachtung der eigenen Tradition.

– Austausch darüber, welcher Körperteil des Leibes Christi die einzelnen gerne wären oder ihrer Meinung nach sind.

– mit Bausteinen oder einem großen Blatt Papier, Stiften und anderen Materialien: Wir entwerfen unser „Traumkirchengebäude". Austausch.

– Kirche und Geld. Wie sollte die Kirche zu ihrem Geld kommen? Wie sollten kirchliche Mitarbeiter bezahlt werden?

Zum Weiterlesen

Wolfgang Huber, Kirche. München 1988[2], Kaiser Tb 23. Der Autor, ein bekannter Theologieprofessor, untersucht in fünf Kapiteln folgende Themen: Was ist Kirche?, Die Verheißung der Kirche, Die wirkliche Kirche, Die öffentliche Kirche, Die Zukunft der Kirche.

Walter Lüdin/Th. Seiterich/P. M. Zulehner, Wir Kirchenträumer. Basisgemeinschaften im deutschsprachigen Raum, Freiburg 1987, Walter Verlag.

10. KAPITEL

Anruf genügt

Anregungen und Übungen

1. Mit welchen der folgenden Aussagen über die Bibel kannst du dich identifizieren, welche findest du falsch?

a) Die Bibel ist ein Buch, das Gott den Schreibern wörtlich eingegeben hat.
b) Die Bibel enthält viel Erfundenes und Dazugedichtetes.
c) Die Bibel ist historisch glaubwürdig. Das läßt sich wissenschaftlich nachweisen.
d) Die meisten Geschichten der Bibel haben uns heute nichts mehr zu sagen.
e) Die Wundergeschichten der Bibel sind von der modernen Naturwissenschaft widerlegt.
f) Die Bibel enthält alles, was ein Mensch über Gott wissen muß.
g) Die Bibel ist voller Widersprüche.
h) Die Bibel ist langweilig.
i) Die Bibel kann man immer wieder lesen, ohne je mit ihr fertig zu werden.
j) Die Bibel ist in einem jahrhundertelangen Prozeß nach und nach entstanden.
k) Die Bibel ist für unser modernes Weltbild überholt, enthält aber dennoch viele allgemein gültige Einsichten.
l) Die Bibel ist zu dick und zu verwirrend.
m) Die Sprache der Bibel ist unverständlich.
n) Die Kirche hat vieles falsch übersetzt, um ihre eigenen Lehren aus der Bibel zu beweisen.
o) Die Bibel ist ein Gemischtwarenladen, aus dem sich die Theologen nach Belieben bedienen.
p) Die Bibel ist nur was für Moralapostel.

2. Der Anfang des Lukasevangeliums:

Schon viele haben den Versuch gemacht, über die Ereignisse zu berichten, die sich unter uns zugetragen haben, wie es uns diejenigen weitergegeben haben, die es von Anfang an selbst gesehen haben und

Verkündiger des Wortes Gottes gewesen sind. Deshalb habe auch ich
es gut gefunden, alles von Anfang an gewissenhaft zu erforschen und
es für dich, verehrter Theophilus, der Reihe nach aufzuschreiben. So
kannst du erkennen, daß die Lehre, in der du unterwiesen worden
bist, auf solidem Grund steht. (Lukas 1,1–4)

Das (ursprüngliche) Ende des Johannesevangeliums:

Noch viele andere Zeichen tat Jesus vor seinen Jüngern. Die sind in
diesem Buch nicht aufgeschrieben. Diese hier aber sind aufgeschrie-
ben worden, damit ihr glaubt, daß Jesus der Messias ist, der Sohn
Gottes, und damit ihr durch den Glauben in seinem Namen das Leben
findet. (Johannes 20,30–31)

Schluß eines späteren Nachtrags zum Johannesevangelium:

Es gibt noch vieles andere, was Jesus getan hat. Wenn das alles
aufgeschrieben werden sollte, würde die Welt meiner Meinung nach
die Bücher nicht fassen können, die zu schreiben wären.
(Johannes 21,25)

Was kannst du diesen Aussagen der Evangelienschreiber entneh-
men? Wie sind sie methodisch vorgegangen? Was wollen sie mit
ihren Aufzeichnungen bezwecken?
3. Wann hast du das letzte Mal gebetet? Welche Form des Gebetes hast
du gewählt (freies Gebet, Stoßgebet, Dankgebet, vorformuliertes Gebet – z. B. Tischgebet, Vaterunser...)? Welche Gebete aus deiner
Kindheit kannst du noch auswendig? Hast du schon einmal erlebt,
daß dein Gebet erhört worden ist? Hast du schon einmal das Gegenteil erlebt?

4.   *Jahwe, du ergründest mich, du kennst mich.*
        Ich sitze da, ich stehe auf – du weißt es.
        Von ferne verstehst du, was in mir vor sich geht.
        Ich gehe umher, ich lege mich hin – du bist um mich.
        Du siehst alle meine Wege.
        Kein Wort kommt über meine Lippen,
        das du, Jahwe, nicht schon vorher weißt.
        Von allen Seiten umgibst du mich.
        Du hältst deine Hand über mir.
        Das erkenne ich – und kann es doch nicht begreifen.
        Zu wunderbar, zu hoch ist diese Einsicht.
        Wohin soll ich mich wenden, um deinem Geist zu entfliehen?
        Wohin soll ich entkommen vor deinem Angesicht?
        Stiege ich in den Himmel empor – du bist schon da.
        Legte ich mich ins Totenreich hin – auch da bist du.

Nähme ich Flügel der Morgenröte und bliebe am fernsten Meer –
auch dort würde deine Hand mich führen,
deine Rechte mich halten.
Spräche ich: Dunkelheit soll mich bedecken,
Nacht um mich sein statt Licht –
auch das Dunkel wäre nicht dunkel bei dir.
Die Nacht würde strahlen wie der Tag,
Finsternis wie Licht.
Denn du hast meine Nieren geschaffen
und mich selbst geformt im Leib meiner Mutter.
Ich danke dir dafür, daß ich ein Wunder bin.
Deine Werke sind wunderbar, das erkenne ich im Innersten.
Jeder meiner Knochen war dir bekannt,
als ich im Verborgenen entstand,
als ich gebildet wurde im Mutterleib.
Deine Augen sahen mich schon, als ich noch gar nicht da war.
Alle meine künftigen Lebenstage waren aufgezeichnet in dein Buch,
obwohl sie erst noch kommen sollten.
Wie kompliziert sind für mich, Gott, deine Gedanken.
Wie viele das sind!
Wollte ich sie zählen, wären sie mehr als der Sand am Meer.
Und am Ende wäre ich noch immer bei dir.
Ach Gott, bring doch die Gottlosen um!
Sorg doch dafür, daß die Blutgierigen ablassen von mir!
Sie lästern gegen dich,
deine Feinde erheben sich ganz unverschämt.
Sollte ich die nicht hassen, Jahwe, die dich hassen?
Sollte ich nicht angeekelt sein von denen,
die gegen dich aufstehen?
Ich hasse sie mit ganzer Kraft.
Deine Feinde sind auch meine Feinde geworden.
Ergründe mich, Gott, und erkenne mein Herz.
Prüfe mich und finde heraus, wie ich es meine.
Schau nach, ob ich auf schlechtem Wege bin
und führe mich auf ewigem Weg! (Psalm 139)

Lies dir dieses Gebet ein zweites Mal langsam durch. Welche Teile kannst du nachvollziehen und mitbeten? Löst manches in dir Abwehr oder Widerstand aus? Warum? Ist der Gedanke „Gott ist immer um mich" eher tröstlich oder eher bedrohlich für dich?
5. Schreibe einen Brief an Jesus, in dem du eine ähnliche Bestandsaufnahme deines Lebens machst wie der Beter des Psalms 139.

Die zehnte Expedition

Kommunikation ist alles. Wir leben in einer Kommunikationsgesell-
schaft. Ein ungeheuerer Aufwand wird betrieben, damit möglichst
viele Informationen in möglichst kurzer Zeit möglichst viele Menschen erreichen. Wenn das alles stimmt, was wir bisher über den
christlichen Glauben zusammengetragen haben, dann geht es auch
im Glauben in erster Linie um ein Kommunikationsgeschehen. Ein
lebendiger Gott möchte mit seinen Geschöpfen in Kontakt treten und
in Kontakt bleiben. Die Menschwerdung Gottes in Jesus Christus ist
der Gipfel dieses Kommunikationsgeschehens. Der Heilige Geist
sorgt dafür, daß der Kontakt nicht abreißt. Ein ganzes Arsenal von
Hilfsmitteln oder „Kommunikationsmedien" steht bereit, damit der
„Verkehr" zwischen Gott und Mensch, zwischen Mensch und Gott
funktioniert. Das entscheidende Wort hat Gott schon gesprochen, ein
für allemal. Das Johannesevangelium nennt Jesus Christus „das Wort
Gottes". Im Hebräerbrief heißt es am Anfang:

> *Nachdem Gott in früheren Zeiten vielfach und auf verschiedene*
> *Weise zu den Vätern geredet hat durch die Propheten, hat er jetzt am*
> *Ende dieser Tage zu uns geredet durch den Sohn.* (Hebräer 1,1)

Unser Problem besteht darin, daß wir dieses „fleischgewordene Wort
Gottes", Jesus Christus, nicht mehr mit Händen greifen können. Wir
haben dieses „Wort" nur durch die Worte anderer Menschen. In der
Bibel sind die Glaubenserfahrungen der Menschen gesammelt, die
Jahwe, dem Gott Israels, begegnet sind (Altes Testament) und die
Jesus von Nazareth als Messias und Gottessohn erkannt haben
(Neues Testament). Deshalb ist die Bibel ein unentbehrliches Hilfs-
mittel für unsere Gottesbeziehung.
Unser zweites Problem: Wir können mit Gott und Christus nicht von
Angesicht zu Angesicht reden. Die besondere Weise, zu einem Gott
zu sprechen, der zugleich anwesend und doch auch abwesend ist, nah
und fern zugleich, heißt „Gebet". In diesem Kapitel wird es deshalb
um die Bibel gehen und um das Gebet. Im elften Kapitel dann wollen
wir noch ein anderes Medium anschauen, das Gott benutzt, um uns
zu begegnen: die Sakramente.
Der Prophet Mohammed unterschied zwei Sorten von Ungläubigen.
Am schlimmsten waren für ihn diejenigen, die zu irgendwelchen
Naturgöttern beteten. Weniger schlimm waren diejenigen, die er
„Leute des Buches" nannte. Damit meinte er Juden und Christen, die
die Bibel als heiliges Buch verehrten. Auch für Moslems ist die Bibel
heilig, der Koran macht viele Anleihen bei ihr. Heiliger als die Bibel

ist freilich der Koran selbst, der dem Propheten Mohammed in einer Art Trance-Zustand eingegeben wurde. Er ist wortwörtlich von Allah inspiriert und darf deshalb auch nur in seiner arabischen Urfassung verlesen werden. Jede Übersetzung wäre ein Eingriff und eine mögliche Verfälschung des göttlichen Wortlauts.

Es gibt Juden und Christen, die sich die Entstehung der Bibel ähnlich vorstellen: Heilige Männer wurden dieser Auffassung zufolge vom Geist Gottes ergriffen und schrieben nieder, was ihnen der Geist diktierte. Sie waren dabei gleichsam Schreibautomaten und ähnelten jenen „Geistschreibern", die im Trancezustand angebliche Botschaften aus dem Jenseits empfangen und sie – ohne eigene Seelenbeteiligung – mechanisch niederkritzeln. Jene jüdischen und christlichen „Fundamentalisten", die an ein direktes Geistdiktat der Bibel glauben, kommen zu der Schlußfolgerung, daß die Bibel absolut irrtumslos und unfehlbar ist. Widersprüche kann es nicht geben, da sich der Heilige Geist nicht selbst widerspricht. Alle naturwissenschaftlichen und historischen Aussagen der Bibel sind wortwörtlich so zu nehmen, wie sie dastehen: die Erde wurde vor etwa 7000 Jahren innerhalb von sieben Tagen geschaffen; die Menschen haben sich nicht in Jahrmillionen aus dem Tierreich entwickelt, sondern wurden an einem einzigen Tag von Gott geschaffen und ins Paradies gesetzt; Kain, der Sohn Adams und Evas, heiratete seine eigene Schwester; es gab einmal Menschen, die über 900 Jahre alt wurden; vor etwa 5000 Jahren wurde die gesamte Erde überflutet – nur ein einziges Paar jeder Tierart überlebte in Noahs Arche; die Menschheit hatte ursprünglich eine Einheitssprache – die Differenzierung der Sprachen ist die direkte Folge des Turmbaus zu Babel. So sehen es extreme Fundamentalisten wie zum Beispiel die „Zeugen Jehovas" bis heute.

Wie aber steht es wirklich mit der Glaubwürdigkeit der Bibel? Wann und wie ist sie entstanden? Juden und Christen nennen sie „Heilige Schrift" und „Gottes Wort". Wie ist das gemeint? Ist es überhaupt sinnvoll, sich mit diesem dicken alten Buch zu befassen? Wie kann ein normaler moderner Mensch ohne theologische Vorbildung an die Bibel herangehen und sie richtig verstehen?

Die Bibel ist nicht vom Himmel gefallen. Dankenswerterweise gibt es in der Bibel selbst eine Reihe von Hinweisen auf ihre Entstehung. Im Buch des Propheten Jeremia zum Beispiel erfahren wir, daß der Prophet einen Sekretär namens Baruch hatte, dem er hin und wieder jene prophetischen Erkenntnisse diktierte, die er hatte. Viele davon waren so staatskritisch, daß der damalige König versuchte, diese Schriften zu verbrennen. Die Folge war, daß Jeremia seine Worte ein zweites Mal aufschreiben ließ und sie durch weitere, noch schärfere Strafandrohungen gegen das Königshaus ergänzte. Auch von anderen Propheten wissen wir, daß sie Schüler hatten, die ihre Worte schriftlich fixierten.

Der Evangelist Lukas gibt gleich am Anfang seines Evangeliums Rechenschaft darüber, wie dieses Buch zustande kam: er hat viele kursierende Jesusgeschichten sorgfältig gesammelt und der Reihe nach aufgeschrieben. Dieses Buch widmet er einem gewissen Theophilus, bei dem es sich entweder um einen gebildeten neubekehrten Christen handelt oder um einen fiktiven Leser (Der Name Theophilus läßt sich mit „Gottesfreund" übersetzen). Lukas möchte, daß der Glaube seines Adressaten auf solidem geschichtlichen Grund steht. Auch das Johannesevangelium endet mit dem Hinweis, daß all dies aufgeschrieben wurde, *„damit ihr glaubt, daß Jesus der Messias ist"*. (Lukas 1,1–4; Johannes 20,31)

Die biblischen Schriften haben meist eine ganz bestimmte Absicht: sie bezeugen und dokumentieren Glaubenserfahrungen des Volkes Israel und der ersten Christen. Sie tun das, um wiederum Glauben zu wecken oder zu stärken. Sie sind nicht aus „objektiv" distanzierter Beobachtung entstanden, sondern aus dem inneren Drang heraus, Erfahrungen mit Gott festzuhalten und anderen weiterzugeben.

Mindestens tausend Jahre hat es gedauert, bis die Bibel in der heutigen Gestalt „fertig" war. An die 100 Autoren sind daran beteiligt gewesen. Von vielen kennen wir nicht einmal den Namen. Das meiste, was in der Bibel steht, hat eine lange mündliche Vorgeschichte. Die Kleinviehnomaden, die im zweiten Jahrtausend vor Christus heimatlos in der Gegend des heutigen Palästina umherzogen, erzählten am Lagerfeuer die Geschichten ihrer Helden und Vorväter. Dabei wurde manches ausgeschmückt, der historische Kern wurde durch skurrile und pikante Details angereichert. Erst als die Nomaden seßhaft geworden waren und – um 1000 vor Christus – der Staat Israel entstand, hatte das Königshaus Interesse daran, die Geschichte und Vorgeschichte des Volkes schriftlich festzuhalten. Die alten Erzählungen wurden gesammelt und geordnet. Man begann, noch weiter zurückzufragen, bis an die Anfänge der Welt und versuchte nun, das Ganze der Weltgeschichte von der eigenen Glaubenserfahrung her zu rekonstruieren und zu deuten. So entstand die „Urgeschichte" von Schöpfung und Sündenfall, vom ersten Brudermord, von der Sintflut, vom Turmbau zu Babel (1. Mose/Genesis 1–11).

Diese Urgeschichte ist kein historischer Bericht und keine Reportage von den ersten Tagen der Menschheit. Wer hätte die auch schreiben sollen? Die ersten Kapitel der Bibel beschreiben nicht die Vergangenheit der Menschheit, sondern die Gegenwart, das, was *immer* gültig bleibt und sich ständig wiederholt. Adam und Eva zum Beispiel sind keine historischen Gestalten, sondern Mann und Frau schlechthin. Jeder Mensch kann und soll sich in ihnen wiederfinden. Sündenfall und Brudermord sind keine einmaligen Geschichtsereignisse, sondern wiederholen sich ständig aufs neue. Die Fragen: „Adam (Mensch), wo bist du?" und: „Kain, wo ist dein Bruder Abel?" sind an alle Menschen zu allen Zeiten gerichtet. So enthalten die ersten Seiten der Bibel keine Geschichtswahrheiten, sondern „ewige" Wahrheiten: das, was über Gott und die Menschen immer und überall gültig ist. Wir alle sind – wie Adam und Eva – von Gott aus Liebe geschaffen; Gott hat uns gewollt und bejaht unser Leben. Wir alle rebellieren gegen Gottes Gebot und wollen unser eigenes Glück lieber selbst schmieden; wir alle leben entfremdet von der Natur, von unseren Mitmenschen, von Gott. Wir alle sind Adam und Eva.

Neben diesen „ewigen Wahrheiten" enthält die Bibel aber auch historische Tatsachenberichte. Etwa vom Jahre 1000 vor Christus an wurde das Zeitgeschehen gewissenhaft festgehalten. Über das, was sich im israelitischen Königshaus tat, wurde peinlich Buch geführt. Königsannalen gab es auch bei anderen Völkern. Aber Israels Geschichtsschreibung hatte einen besonderen Charakter: sie war keine Hofberichterstattung! Sie schilderte nicht in erster Linie die Heldentaten der Herrscher, sondern legte auch ihre Schwächen und Fehler schonungslos offen. Die Könige Israels wurden nie als Götter verehrt, sie konnten vor Gott ebenso schuldig werden wie andere Menschen, sie mußten sich vor Gott verantworten. So entstand um 950 vor Christus zum ersten Mal so etwas wie kritische Geschichtsschreibung, viele Jahrhunderte bevor die Griechen nach ähnlichen Kriterien Geschichte schrieben!

Bereits dieser kurze Streifzug zeigt, daß in der hebräischen Bibel, die wir meist „Altes Testament" nennen, ganz unterschiedliches Material zusammenkommt: Sagenhaftes, Mythisches (das heißt: ewig Wahres, siehe die Weltentstehung), Geschichtliches. Ein Ziel aber hatten alle Autoren gemeinsam: sie wollten die Welt und ihre eigene Geschichte religiös verstehen, bezogen auf das Wirken Jahwes, der für sie der eigentliche Lenker und Herr der Geschichte war. Gerade das gab ihnen die Möglichkeit, mit dem vorgefundenen Material sehr frei umzugehen.

Zur gleichen Zeit begann man in Israel, Gebete einzelner Menschen und gottesdienstliche Liturgien aufzuschreiben. So entstand nach und nach das Buch der Psalmen: 150 der tiefsten und schönsten Gebetstexte der Weltliteratur.

Gesetzestexte wurden schriftlich fixiert; Sprichwörter und Volksweisheiten wurden gesammelt, auch wenn sie gar keinen erkennbaren religiösen Inhalt hatten; ein Zyklus von Liebesliedern wurde aufgeschrieben. Als schließlich die Propheten auftraten und das göttliche Gericht über die beiden Teilstaaten und Königshäuser Israels ankündigten, sammelten ihre Schüler – wie der erwähnte Baruch – dieses Material. Sie waren der Meinung, daß solche Gottesworte nicht nur *einmal* aktuell sind, sondern *immer wieder* aktuell werden können. Die Schriften des „Alten Testaments" sind also auf sehr unterschiedliche Weise und zu unterschiedlichen Zeiten entstanden. Es sind sehr unterschiedliche Texte (die Theologen sprechen in diesem Zusammenhang von „Textgattungen"). Bis in die Zeit Jesu hinein war durchaus unklar, welche dieser vielen Schriften Israels „heilig" waren. Die Sadduzäer erkannten nur die fünf Bücher Mose (den „Pentateuch") an. Die Pharisäer verehrten auch die Prophetenbücher, die Psalmen, die Geschichtswerke und die Weisheitsliteratur. Auch Jesus berief sich immer wieder auf Mose *und* die Propheten. Erst nach der Zeit Jesu, gegen Ende des 1. Jahrhunderts, haben rabbinische Synoden den Umfang der hebräischen Bibel verbindlich festgelegt.[1]

Die griechischen Schriften unserer Bibel haben eine ähnlich komplexe Geschichte wie die hebräischen. Allerdings entstanden sie in einem relativ kurzen Zeitraum: zwischen 50 und 100 nach Christus. Auch hier gab es eine mündliche Vorgeschichte. Die Jesusgeschichten und -worte wurden in den ersten Gemeinden weitererzählt oder dienten als Predigtbeispiele. Dadurch wurde einiges verändert und umgeformt. Es ist aber kaum denkbar, daß diese Geschichten von den Gemeinden einfach „erfunden" wurden. Wenn wir die vier Evangelien (Matthäus, Markus, Lukas und Johannes) vergleichen, dann läßt sich dieser Veränderungsprozeß oftmals direkt nachvollziehen und der ursprüngliche „Kern" herausschälen. Solche Veränderungen sind keine Verfälschungen. Sie sind im Gegenteil notwendig, wenn eine alte Geschichte oder ein altes Wort in einer neuen Situation wirken und verstanden werden soll. Der Glaube an den Heiligen Geist gab den ersten Christen eine große Freiheit im Umgang mit den Überlie-

1 Das sogenannte „Alte Testament" wurde größtenteils auf hebräisch abgefaßt, das „Neue Testament" auf griechisch. Die Bezeichnungen „Altes" und „Neues Testament" ist irreführend. Gemeint ist damit, daß es einen „alten Bund" Gottes mit Israel gibt. Das hebräische Wort für „Bund" wurde in der lateinischen Bibel – nicht ganz korrekt – mit „testamentum" übersetzt. Dieser „alte Bund" sei – so die alte Kirche – nun durch den „neuen Bund" übertroffen, den Gott in Christus mit allen Menschen geschlossen hat. Wenn wir so reden, dann besteht die Gefahr, daß all das, was vor Christus war, als veraltet und überholt erscheint. Diese Sicht ist eine der Ursachen des christlichen Antisemitismus, dem so viele jüdische Männer und Frauen zum Opfer gefallen sind. Ich schlage deshalb vor, die neutralere Formulierung „hebräische Bibel" und „griechische Bibel" zu verwenden.

ferungen. Es ging nicht um Konservierung irgendwelcher heiligen Buchstaben, sondern um Leben. Gerade weil die Christen wußten, daß der auferstandene Christus in seinem Geist unter ihnen ist, vertrauten sie darauf, daß neue Erkenntnisse möglich sind oder daß alte Worte und Geschichten in einer neuen Lage plötzlich ganz neues Gewicht oder eine überraschend neue Bedeutung bekommen.

Großes Gewicht in der frühen Kirche besaßen auch die Briefe der Apostel, vor allem die Briefe des Paulus, der unermüdlich durch das römische Reich reiste und viele Gemeinden gründete. Zwischen ihm und diesen jungen Kirchen entstand ein reger Briefwechsel. Die Gemeinden hatten ja kaum Vorgaben. Jedes auftauchende Problem mußte diskutiert und geklärt werden. Man konnte auf nichts Bekanntes zurückgreifen und mußte in jeder neuen Situation fragen, wie sich wohl Jesus in dieser Lage verhalten hätte. Die Urkirche war keine heile Welt – gerade die Paulusbriefe geben uns einen Eindruck davon, wie konfliktbeladen diese Anfänge waren. „Heilig" waren diese Briefe den Gemeinden am Anfang nicht. Auch Paulus selbst war nicht der Meinung, die Wahrheit gepachtet zu haben. Aber er war sich bewußt, daß er wichtige Einsichten zu einem kommunikativen Klärungsprozeß beizutragen hatte. „Heilige Schrift" war für die ersten Christen nur die hebräische Bibel, allerdings in einer griechischen Übersetzung („Septuaginta").

Die Evangelien und Apostelbriefe wurden regelmäßig im Gottesdienst vorgelesen. So traten sie im Laufe der Zeit ebenbürtig an die Seite der Septuaginta. Die Entwicklung zu einer Festlegung („Kanonisierung") bestimmter „heiliger" Schriften wurde durch einen Mann namens *Marcion* beschleunigt. Dieser lehnte das „Alte Testament" ab und ließ nur das „Evangelium" (ein in seinem Sinne gereinigtes Lukasevangelium) und den „Apostel" (zehn – ebenfalls „bearbeitete" – Paulusbriefe) gelten. Die Kirche mußte Stellung nehmen. Das geschah im wesentlichen bis zum Jahre 200. Aber erst 200 Jahre später wurde der „neutestamentliche Kanon" endgültig festgelegt. Vor allem entschied sich die Kirche gegen Marcion für die Beibehaltung der hebräischen Bibel. Auf diese Weise wollte sie die Kontinuität des göttlichen Wirkens betonen: derselbe Gott, der einst Israel erwählt hat, verschafft durch Jesus Christus allen Menschen Zugang zum Heil.

Es ist faszinierend und schwierig zugleich für uns heute, die Bibel zu verstehen. Viele Leute haben guten Willens versucht, dieses dicke Buch, das ja eine ganze Bibliothek enthält, von vorne bis hinten durchzulesen. Meistens sind sie bereits in den Wüstenschilderungen des zweiten Mosebuches (Exodus) „verdurstet". Sinnvoller ist es, da anzufangen, wo Neugier und Interesse bereits vorhanden sind. Geschichtsfans empfehle ich die Samuel- und Königsbücher als Einstieg. Märchenfreunde finden vielleicht Gefallen an den sagenhaften Abenteuern des Helden Simson im Richterbuch. Wer ein Herz für romantische Liebesgeschichten hat, sollte „Ruth" oder „Esther" lesen, wer Liebesgedichte mag, kann in der leidenschaftlichen Sprache des „Hohenliedes" schwelgen. Philosophische Grübler sollten sich das Hiobbuch und den „Prediger Salomo" (Ekklesiastes, Kohelet) nicht entgehen lassen. Wer auf politische und soziale Konsequenzen des Glaubens drängt, findet bei den Propheten Amos und Jesaja Bundesgenossen. Auf jeden Fall empfehle ich, irgendeines der vier Evangelien ganz durchzulesen. Wer mehr die knappen „facts" sucht, ist bei Markus gut aufgehoben. Wer die Lehren Jesu von Nazareth kennenlernen will, sollte mit Lukas oder Matthäus anfangen. Johannes bietet vor allem jenen etwas, die nicht so sehr die konkreten Alltagsforderungen des Glaubens suchen, sondern „ewige Wahrheiten".

Es gibt ein paar Teile der Bibel, die sehr schwer zu verstehen sind und die sich als Einstiegskost kaum eignen: die altertümlichen Gesetzessammlungen im 3. und 4. Buch Mose (Levitikus, Numeri), die langatmigen Geschichtsregister in den Büchern der Chronik, die komplizierte Bilderwelt der sogenannten „apokalyptischen" Bücher wie Daniel oder Offenbarung.

Wie kann Gott durch die Bibel zu uns sprechen? Die Bibel ist nicht so Gottes Wort wie Jesus Christus, von dem es am Anfang des Johannesevangeliums heißt: Er *ist* Gottes Wort. Und doch redet Gott in der Bibel und durch die Bibel. Das gehört zum Geheimnis der Menschwerdung. So wie sich Gott in einem sterblichen Menschen, Jesus von Nazareth, verbirgt und zugleich offenbart, so ist auch sein Wort in der Bibel zugleich verborgen und offenbar. Die Erfahrungen unterschiedlichster Menschen, die einen Zeitraum von Jahrtausenden umspannen, können uns treffen und etwas auslösen in uns. Der Heilige Geist, der sie angerührt hat, kann ihr Zeugnis benutzen, um auch uns anzurühren. Immer wieder machen Menschen diese Erfahrung: sie entdecken, daß Worte der Bibel „wahr" sind, Worte, die lebendig machen, die Hoffnung wecken, die ermutigen, trösten, aufrütteln, Worte, die wirken. Wer die Bibel liest und den Heiligen Geist um Erleuchtung bittet, kann reich beschenkt werden.

Die Bibel ist ein Buch, mit dem wir nie fertig werden. Und dennoch ist auch sie nur ein Hilfsmittel. Gott wurde *Fleisch*. Er wurde nicht Buch und nicht Buchstabe. Er will die Heilsgeschichte weiterschreiben in unserem Leben. Jeder Mensch ist dazu berufen, gleichsam ein eigenes fünftes Evangelium zu verfassen: die unverwechselbare Geschichte

Gottes mit meinem Leben. Es wäre schön, wenn ich am Ende meiner Tage „das Evangelium nach Andreas" erzählen könnte. Es kann passieren, daß im Laufe eines Christenlebens das schriftliche Wort Gottes an Bedeutung verliert, weil der direkte Verkehr mit Gott sich intensiviert. Bis wir soweit sind, brauchen wir aber die Bibel als Begleiterin: in ihr lernen wir die Art Gottes und seines Handelns kennen. In ihr begegnet uns Jesus von Nazareth, den wir anders nicht kennenlernen können. In ihr steht alles, was wir zum Leben und Sterben brauchen. Unzählige Menschen haben diese Erfahrung gemacht und lieben deshalb dieses so menschliche Buch, das Gott immer wieder benützt hat, um sich zu Wort zu melden.

Die beste Möglichkeit, die Bibel zu verstehen, ist der Austausch mit anderen. Weil wir Menschen verschieden sind, entdecken wir auch beim Lesen der Bibel sehr viel Unterschiedliches. In vielen Gemeinden gibt es Hauskreise oder Bibelgruppen, die zusammenkommen, um miteinander zu lesen und zu reden. Leider gibt es auch Bibelkreise, in denen hauptsächlich einer – meistens der Pfarrer – Monologe hält. Wer eine Bibelgruppe sucht, sollte sich also vorher erkundigen, in welchem Stil dort gearbeitet wird. Sonst könnte es herbe Enttäuschungen geben.

Kommunikation ist keine Einbahnstraße. Gott redet zu uns auf vielfältige Weise. Aber auch wir haben viele Möglichkeiten, mit Gott zu reden. Menschen aller Religionen beten zu Gott, schreien um Hilfe, „verrichten" vorgegebene Gebetsrituale, singen Loblieder. In der Nürnberger Lorenzkirche existiert seit zehn Jahren eine „Gebetswand". Hier können Besucher und Besucherinnen der Kirche ihre Anliegen mit Hilfe von Zettel und Bleistift „anschlagen". Zehntausende solcher Gebete wurden im Laufe der Zeit gesammelt.

> Lieber Gott! Hilf einem, der niemanden mehr hat. Und den niemand versteht!

> Herr, bitte hilf mir, denn ich habe ein Problem und kann es keinem sagen.

> Lieber Gott, bitte hilf mir, daß ich endlich Glück in der Liebe habe!

> Ich liebe dich, o Herr Jesus, und meinen Jackson!
> Rette meine Ehe!

> Ich bitte um ein Kind!

> Lieber Gott, ich danke dir, daß mich meine Mutter nicht abgetrieben hat, trotz der schweren Umstände. Ich bin dankbar für mein Leben.

Lieber Gott! Bitte laß mich nicht schwanger sein, denn ich bin erst vierzehn.

High! Laß mich weiterhin so hübsch bleiben. Die Jungens pfeifen mir nach, echt Spitze! Danke, danke! I love you!

So und ähnlich reden Menschen unserer Zeit mit Gott. So und ähnlich haben Menschen aller Zeiten mit Gott geredet. Und viele haben erlebt, daß dieses Reden mit Gott etwas bewirkt. Das kann so aussehen, daß sich durch das Gebet die eigene Einstellung ändert, das kann auch so aussehen, daß tatsächliches etwas Überraschendes geschieht (ein „Wunder"). Es kann aber auch heißen, daß es leichter wird, eine schwierige Situation zu akzeptieren.

Es gibt aber auch das Gegenteil: Menschen beten und haben den Eindruck, gegen eine Wand zu sprechen. Gott bleibt scheinbar stumm. Die Situation ändert sich nicht. Auszuhalten, daß Gott scheinbar schweigt – das gehört wahrscheinlich zu den schwierigsten Erfahrungen des Glaubens. Und doch ist es eine Glaubenserfahrung. Wenn Gott da ist, dann muß dieses Schweigen seinen Grund haben. Ich habe erlebt, daß Gott in bestimmten Phasen meines Lebens stumm war. Irgendwann ist mir aufgegangen, daß das oft Phasen waren, in denen ich wachsen und reifen sollte. Dazu gehört die Aufgabe, auf den eigenen Beinen zu stehen, eigene Fehler machen zu dürfen (und zu müssen), ohne göttliche Absicherung und Rückendeckung Entscheidungen zu treffen und ihre Konsequenzen zu tragen. Ein Gott, der uns ständig sagen würde, was wir zu tun und zu lassen haben, würde uns in ewiger Unmündigkeit halten. Nur durch eigene tapfere Entscheidungen werden wir selbständige Partner Gottes, werden wir Menschen, die weder gegen Gott rebellieren müssen noch ständig Angst haben, etwas falsch zu machen.

Es gibt unterschiedliche Arten des Betens, so wie es auch im zwischenmenschlichen Bereich unterschiedliche Formen der Kommunikation gibt. Das Stoßgebet, der Seufzer, der Hilferuf – das sind wahrscheinlich die Urformen des Gebets. Jesus ermutigt seine Jünger, so zu beten: *Bittet, so wird euch gegeben! Suchet, so werdet ihr finden! Klopft an, so wird euch geöffnet!* Vielleicht müssen wir lange auf diese Weise beten – bis wir darauf vertrauen können, daß Gott weiß, was wir brauchen, und für uns sorgt.

Menschen, die sich lieben, haben sich etwas zu sagen, wollen sich alles erzählen, wollen Anteil nehmen am Wohl und Weh des anderen. Das gilt auch für die Liebesbeziehung zwischen Gott und Mensch. Im Gebet geben wir Gott Anteil an uns selbst. Das „erzählende" Gebet, zum Beispiel am Abend, hat keinen anderen Sinn als sich auszusprechen bei Gott – obwohl er das alles schon weiß. Es bedeutet auch, Anteil zu nehmen an den Sorgen und Freuden Gottes. Wenn ich weiß, daß Gott sein Reich erbauen will in dieser Welt, dann ist es nicht schwer, die Sorgen und Freuden Gottes herauszufinden, mitzuleiden und sich mitzufreuen mit Gott. Und so, wie ich Gott um alles bitten kann, werde ich in einer partnerschaftlichen Gottesbeziehung immer mehr danach fragen, was ich für Gott tun kann, wo er mich braucht, um seine Ziele in der Welt zu verfolgen.

Es gibt auch eine Kommunikation ohne Worte. Liebende wissen das. Es reicht, daß der andere da ist. Und daß ich da bin. Meditation oder Kontemplation sind die anspruchsvollen Begriffe für diese einfache Sache: ich lerne, einfach da zu sein bei Gott und Gott einfach dasein zu lassen bei mir. Eine Kerze, ein Bild, ein Naturerlebnis, ein Kunstwerk, ein schöner Kirchenraum (allerdings sind leider viele evangelische Kirchen meistens abgesperrt) können Hilfsmittel sein, um zu der inneren Stille zu finden, in der die Nähe Gottes spürbar werden kann. Meditation läßt sich Schritt für Schritt erlernen. Die großen Kirchen und viele Klöster und christliche Gemeinschaften bieten Einführungskurse an, bei denen diese Weise der Gottesbegegnung unter Anleitung eingeübt wird.

In der Bibel gibt es zwei „Schulen des Gebets": die Psalmen und das Vaterunser. In den 150 *Psalmen* der hebräischen Bibel sind alle denkbaren Menschheitserfahrungen exemplarisch gesammelt und zum Gebet verdichtet: Trauer und Freude, Verzweiflung und Lob, Haß und Liebe, Rache und Vergebung. Unzensiert steht hier all das, was Menschen Gott zu sagen haben. Die Ehrlichkeit, mit der die Beter der Psalmen auch ihre negativen Gefühle wie Haß, Rache und Neid thematisieren, kann uns verblüffen und erschrecken. Es kann uns aber auch ermutigen, mit Gott ebenso ehrlich und ungeschminkt zu reden. Den 23. Psalm („Der Herr ist mein Hirte, mir wird nichts mangeln...") und den 121. Psalm („Ich hebe meine Augen auf zu den Bergen. Woher kommt mir Hilfe? Meine Hilfe kommt vom Herrn...") sollte man auswendig lernen. Diese uralten Texte haben viele Millionen Menschen durchs Leben begleitet – bis zum Tod. Die elementare Kraft dieser Sprache wirkt noch heute.

Das *Vaterunser* ist das Gebet, das Jesus seinen Jüngern beigebracht hat, als sie ihn baten: „Herr, lehre uns beten!" Im Vaterunser steckt alles, was ein „gutes" Gebet ausmacht: ich nehme, wenn ich das Vaterunser bete, mich selbst und meine Bedürfnisse ernst („unser tägliches Brot gib uns heute und vergib uns unsere Schuld..."). Ich nehme ernst, daß ich nie allein bin auf dieser Welt, sondern daß ich alles, was ich für mich erbitte, immer auch anderen wünsche – und

deshalb nicht „mein Vater", sondern „unser Vater" sage. Und ich nehme vor allem Gottes Ziele und Anliegen ernst und mache sie mir zueigen: „Dein Reich komme, dein Wille geschehe!"

Viele Menschen beten nur „heimlich" für sich, manche Christen haben aber die Erfahrung gemacht, daß das gemeinsame Gebet in einer Gebetsgemeinschaft, zum Beispiel im Rahmen eines Haus- oder Bibelkreises, sehr hilfreich sein kann. Manche Gebetsgemeinschaften leiden allerdings unter zwei Krankheiten: dem Leistungsdruck und dem falschen Verantwortungsgefühl der „Profis", die die meisten Beiträge bestreiten. Deswegen ist das gemeinsame Schweigen eine Voraussetzung zum gemeinsamen Beten.

> Stille ist weder Verlegenheitspause noch Warten auf den ersten „Eisbrecher", sondern sie ist das Grundelement des Seins vor Gott. Die Stille ist die Sendezeit des Heiligen Geistes. Schüchterne werden in der Stille vom Geist des Herrn ermutig und bestärkt. Ungehemmte werden in der Stille vom selben Geist gebremst und verunsichert. *(Dieter Koller)*

Beiträge in einer Gebetsgemeinschaft sollen kurz, laut, spontan und persönlich (aber nicht intim) sein. Besonders wichtig ist, daß ich mich nicht nur damit beschäftige, ob und was ich – möglichst „schön" –

beten soll, sondern daß ich gleichsam mit einem Ohr auf die Stimme
des Geistes in mir höre und mit dem anderen Ohr lausche, was der
Geist durch die MitbeterInnen sagt. Eine „gute" Gebetsgemeinschaft,
in der alle Beteiligten sensibel sind für Gottes Geist und füreinander,
kann ein beglückendes und aufbauendes geistliches Erlebnis sein.
Für viele Menschen ist es – jedenfalls in bestimmten Lebensphasen –
wichtig und hilfreich, sich regelmäßig mit der Bibel zu beschäftigen
und zu beten. Eine feste „stille Zeit", zum Beispiel am Tagesbeginn
(oder – für Morgenmuffel – am Ende), ist zu empfehlen: Ein Abschnitt
aus der Bibel, ein paar Minuten Stille, ein Gebet für mich und für
andere Menschen, ein Vaterunser – das sind zehn Minuten täglich,
die das Leben verändern können. Es sind zehn Minuten Direktkon-
takt mit der Quelle des Lebens, an die wir uns immer wieder anschlie-
ßen können. Gott wartet sehnsüchtig darauf. Anruf genügt!

Gesprächsimpulse

- Austausch über bisherige Erfahrungen mit der Bibel (Lieblingsbü-
  cher, Schwierigkeiten, Fragen zur Entstehung, verschiedene Übersetzungen etc.)

- Gespräch über das Verhältnis von „Altem" und „Neuem" Testament

- Erzählen von Gebetserfahrungen (Kindheit, Formen des Gebets,
  Gebetserhörungen, Enttäuschungen, gegenwärtige Gebetspraxis)

- Einübung in die Gebetsgemeinschaft mit anschließender Auswertung (keine menschliche Tätigkeit – einschließlich des Gebets – ist
  an sich so „heilig", daß man nicht darüber reden kann. Jemand, der
  zum Beispiel eine Gebetsgemeinschaft benutzt, um sich zu produ-
  zieren, ist auf die Korrektur durch andere angewiesen).

Zum Weiterlesen:

Die ersten hundert Tage mit der Bibel, Neukirchen-Vluyn 1987[7], Aussaat
Verlag. 100 „Portionen" Bibellektüre mit hilfreichen Einführungen
und Kommentaren zu den vorgeschlagenen Texten erleichtern den
Einstieg in eine regelmäßige Bibellese. Preiswert!

Losungen der Herrnhuter Brüdergemeine. Seit über 250 Jahren erscheint
dieses kleine Buch Jahr für Jahr und in vielen Sprachen. Es enthält für

jeden Tag einen „ausgelosten" Bibelvers der hebräischen Bibel und einen dazu passenden Vers der griechischen Bibel, ferner ein Gebet oder einen Liedvers und Hinweise für längere, fortlaufende Bibellektüre. Die „Losungen" haben – zum Beispiel im Krieg – viele Menschen begleitet und getröstet und stellen so etwas wie eine tägliche „eiserne Ration" des Glaubens dar.

Walter Wink, Bibelarbeit. Ein Praxisbuch für Theologen und Laien, Stuttgart 1982, Kohlhammer Verlag. Eine hervorragende Einleitung in die Praxis des Bibelgesprächs in der Gruppe mit vielen Beispielen. Vor allem für LeiterInnen von Bibelgruppen!

Dieter Koller, Laß dir diesen Psalm gefallen. Christen beten mit dem Alten Testament, München 1985, Claudius Verlag. Der Autor hat biblische Psalmen neu bearbeitet. So wird ihre erstaunliche Aktualität noch plastischer. Auch geeignet, um in einer Gruppe Psalmen im Wechsel zwischen einzelnen und allen zu beten.

Andreas Ebert (Hg.), Angeschlagen. Zettel von der Gebetswand in St. Lorenzen/Nürnberg, München 1988, Claudius Verlag.

Ich entdecke die Welt der Bibel, 2 Bände (Altes und Neues Testament), Ravensburg 1988, Otto Maier Verlag. Viel Hintergrundwissen, viele schöne Illustrationen, die auf alten Darstellungen beruhen. Auch schon für Kinder!

Richard Rohr, Das entfesselte Buch. Lebenskräfte aus dem Alten Testament, Freiburg 1990, Herder Verlag. Eine Einführung in die Welt des Alten Testaments mit überraschenden Hinweisen, wie aktuell diese alten Texte in unsere heutige Situation sprechen.

11. KAPITEL

Vollbad und Vollwertkost

Anregungen und Übungen

1. Was weißt du über deine Taufe? Wie alt warst du damals? In welcher Kirche fand die Taufe statt? Wer sind deine Taufpaten? Für evangelische Leserinnen: Kennst du deinen Taufspruch? (Er steht auf deinem Taufschein!) Bedeutet dir die Tatsache etwas, daß du getauft bist?

2. Erinnere dich an deine Erstkommunion bzw. Konfirmation. Hatte dieses Ereignis Bedeutung für dein späteres Leben? Wie ist es dir dabei mit deinem ersten Abendmahl (Eucharistie) gegangen? Wann hast du das letzte Mal an der Eucharistie/ am Abendmahl teilgenommen? Welche Bedeutung hat dieses Sakrament für dich?

3. *Wißt ihr nicht, daß wir alle, die wir auf Christus Jesus getauft sind, in seinen Tod hineingetauft sind? Durch die Taufe sind wir gleichsam mit ihm begraben worden, damit wir – wie Christus durch die Herrlichkeit des Vaters von den Toten auferweckt worden ist – ebenfalls ein neues Leben führen. Sind wir mit Christus gestorben, dann wissen wir auch, daß wir mit ihm leben werden. Christus, auferweckt von den Toten, stirbt nie mehr. Der Tod hat keine Macht mehr über ihn. Auch für die Sünde ist er ein- für allemal gestorben. Sein Leben lebt er nun in Gott. Ebenso sollt auch ihr davon überzeugt sein, daß ihr für die Sünde tot seid und für Gott lebt in Christus Jesus.*
(Aus Römer 6)

Paulus beschreibt die Taufe als eindeutigen Einschnitt im Leben mit einem „Vorher" und „Nachher". Hast du ähnlich drastische Einschnitte schon erlebt? Kannst du solche Wendepunkte mit deiner Taufe in Verbindung bringen?

4. *Jesus sagte: „Ich bin das Brot des Lebens. Wer zu mir kommt, wird nie mehr hungrig sein; wer an mich glaubt, wird keinen Durst mehr haben." Da schimpften die Juden über ihn, weil er sich als das Brot bezeichnet hatte, das vom Himmel gekommen ist. „Ist das nicht Jesus", fragten sie, „der Sohn Josephs, dessen Eltern wir kennen? Wie kann der behaupten, er sei vom Himmel gekommen?" Jesus antwortete ihnen: „Regt euch nicht auf! Niemand kann zu mir*

kommen, wenn ihn nicht der Vater, der mich gesandt hat, zu sich
zieht. Wer auf den Vater hört, der kommt zu mir. Eure Vorfahren
haben in der Wüste Manna gegessen und sind doch gestorben. Dies
Brot aber ist vom Himmel gekommen, damit alle, die davon essen,
nicht sterben. Wer dies Brot ist, wird ewig leben. Es ist mein Fleisch,
das ich hingeben werde, damit die Welt lebt." Da gerieten sie in Streit
und fragten sich: „Wie kann der uns sein Fleisch zu essen geben?"
Jesus sprach zu ihnen: „Wenn ihr das Fleisch des Menschensohns
nicht eßt und sein Blut nicht trinkt, dann habt ihr kein Leben. Wer
aber mein Fleisch ißt und mein Blut trinkt, hat das ewige Leben und
ich werde ihn auferwecken am letzten Tag. Mein Fleisch ist die
wahre Speise, mein Blut ist der wahre Trank." Das sagte er in der
Synagoge von Kapernaum. Viele seiner Jünger, die das hörten, sag-
ten: „Das ist zuviel! Wer kann sich das länger anhören?" Von da an
wandten sich viele seiner Jünger ab und zogen nicht mehr mit ihm
umher. (Aus Johannes 6)

Versetze dich in die Pharisäer und Schriftgelehrten hinein (Johannes
nennt sie pauschal „die Juden"). Kannst du ihren Unmut verstehen?
Kannst du verstehen, weshalb sich an diesen Sätzen auch die Geister
der Jünger geschieden haben, so daß einige den Kontakt mit Jesus
abbrachen?
5. Meditiere über die Symbole „Wasser" und „Brot". Nimm eine
Schale Wasser (und später ein Stück Brot) zur Hand, befühle die
Elemente, sieh sie an, koste davon. Schreibe auf, was dir zu diesen
Gegenständen einfällt und welche Beziehung du zu ihnen hast.

Die elfte Expedition

Die Welt, in der wir leben, ist materiell. Die Gegenstände unseres
Alltagslebens sind materiell. Wir kommen täglich mit der Materie in
Berührung. Auch wir selbst sind Materie. Unser Körper ist – wie die
Bibel sagt – aus Erde und wird wieder zur Erde. Die lateinischen
Ausdrücke humus (die Erde) und homo (der Mensch) ähneln sich.
Das ist übrigens auch im Hebräischen so: Adam, der Mensch, wird
aus adama, der Erde, geschaffen. Der Mensch ist ein „Erdling". Das
hat etwas Demütigendes. Denn die Materie ist vergänglich und wir
selbst haben Anteil an dieser Vergänglichkeit. Deshalb haben viele
Philosophen und Religionsstifter immer wieder versucht, den Menschen einen Ausweg aus dem Gefängnis der Materie zu zeigen. Die
ewige und unvergängliche Sphäre des Geistes (oder der „Seele")

wurde zur „eigentlichen" Wirklichkeit erklärt. Das hat zur Verachtung des Leibes geführt.

Der wichtigste Glaubenssatz des Christentums lautet: Gott ist Mensch geworden. Er hat das verachtete, hinfällige und vergängliche „Fleisch" angenommen – und gerade so die Materie ein- für allemal „geadelt". In Jesus Christus werden Fleisch und Geist eins. Erlösung bedeutet deshalb gerade nicht, den sinnlosen Versuch zu unternehmen, dem „Fleisch" zu entkommen, sondern das eigene Menschsein in seiner Begrenztheit anzunehmen. „Mach's wie Gott – werde Mensch!" – in dieser saloppen Aufforderung steckt alles, worum es geht. Die Ursünde Adams und Evas (der Menschen) besteht darin, daß sie sein wollen wie Gott oder besser gesagt, so wie sie sich Gott vorstellen: erhaben, geistig, allmächtig und unsterblich. Gott ist den entgegengesetzten Weg gegangen, um uns zu erlösen. Er wurde wie wir: schwach, leiblich, ohnmächtig, sterblich. Deshalb müssen wir nicht mehr versuchen, wie er zu werden. Seit Gott Mensch wurde, sind wir ja bereits wie Gott. Seit Gottes „Inkarnation" ist es etwas Schönes und Befreiendes, ein „Erdling" zu sein.

Im plattdeutschen Märchen der Gebrüder Grimm „Von dem Fischer un syner Fru" wird erzählt, wie ein Fischer, der mit seiner Frau in einem erbärmlichen „Pißputt" wohnt, einen Butt fängt. Der gibt sich als „'n verwünschten Prins" zu erkennen und bittet um Begnadigung. Als der Fischer seiner Frau von dem Erlebnis erzählt, fragt sie entsetzt: „Hest du dy denn niks wünschd?" Sie schickt den Mann zurück zum See, um „ene lüttje Hütt" zu erbitten. Der Butt erfüllt den Wunsch; aber nun gerät die Frau in den Höhenrausch: erst will sie ein Schloß haben, dann will sie König sein, schließlich Kaiser und Papst. Alle Wünsche werden vom Butt prompt erfüllt. Schließlich teilt die Fischersfrau ihrem Mann mit: „Ick will warden as de lewe Gott!" Nachdem dieser letzte Wunsch ausgesprochen ist, findet sich das Ehepaar wieder in dem armseligen „Pißputt" vor, in dem sie anfangs gelebt haben. Als Kind habe ich dieses Ende immer als Strafe für den Übermut der Fischersfrau gedeutet. Aber eines Tages ist mir aufgegangen, daß es in Wirklichkeit die buchstäbliche Erfüllung des letzten Wunsches war: Gott ist in einem kleinen und armseligen „Pißputt" zur Welt gekommen. Gott ist nicht ganz oben, wo wir ihn suchen, sondern ganz unten. Das ist die Pointe des Evangeliums.

Als Jesus nach seiner „Himmelfahrt" die sichtbare Welt verlassen hat, um durch seinen Geist „unsichtbar" anwesend zu sein, war es ihm wichtig, sichtbare und materielle Zeichen seiner Gegenwart zu hinterlassen – vielleicht um zu verhindern, daß das Evangelium abermals „vergeistigt" – und somit „irreal" – wird. Er hat handfeste Zeichen gestiftet, die man später die „Sakramente" genannt hat. Er hat sich an die elementare Materie von Wasser, Brot und Wein gebunden und versprochen, selbst anwesend zu sein und zu wirken, wo die Taufe und das Abendmahl „vollzogen" – oder besser: gefeiert werden. Die katholische Kirche hat die Anzahl der Sakramente auf sieben erhöht (zusätzlich noch Krankensalbung, Firmung, Priesterweihe, Sündenvergebung und Ehe). Die Reformatoren hielten an nur zwei Sakramenten fest, weil nur Taufe und Abendmahl direkt von Jesus eingesetzt worden sind und weil nur bei ihnen die Verbindung von göttlicher Verheißung und einem materiellen Element eindeutig ist. (Die „Fußwaschung" Jesu, die eigentlich beide Bedingungen erfüllt, wurde merkwürdigerweise nie als Sakrament angesehen und sollte meiner Meinung nach wieder eingeführt und regelmäßig praktiziert werden).

Im Judentum zur Zeit Jesu gab es den Brauch, sich bei besonderen Anlässen einem rituellen Bad zu unterziehen und sich so symbolisch von Sünde und Unreinheit zu befreien. Erst bei Johannes dem Täufer, der kurz vor Jesus auftritt, begegnet uns eine einmalige Taufe durch einen anderen. Sie ist Zeichen für die Umkehr des Täuflings zu Gott, Zeichen der Offenheit für das nahe Gottesreich. Auch Jesus läßt sich von Johannes taufen und erlebt dabei die Erfüllung mit dem Heiligen Geist. Ganz ähnlich haben die ersten Christen die Taufe verstanden: sie ist Zeichen der Umkehr und – das ist neu – zugleich Empfang der Sündenvergebung und Aufnahme in die Gemeinschaft der „Jünger" und „Jüngerinnen" des auferstandenen Jesus. Die ersten Taufen wurden ausdrücklich „auf den Namen Jesu" vollzogen. Gleichzeitig gibt es einen engen Zusammenhang zwischen der Wassertaufe und der „Geisttaufe": Menschen erleben, wie sie mit der Kraft des Heiligen Geistes erfüllt werden und ein neues Leben anfangen können. Paulus betont, daß die Taufe bedeutet, Teil des „Leibes Christi", der Gemeinde zu werden. Die Taufe ist die „Wasserscheide" zwischen dem alten Leben in der Gottferne und dem neuen Leben als Sohn oder Tochter Gottes; ähnlich beschreibt das Johannesevangelium die Taufe als eine „Neugeburt von oben her" (Johannes 3,3–7).

In der frühen Kirche trat der Gedanke immer mehr in den Hintergrund, daß die Taufe der bewußte Eintritt in die Gemeinschaft der Glaubenden ist. Es ging mehr und mehr um die Erlösung von der „Erbsünde". Aus Angst um das Seelenheil der Kinder wird schließlich die Säuglingstaufe der Normalfall. Man stellt sich z. B. vor, daß die Kirche und die Eltern stellvertretend für das Kind glauben, bis der erwachsene Mensch die Taufe durch den eigenen Glauben bestätigt. Man beruft sich dabei auf das Wort Jesu: *„Wer glaubt und getauft wird,*

der wird gerettet werden" (Markus 16). Die Taufe ist einmalig und prägt
dem Empfänger ein unauslöschliches Siegel auf. Selbst die Taufe
durch „Ketzer" ist gültig, wenn sie „im Namen des Vaters und des
Sohnes und des Heiligen Geistes" vollzogen wird. Die Taufe wirkt
durch ihren bloßen Vollzug; die innere Verfassung des Taufenden ist
dabei unwichtig.

Die Reformatoren haben an der Säuglingstaufe festgehalten, allerdings stärker als die katholische Kirche den „Glauben" betont. Luther
war der Meinung, daß auch Kinder bereits glauben können. Hatte
nicht Jesus gerade das unverstellte Vertrauen, das ihm Kinder entge-
genbrachten, als vorbildlich bezeichnet? *„Wer das Reich Gottes nicht
empfängt wie ein Kind, kann nicht hineinkommen"* (Markus 10). Später
hat man betont, daß gerade die Säuglingstaufe ein Zeichen der Gnade
Gottes ist, die uns immer zuvorkommt: Gott handelt an uns, bevor
wir selbst „glauben" können. Er sagt Ja zu uns, bevor wir Ja zu ihm
sagen können. Dagegen haben die sogenannten „Wiedertäufer" be-
stritten, daß die Säuglingstaufe biblisch ist. Sie sahen die Taufe als
Akt des Menschen, der zum Glauben gekommen ist und diesen Glauben durch seine Taufe öffentlich bezeugt. Der Streit ist nie entschie-
den worden. Beide Seiten haben gewisse biblische Argumente auf
ihrer Seite. Ich halte es für sinnvoll, diesen Streit nicht für alle Zeiten
fortzuführen, sondern zuzugeben, daß es bei beiden Parteien dieser
Auseinandersetzung ernsthaftes Bemühen um die Wahrheit gibt. Mir
imponiert die offene Haltung der evangelisch-methodistischen Kirche, in der es statt der Säuglingstaufe wahlweise eine Kindersegnung
gibt, der dann später auf Wunsch des Kindes hin die Taufe folgen
kann.

Ich selbst wurde erst mit sieben Jahren getauft und kann mich daher
an diesen wichtigen Augenblick in meinem Leben gut erinnern. Zu
dieser Zeit hatte ich bereits so viel vom Evangelium gehört und
verstanden, daß ich meine Taufe als wichtigen Einschnitt erleben
konnte.

Wie aber kommt es – nach der Säuglingstaufe – zu einer „persönlichen
Aneignung" der Taufe, zum eigenen Glauben? Die Kirche hat versucht, diesen Schritt auf der Schwelle zum Erwachsenenalter ebenfalls zu institutionalisieren. So entstand die Konfirmation (Firmung).
Sie sollte der Zeitpunkt sein, an dem ein junger Mensch den stellver-
tretenden Glauben seiner Eltern und Paten durch sein eigenes „Ja"
bekräftigt. Das hat relativ gut funktioniert, solange sich die Gesellschaft als „christlich" verstand und das Christsein sozusagen „selbstverständlich" war. Das hat sich jedoch in unserem Jahrhundert
grundlegend geändert. Viele Menschen gehören den Kirchen nur

Taufe in einer brasilianischen Gemeinde
Willkommen in der Familie Gottes

noch nominell an und haben wenig innere Bindungen an Gottesdienst und Gemeindeleben. Dennoch werden die meisten der christlichen Rituale noch „mitgeschleppt". Viele junge Leute machen bei
der Konfirmation mit, weil es von ihnen erwartet wird und weil die
vielen Geschenke auch nicht zu verachten sind. Leider spielt hier die
Kirche ein unehrliches Spiel mit, das nicht gerade zu ihrer Glaubwürdigkeit beiträgt. Ein späterer Zeitpunkt der Konfirmation würde zwar
die Anzahl der Konfirmanden senken, würde aber auch das Element
des freiwilligen Engagements stärken, das bisher unterentwickelt ist.
Am Ende der Glaubenskurse, die ich zusammen mit anderen in
Nürnberg und Würzburg gehalten habe, machten wir regelmäßig das
Angebot, in einem Gottesdienst die eigene Taufe (und Konfirmation)
neu anzunehmen – diesmal freiwillig und ohne Druck. Es ist jedem
Menschen zu gönnen, wenigstens einmal im Leben – mit so wenig
äußerer Manipulation wie möglich – ein eigenes „Ja" zu Gottes Einladung zu sagen.
Das zweite Zeichen, das die meisten Christen als „Sakrament" aner-
kennen, ist das Abendmahl. Dieser Name erinnert an die Einsetzung
dieses Mahles während der letzten Abendmahlzeit, die Jesus vor

seiner Hinrichtung mit seinen Jüngern einnahm. Paulus spricht vom „Herrenmahl", in der katholischen Kirche hat sich die Bezeichnung „Eucharistie" (Danksagung) durchgesetzt.

Häufig berichtet das Neue Testament davon, daß Jesus mit seinen Freunden gefeiert hat. Er ließ sich auch gerne von reichen Leuten zum Essen einladen. Aber er setzte sich auch mit Leuten zusammen, über die andere die Nase rümpften, mit „Zöllnern und Sündern". Diese Vorliebe für gemütliche Tischrunden brachte ihm den Vorwurf ein, ein „Fresser und Weinsäufer" zu sein.

Kurz vor seiner Hinrichtung zog er mit seiner Anhängerschaft nach Jerusalem, um dort als gläubiger Jude das Passahfest zu feiern. Das Passahfest (oder Pessach) gehörte zu den Pilgerfesten, an denen alle Juden in Jerusalem erscheinen sollten, um im dortigen Tempel ein Opferlamm schlachten zu lassen. Anschließend wurde das Lamm im Familienkreis verspeist.

Pessach ist die Vergegenwärtigung der Heilsgeschichte, die das Volk Israel erlebt hat, Erinnerung an den Auszug aus Ägypten, die Befreiung aus der Sklaverei. Damals hatte der „Würgeengel" Jahwes die Israeliten verschont, als er alle Erstgeborenen Ägyptens umbrachte. Als Zeichen der Zugehörigkeit zum Gottesvolk hatten die Israeliten ihre Türpfosten mit dem Blut eines Lammes markiert. An diesen Häusern ging der Engel vorüber (*pessach* bedeutet „schonen", „vorübergehen"). Als Zeichen des raschen Aufbruchs aus der Knechtschaft aß man ungesäuertes Brot. Die Flucht mußte so plötzlich geschehen, daß keine Zeit mehr war, den Teig durchsäuern zu lassen.

Die alljährliche Pessach-Feier war zur Zeit Jesu bereits feste Tradition. Im Judentum wird sie bis heute durchgehalten. Vor allem das Pessachmahl (Seder) wird so gestaltet, daß möglichst viel an den damaligen Auszug aus Ägypten erinnert. Alle Israeliten sollen sich zu allen Zeiten so an diesen Auszug erinnern, als wären sie selbst dabeigewesen. Pessach ist Vergegenwärtigung der eigenen Geschichte und Identifizierung mit ihr. Der Sederabend besteht aus Gesang und Vorlesen der *Haggada,* einer Sammlung von Psalmen und Gebeten über den Auszug aus Ägypten. Die Stimmung ist fröhlich bis ausgelassen. Verschiedene symbolische Speisen werden eingenommen: bittere Kräuter, die an das bittere Los in Ägypten erinnern sollen; Grünzeug, das in Salzwasser getaucht wird, welches die Tränen symbolisiert, die das versklavte Volk damals geweint hat. Eine Süßspeise aus geriebenen Äpfeln und Honig stellt den Lehm dar, aus dem die Israeliten Ziegel für den Pyramidenbau der Pharaonen brennen mußten. Mehrmals kreist der Segensbecher. Der Jüngste in der Runde muß immer wieder bestimmte vorgeschrieben Fragen stellen: „Warum ist

diese Nacht anders als andere Nächte? Warum essen wir heute nur
ungesäuertes Brot? Was bedeuten die bitteren Kräuter?" Und der
Vater rezitiert als Antwort die alten Geschichten von dem Ewigen
Gott, der sein Volk aus der Sklaverei befreit hat. Am Ende wird die
große Hoffnung auf die endgültige Heimkehr ins gelobte Land ausgedrückt: „Dieses Jahr feiern wir noch in der Fremde – aber nächstes
Jahr in Jerusalem!"
Es ist anzunehmen, daß das jüdische Volk in den Jahrtausenden
seiner schweren Geschichte nur überleben konnte ohne seine Identität zu verlieren, weil es Pessach und die anderen Feste gab, die immer
wieder die Erinnerung wach hielten und damit neu Identität stifteten:
„Der Ewige hat uns errettet!"
Ich werde nie das Pessachfest vergessen, das ich 1988 in Jerusalem
erlebt habe. Von der Straße weg wurden zwei Freunde und ich von
einer jemenitisch-jüdischen Familie eingeladen, am Sederabend teilzunehmen. Dichtgedrängt und eingezwängt saßen über 20 Menschen
in einem engen Wohnzimmer. Der alte, fast taube Familienvater
mußte immer wieder angeschubst werden, wenn er „an der Reihe"
war. Ein kleiner Junge kletterte auf den Stuhl und rezitierte seine
Fragen (großer Applaus). Die Atmosphäre war heiter und gelassen,
gleichzeitig aber auch würdevoll. Ich erinnerte mich an manchen
deutsch-christlichen Weihnachtskrampf, an die verbreitete Hilflosig-
keit, solch ein Fest des Glaubens angemessen zu gestalten. Welch eine
Hilfe müßte es doch sein, wenn man eine jahrtausendealte Tradition
hätte, wie so ein Fest zu begehen ist! Übrigens gehört die Einladung
von Fremden – so wie wir es erlebt haben – zu den typischen Pessach-
bräuchen. Alle sollen mitfeiern in dieser Nacht. Außerdem könnte der
Fremdling vor der Tür ja der Messias sein – oder sein Vorbote: der
wiederkommende Prophet Elia. (Für Elia wird deshalb an der Pes-
sachtafel immer ein Stuhl und ein Gedeck freigehalten.)
In dieser Tradition und in diesen Bräuchen lebte, fühlte und dachte
Jesus. So mietete er für sich und seine Jünger einen Raum in Jerusalem, um dort das Fest zu begehen. Alles schien wie immer zu sein;
dennoch lag über diesem Sederabend eine ganz besondere Stimmung. Es war zu Zusammenstößen mit den jüdischen Behörden gekommen, als Jesus mit einer Peitsche den Tempelhof betreten hatte
und die Abwicklung des einträglichen Geschäfts mit den Pilgern
empfindlich gestört hatte. In mehreren Diskussionen hatten die Pharisäer versucht, ihn aufs Glatteis zu führen – ohne Erfolg. Und das
Volk hatte ihm vor wenigen Tagen zugejubelt, als sei er der sehnsüchtig erwartete Messias. Es lag in der Luft, daß einflußreiche Kreise
drauf und dran waren, Jesus verhaften zu lassen.

In dieser Situation feierte Jesus mit den Seinen Pessach. Da geschah es: Mitten in der traditionellen Festliturgie änderte er als Rabbi und Tischvorsitzender plötzlich den Text. Als er das ungesäuerte Brot zum Segen erhob, sagte er: „Nehmt und eßt dieses Brot, das ist mein Körper! Tut dies, sooft ihr davon eßt, zu meinem Gedächtnis!" Als er am Ende der Mahlzeit den letzten Segensbecher erhob, sagte er: „Nehmt und trinkt, das ist mein Blut." Nach der Mahlzeit machte die kleine Menschenschar einen Spaziergang zum Ölberg vor den Stadttoren. Dort wurde Jesus verhaftet.

Als Jesus vier Tage später auferstanden war, begegnete er zwei Jüngern auf dem Weg nach Emmaus. Sie luden ihn zum Abendessen ein. Als er mit ihnen am Tisch saß, nahm er das Brot, dankte und teilte es. An dieser Geste erkannten sie ihn.

Die ersten Christen erinnerten sich an die Worte Jesu: „Tut dies zu meinem Gedächtnis!" So wurde jede Tischgemeinschaft zur Vergegenwärtigung der Heilsgeschichte. So wie das Pessachmahl die Befreiung aus Ägypten vergegenwärtigt hatte, so vergegenwärtigte das gemeinsame „Brotbrechen" Tod und Auferstehung des Herrn. Jesus war auferstanden und bei Gott und doch mitten unter ihnen anwesend, nicht nur durch seinen Geist, sondern zum Anfassen nahe. Auch jetzt stiftete er Gemeinschaft unter sündigen und kranken Menschen, die wußten, wer ihr Erlöser und Arzt ist. Sie wußten, daß es dabei um mehr ging als um symbolische oder rituelle Gemeinschaft; es ging ums Ganze. Sie wußten, daß diese Gemeinschaft Konsequenzen hatte, bis ins soziale Verhalten hinein.

Paulus hat etwa 15 Jahre später diese Konsequenzen bei der Gemeinde von Korinth angemahnt. Dort gab es viele Sklaven, die hart arbeiten mußten und wenig Zeit hatten, zu den Gemeindeversammlungen zu kommen. Es gab auch einige Wohlhabende, die sich häufiger treffen konnten und dabei oft fröhlich zechten. Als die Armen schließlich zur Versammlung stießen, war oft nur noch ein bißchen Brot und Wein übrig, das „Sakrament", das „Entscheidende", wie die Reichen sagten. Gegen diese Spaltung von „Heiligem" und „Profanem" auf Kosten der Armen wendet sich Paulus mit aller Entschiedenheit. „Wenn ihr nur das Abendmahl miteinander teilt, aber ansonsten die alten Klassengegensätze aufrecht erhaltet, dann ist das ganze Sakrament Humbug", sagt er sinngemäß. Wenn das Teilen des Brotes zum religiösen Ritual wird ohne soziale Konsequenzen, dann ist das Abendmahl keine Vergegenwärtigung Christi, seines Lebens, Leidens und Sterbens, sondern Selbstbetrug. Paulus geht sogar so weit zu sagen: „Wer so Abendmahl feiert, der feiert es nicht zum eigenen Heil, sondern zieht sich das Gericht Gottes zu."

Vielleicht leben wir als reiche und satte Kirche längst unter diesem Gottesgericht, ohne es zu merken. Vielleicht ist deswegen so wenig von der Kraft und Gegenwart Christi in unseren Gottesdiensten zu spüren, weil wir eine gutbürgerliche Versammlung der Wohlsituierten geworden sind. Freude, Begeisterung und Leben sind heute vorwiegend in den Kirchen der Armen zu finden, in der „Dritten Welt", bei den Menschen, die nichts zu verlieren haben und wissen, daß sie auf Gott angewiesen sind.

Paulus nennt die Gemeinde „Christi Leib". Auch das Abendmahl nennt er so: hier ist Christi Leib, Christus selbst. Nur der Leib Christi kann den Leib Christi ernähren. Christus selbst ist die Vollwertkost für seine Gemeinde, das Abendmahl die Body-Building-Diät für Christi Leib in dieser Welt. Gemeinden, die das wiederentdecken, werden lebendig.

Frühere Generationen haben das Abendmahl für so „heilig" gehalten, daß sie nur selten daran teilnahmen, allerdings mit großem Ernst, innerlich vorbereitet, oft in würdiger schwarzer Kleidung. Dahinter verbarg sich die Einsicht, daß es in diesem Mahl um Sünde und Vergebung geht, um Leben und Tod. Unsere Generation entdeckt das Abendmahl neu als Freudenfest, als Tischgemeinschaft der Söhne und Töchter Gottes. Hoffentlich geht dabei der andere Aspekt nicht völlig verloren, den unsere Vorfahren überbewertet haben.

Das Abendmahl hat noch viele weitere Bedeutungsaspekte. Jesus hat das zukünftige Gottesreich immer wieder im Bild einer universalen Tischgemeinschaft dargestellt. Alle Rassen und Klassen werden versammelt sein und das neue Gotteslamm, Christus, anbeten. Jedes Abendmahl ist eine Vorwegnahme und Vergegenwärtigung der Zukunft. Der ganze Christus ist in diesem Mahl gegenwärtig: der menschgewordene Gott, der sich im Abendmahl noch einmal mit der Materie verbindet – mit Brot und Wein, um uns greifbar nah zu sein; der Freund der Sünder und Sünderinnen; der blutende, zerbrochene Leib des Gekreuzigten – symbolisiert durch das Brechen des Brotes; der Herr der Kirche; der künftige Vollender der Welt.

Nicht nur um die Taufe, auch um das Abendmahl wurde viel gestritten in der Kirche. Es waren meist philosophische Fragen, Versuche des rationalen Verstandes, das Geheimnis der Gegenwart Christi im Abendmahl zu ergründen und auf eine griffige oder „logische" Formel zu bringen.

Die klassische römisch-katholische Auffassung war die, daß sich während der Einsetzungsworte eine Verwandlung ereignet (Transsubstantiation): Brot und Wein behalten zwar äußerlich ihre alte Gestalt, aber ihre eigentliche „Substanz" verändert sich und wird

Leib und Blut Christi. Diese „Wandlung" ist nicht mehr rückgängig zu machen. Deshalb werden die nicht verwendeten Reste einer Eucharistiefeier im „Tabernakel" sorgfältig aufbewahrt, verehrt und angebetet. Christus selbst ist im Tabernakel gegenwärtig.

Ein Teil der Reformatoren (besonders der Schweizer *Ulrich Zwingli*) lehnten die Vorstellung rigoros ab, daß Christus im Abendmahl „direkt" anwesend ist. Christus kann doch nicht zugleich zur Rechten Gottes sitzen und leiblich auf der Erde gegenwärtig sein, argumentierten sie. Sie stellten sich die Verbindung der Christen mit Christus während des Abendmahles „geistig" vor: Während der Körper Brot und Wein zu sich nimmt, wird die Seele zu Christus erhoben und erlebt „parallel" zum leiblichen Essen und Trinken eine Art innere Vereinigung mit ihm.

Martin Luther wollte über das Geheimnis des Abendmahls nicht spekulieren. Er hielt daran fest, daß Jesus „in, mit und unter" Brot und Wein selbst gegenwärtig ist, weil ja die „rechte Hand Gottes" kein Ort außerhalb oder über dieser Welt ist, sondern überall. Christus ist anwesend, weil er es versprochen (verheißen) hat. Die Begegnung mit Christus im Abendmahl ereignet sich, wenn der Mensch im Vertrauen auf diese Verheißung Gottes Brot und Wein empfängt. „An sich" bleiben Brot und Wein, was sie sind. Glaube ist allerdings nicht als eine Leistung des Menschen zu verstehen, die die Verbindung von Christus und der Materie womöglich „bewirkt". Christus ist auch da, wenn ich nicht glaube. In einem norwegischen Kinderbuch hat er den Namen „Der, der immer wartet". Glaube besteht darin, daß ich ihn nicht länger warten lasse, daß ich komme, wie ich bin, und mir gefallen lasse, was Christus mir schenkt. Der Glaube besteht darin, daß wir den Mund aufmachen, daß wir empfangsbereit sind. Alles andere tut Gott.

Der Reformator *Philipp Melanchthon*, der viele gelehrte Bücher über den Glauben geschrieben hat, hat einmal sinngemäß gesagt: „Die Geheimnisse Gottes sollten eher angebetet als analysiert werden." Das gilt in besonderem Maß für die Sakramente, die uns Gott nicht gegeben hat, damit wir einen Anlaß zu Streit und Spaltung haben, sondern damit wir gemeinsam seiner Einladung folgen und uns von ihm beschenken lassen.

Die evangelische Kirche geht davon aus, daß Christus selbst zum Abendmahl einlädt und daß gerade dieses Mahl ein Mittel ist, um die Einheit unter den Christen zu fördern. Deswegen sind bei uns alle Getauften willkommen, an diesem Mahl teilzunehmen. Die römisch-katholische Amtskirche ist der Meinung, daß das Abendmahl ein Zeichen der Einheit ist und daß deswegen nur solche Menschen an der Eucharistie teilnehmen dürfen, die mit dem Papst und den Bischöfen der römischen Kirche „eins" sind – also Katholiken. Es gibt zwar eine Reihe von Priestern, die sich über diese Auffassung hinwegsetzen – manchmal nach dem Motto: „Fragen Sie bitte nicht, ob Sie teilnehmen dürfen, aber wenn Sie teilnehmen, werde ich Sie nicht zurückweisen!" –, aber es gehört zum Skandal der Zerrissenheit der Christenheit, daß die volle Gemeinschaft noch nicht möglich ist. Es gibt Christen, die meinen, den Schmerz dieser Trennung erleiden und hinnehmen müssen. Andere sagen: „Es ist an der Zeit, diese Einheit vorwegzunehmen und Christus mehr zu gehorchen als Menschen, die diese Gemeinschaft verhindern wollen." Ich selbst rechne mich zur zweiten Gruppe; ich kann aber denen, die es anders sehen, meinen Respekt nicht versagen.

Gesprächsimpulse

- Austausch über eigene Tauf-Erinnerungen, soweit vorhanden (Taufschein, Taufspruch)
- Erinnerungen an eigene und fremde Konfirmation(en), Erstkommunionsfeier(n), Firmung(en), „mein erstes Abendmahl"
- Diskussion über Säuglingstaufe und Erwachsenentaufe; wie verstehen die GesprächsteilnehmerInnen den Sinn der Taufe?
- Vergleich verschiedener Auffassungen vom Abendmahl; eigenes Verständnis beschreiben
- Teilnahme an einem jüdischen Sederabend und/oder Einladung jüdischer GesprächspartnerInnen und/oder Film/Dias über jüdische Festbräuche (erhältlich bei den Medienzentralen)
- Gestaltung einer Abendmahlsfeier in der Gesprächsgruppe

Zum Weiterlesen

Fulbert Steffensky, Feier des Lebens. Spiritualität im Alltag, Stuttgart 1984, Kreuz Verlag.

Uwe Steffen, Taufe. Ursprung und Sinn des christlichen Einweihungsritus, Stuttgart 1988, Kreuz Verlag. Die Taufe Jesu im Jordan symbolisiert den Anfang einer neuen Menschheit, die nach den Gesetzen des Reiches Gottes lebt.

Joyce Hannover, Gelebter Glaube. Die Feste des jüdischen Jahres. Mit Bildern von Hartmut R. Berlinicke und einem Vorwort von Schalom Ben-Chorin, Gütersloh 1986, GTB 778.

12. KAPITEL

Lebensreise

Anregungen und Übungen

1. Nimm dir nochmals den Brief an dich selbst vor, den du am Anfang geschrieben hast. Ist dir einiges klarer geworden? Sind während des Lesens dieses Buches neue Fragen bei dir aufgebrochen? Schreibe dir einen Antwortbrief und versuche auf das, was du damals geschrieben hast, einzugehen!
2. Eine Vision:

> *Ich sah einen neuen Himmel und eine neue Erde; denn der erste Himmel und die Erde sind vergangen, und das Meer ist nicht mehr. Und ich sah die heilige Stadt, das neue Jerusalem, von Gott aus dem Himmel herabkommen, herausgeputzt wie eine geschmückte Braut für ihren Bräutigam. Und ich hörte eine laute Stimme, die sprach: Das ist die Wohnung Gottes bei den Menschen! Er wird bei ihnen wohnen, und sie werden sein Volk sein, und Gott wird selbst bei ihnen sein. Und Gott wird alle Tränen von ihren Augen abwischen, und der Tod wird nicht mehr sein, noch Leid, noch Geschrei, noch Schmerz. Denn das Alte ist vergangen!* (Aus Offenbarung 21)

Laß diese Vision von der Vollendung der Welt auf dich wirken. Würdest du dich wohlfühlen in dieser neuen Stadt?

Die zwölfte Expedition

Die Welt hat eine Zukunft! Ich selbst habe eine Zukunft! Denn Gott wird die Irrungen und Wirrungen der Menschheitsgeschichte schließlich entknoten und einer überraschenden Lösung zuführen. Noch führt unser Weg oftmals durch Dunkelheit und Nebel. Oft spüren wir nichts von der Zukunft Gottes. Oft sind wir gelähmt, verwirrt, mutlos, einsam und leer. Aber die Heimat liegt vor uns. „Wir sind noch nicht im Festsaal, aber wir sind eingeladen. Wir sehen schon die Lichter und hören die Musik" *(Ernesto Cardenal)*.
Die Schatzsuche des Glaubens führt uns auf eine abenteuerliche Lebensreise. Aber nicht nur das Ziel dieser Reise ist wichtig. In

gewisser Weise kann man sagen: Der Weg selbst ist das Ziel. So hat
sich Jesus selbst als „Weg" bezeichnet und der erste Name der Christen war „Leute des Weges". Schon unterwegs können wir immer
wieder einmal Rast machen und uns stärken. Gute Begegnungen mit
anderen Menschen, ein ergreifendes Naturerlebnis, Kunst und Musik, Erfahrungen der Liebe und Freundschaft, Zärtlichkeit, Geborgenheit und Ekstase, ein gutes Wort, ein gutes Essen und die Gemeinschaft mit anderen, die unterwegs sind – all das kann ein Vorgeschmack sein auf das, was am Ende auf uns wartet. Verluste und
Schicksalsschläge, Krankheiten und Entbehrungen, offene Fragen
und ängstliche Zweifel erscheinen wie Hindernisse und Stolper-
steine. Wir verirren uns, wir fallen hin, wir machen Umwege. Aber
immer gibt es einen Weg zurück. In jeder Niederlage steckt die
Chance, zu wachsen und zu reifen.
Was ist der Sinn dieser Reise? Und welchen Unterschied macht es, ob
ich als glaubender Christenmensch unterwegs bin oder einfach als
Mensch, dessen Ziele scheinbar kürzer gesteckt sind und ganz im
Diesseits liegen? Ist der Glaube ein Strohhalm der Hoffnung, eine
Ausflucht vor der Aufgabe, hier und jetzt zu leben?
Jesus ist tatsächlich gekommen, um einzelnen Menschen Sinn, Orien-
tierung und Halt zu geben im Leben. Aber darin geht Jesus nicht auf,
das ist nur ein Etappenziel der Sehnsucht Gottes beim Bau seines
Reiches. Gott hat die *Welt* geliebt, heißt es im Johannesevangelium.
Ihm geht es um alle und um alles.
In Gottes Plan mit der Welt sollen die Menschen, die den Namen
Christi tragen und bekennen, eine besondere Rolle spielen. Christus
hat nicht nur sich selbst das „Licht der Welt" genannt. Er hat denselben Titel seinen Freundinnen und Freunden gegeben: *„Ihr seid das
Licht der Welt"* (Matthäus 5,13). Deswegen hat die Welt von den
Christen und von der Kirche etwas zu erwarten. Sie tut es auch – und
ist häufig frustriert, weil diese berechtigten Erwartungen so selten
eingelöst werden. Viele ChristInnen lösen dieses Dilemma, indem sie
sagen: „Schaut nicht auf uns, schaut nicht auf die Kirche, schaut auf
Christus! Wir mögen zwar Versager sein und letztlich auch nicht viel
anders als andere Leute – aber Christus ist der Herr der Welt! Wir
leben von seiner Vergebung!"
Diese Entschuldigung ist – wie so oft – richtig und falsch zugleich. Es
stimmt, daß wir immer hinter Christus zurückbleiben werden, daß
Scheitern und Versagen sozusagen zum Programm des Glaubenswe-
ges gehören und daß uns am Ende nur Gottes Gnade errettet. Aber
Dietrich Bonhoeffer hat mit Recht darauf hingewiesen, daß diese „billige Gnade", mit der man alles rechtfertigen kann, in Wirklichkeit gar

keine Gnade ist. Denn wirkliche Gnade verändert und schafft neue Möglichkeiten. Wirkliche Gnade ist nie die Bestätigung und Rechtfertigung von Unrecht, Trägheit und Stolz. Gott verändert uns, indem er uns liebt. Er verurteilt uns nicht. Wir müssen ihm nichts beweisen. Wir müssen uns seine Zuneigung nicht verdienen. Die Schutzmechanismen und Überlebensspiele, die wir eingeübt haben, um uns zu schützen und über Wasser zu halten, haben ausgedient. Jetzt kann etwas wirklich Neues beginnen: *Ist jemand in Christus, dann ist er ein neues Geschöpf. Das Alte ist vergangen. Etwas Neues hat begonnen!* (2. Korinther 5). Christus nimmt uns, wie wir sind – aber er läßt uns nicht, wie wir sind. Er führt uns in einen Prozeß der Verwandlung. Er ermutigt uns, unsere alten, verbrauchten Verhaltensmuster abzulegen und stattdessen die Freiheit auszuprobieren, die er uns zugesteht und eröffnet. Zu der „Sünderin" aus Johannes 8 sagt Christus zunächst: *„Ich verurteile dich nicht!"* Freispruch! Aber dann folgt ein zweiter Satz, eine Herausforderung: *„Und jetzt geh hin und sündige in Zukunft nicht mehr!"* Wird diese Frau nie mehr sündigen? Wahrscheinlich schon. Und er wird sie auch dann nicht verurteilen. Aber irgendwann wird für sie dieses destruktive Spiel mit sich und anderen Menschen sinnlos werden, die Faszinationskraft einbüßen, weil Jesus etwas viel Besseres anbietet.

Jesus braucht befreite Menschen, die nicht mehr verwickelt sind in die Mechanismen und Spiele der Welt: Konkurrenzkampf, Habsucht, Neid, Lustgewinn. Jesus sucht Jüngerinnen und Jünger, die leiden können, ohne beleidigt zu sein, die verzichten können, ohne zu meinen, sie kämen zu kurz. Deswegen ist er zunächst damit beschäftigt, uns aufzubauen, uns gleichsam „hochzupäppeln", unsere Mangelgefühle zu heilen. Das kann viele Jahre dauern. Aber irgendwann gibt er uns gleichsam einen Tritt und sagt: „Jetzt kannst du auf eigenen Beinen stehen. Jetzt bist du erwachsen. Jetzt brauchst du nicht mehr um deine Selbsterhaltung zu kämpfen. Jetzt kannst du dein Leben einsetzen für andere."

Manche Menschen tun das zu früh. Sie geben sich weg, bevor sie sich überhaupt gefunden haben. Sie können sich selbst nicht lieben und wollen anderen dienen. Andere wieder geizen mit ihren Gaben. Sie sind sich zu fein, sie sind zu selbstbezogen, um das zu teilen, was sie empfangen haben.

Es gibt viele unterschiedliche Weg zu Gott, weil es viele verschiedene Charaktere und Temperamente gibt. Aber es gibt keinen Weg zu Gott ohne „Bekehrung", Richtungsänderung, Umkehr und Schmerz. Dennoch gibt es ein einheitliches „Muster": die erste Reise führt uns zur Erkenntnis und Erfahrung, daß Gott uns liebt und mag, wie wir sind.

Die zweite Reise beginnt, wenn uns diese Liebe infiziert hat und darauf drängt, durch uns hindurchzufließen zu anderen Menschen. Eine ganze Welt wartet auf diese Liebe. Deshalb braucht Gott Menschen, die das alte Gebet nachsprechen: „Herr, mach mich zu einem Werkzeug deiner Liebe!"

Christoph Blumhardt, ein besonders geistbegabter schwäbischer Pfarrer am Anfang dieses Jahrhunderts, hat das so ausgedrückt: „Christen müssen sich zweimal bekehren: zunächst einmal von der Welt zu Gott. Aber dann auch wieder zurück zur Welt!"

Es gibt eine ganz spezifisch christliche Form, die Welt zu lieben, die Leidenschaft Gottes für diese Welt zu teilen. *Christoph Blumhardt* zum Beispiel schloß sich als Pfarrer der Arbeiterbewegung an, die damals fast ausschließlich von Atheisten getragen wurde. Die Arbeiter hatten der Kirche enttäuscht den Rücken gekehrt, weil Thron und Altar, Obrigkeit und Christentum so unauflöslich miteinander verheiratet waren. Viele Proletarier waren Atheisten aus Enttäuschung. Die Kirche mißbilligte Blumhardts Schritt und entzog ihm das Pfarramt. Sie verstand diese „Verweltlichung" nicht. Aber die Sozialdemokraten schrieben in ihrem Nachruf auf ihren frommen Mitstreiter: „Mit Christoph Blumhardt ist ein edler Mensch, ein warmes Herz für alle Unterdrückten und Geknechteten dahingegangen. Seine Liebe für die unterdrückte Menschheit hat ihn in jener Zeit zum Sozialismus geführt, als die Reaktion am ungescheutesten ihr Haupt erhob . . ."

Dietrich Bonhoeffer schloß sich während des Krieges dem aktiven politischen Widerstand gegen Hitler an. Auch diesen Schritt verstand die Kirche nicht. Sein Name erschien nicht auf den Fürbittenlisten, und noch lange nach dem 2. Weltkrieg weigerte sich ein lutherischer bayerischer Landesbischof, an der Einweihung einer Gedenktafel für Bonhoeffer im ehemaligen KZ Flossenbürg teilzunehmen (dort war Bonhoeffer im April 1945 von den Nazis erhängt worden). Bonhoeffer sei – so der Bischof – ein politischer, kein christlicher Märtyrer gewesen.

Martin Luther King wurde durch den Glauben an die Spitze der Bürgerrechtsbewegung geführt, die um die Gleichberechtigung der US-amerikanischen Schwarzen kämpfte.

Mutter Teresa von Kalkutta verließ die Bequemlichkeiten ihres Klosters, um mit den Ärmsten der Armen zu leben. „Liebe muß wehtun" lautet eine ihrer Devisen.

Diese Männer und Frauen, die wir mit Recht „die Heiligen" nennen, bekehrten sich auf eine Weise „zur Welt", die viele Kirchenchristen nicht nachvollziehen konnten. Und doch sind es gerade diese „weltlichen" Christen und Christinnen, die dem Christentum einen Rest von Glaubwürdigkeit erhalten haben. Diese Menschen haben die „gute Nachricht" nicht nur gehört – sie sind selbst zur „guten Nachricht" für die Welt geworden. (Ich habe vier Prominente herausgepickt; es gibt Tausende von Unbekannten, die im kleineren Rahmen und unter Einsatz ihres Lebens das gleiche getan haben).

Christus hat zu seinen Leuten gesagt: „So wie mich der Vater gesandt hat, so sende ich euch!" Und an einer anderen Stelle: „Ich sende euch als Schafe mitten unter die Wölfe!" Nicht selten ist die Kirche selbst eine Art Bestie geworden, sie hat ihre eigene „Kriminalgeschichte". Sie hat sich öfter wie eine Hure verhalten, die man kaufen kann, als wie die unbefleckte Braut Christi.

Jesus hat seinen Leuten eine andere Rolle zugedacht. Jesus mutet uns zu, daß wir folgendes glauben und leben: Liebe ist stärker als Haß; Gewaltlosigkeit hat den längeren Atem gegenüber der Gewalt; das Leben besiegt am Ende den Tod; was die Welt „Erfolg" nennt, das muß schließlich scheitern; was nicht beachtet wird in dieser Welt, das findet Beachtung bei Gott.

Uns bewegen heute viele Fragen, deren Antwort nicht einfach in der Bibel steht. *Martin Niemöller*, ein anderer christlicher Widerstandskämpfer aus der Hitlerzeit, hat versucht, in jeder Situation zu fragen: „Was würde Jesus tun?" Wie würde er sich äußern zu Waldsterben und Robbentod, zu Ozonloch und Welthunger, zu Atomkraftwerken und Atombomben, zu Abtreibung und Ehescheidung, zu Kirchensteuer und Militärseelsorge, zu Homosexualität und Aids, zu Wohlstand und Arbeitslosigkeit? Vor allem: was würde er tun oder nicht tun? Die Christen sind sich nicht einig darüber. Deswegen müssen wir gemeinsam suchen, fragen, streiten, beten, bis wir dem Willen Gottes näher kommen. Jesus hat auch uns den Heiligen Geist versprochen, der uns „in alle Wahrheit leitet", wenn wir ihn bitten.

Viele ChristInnen sind in den letzten Jahren aufgebrochen, um genau das auszuprobieren. Dietrich Bonhoeffer hatte schon fünf Jahre vor Ausbruch des zweiten Weltkrieges ein großes Konzil aller Kirchen angeregt, das eine eindeutige Stellungnahme zum Thema Krieg und Frieden abgeben sollte: „Wer ruft zum Frieden, daß die Welt es hört, zum Hören gezwungen ist, daß alle Völker darüber froh werden müssen? Der einzelne Christ kann das nicht – er kann wohl, wo alle schweigen, die Stimme erheben und Zeugnis ablegen, aber die Mächte der Welt können wortlos über ihn hinwegschreiten. Die einzelne Kirche kann wohl auch bezeugen und leiden – ach, wenn sie es nur täte –, aber auch sie wird erdrückt von der Gewalt des Hasses. Nur das eine große ökumenische Konzil der Heiligen Kirche Christi aus aller Welt kann es so sagen, daß die Welt zähneknirschend das Wort vom Frieden vernehmen muß und daß die Völker froh werden, weil die Kirche Jesu Christi ihren Söhnen im Namen Christi die Waffen aus der Hand nimmt und ihnen den Krieg verbietet und den Frieden ausruft über die rasende Welt." (Rede auf Fanö 1934)

Seit einigen Jahren haben sich unzählige Gruppen – vor allem in der DDR und in der BRD – auf den Weg gemacht und einen „konziliaren Prozeß" eingeleitet, der schließlich zu solch einem Konzil führen soll. Viele Schwierigkeiten sind zu überwinden, aber der Weg lohnt sich. Und vor allem: alle können sich daran beteiligen.

Ich bin überzeugt, daß Gott jedem Menschen ganz bestimmte Gaben und Fähigkeiten gegeben hat, die unersetzliche Bausteine für Gottes neue Welt sind. Es ist nicht immer einfach, die eigene Gabe zu entdecken und ernstzunehmen. Auch jede Leserin und jeder Leser dieses Buches muß selbst herausfinden, was jetzt „dran" ist. Für die eine mag es wichtig sein, Aktivitäten aufzugeben und „in sich zu gehen". Der andere kann plötzlich merken, daß es an der Zeit ist, sich aktiv zu beteiligen: in der Kirche, in einer Bürgerinitiative, für eine bestimmte soziale Aufgabe. Wer Gott um „Erleuchtung" bittet, wie der nächste Schritt aussehen soll, wird gewiß fündig werden.

Eine Faustregel kann die Frage sein: „Was kann ich tun, um dem Leben zu dienen?" Denn Christus nennt sich „das Leben" und will, daß alle Menschen „das Leben" haben. Viel konkreter sind die Anweisungen des Evangeliums nicht. Aber diese Suche nach dem Leben – für sich selbst und für die ganze Welt – führt alle, die sich darauf einlassen, in immer neue Verwicklungen und Abenteuer mit sich selbst, mit Gott und mit den Mitmenschen. Das Leben selbst ist ein großer Schatz. Hast du heute schon gelebt?

Gesprächsimpulse

– Austausch über die gemeinsamen Expeditionen

– Was ist dir wichtig geworden? Welche Fragen sind offen geblieben? Wie kann es weitergehen?

– Ideen sammeln für „eine Woche christlicher Lebensstil"

Zum Weiterlesen

Jim Wallis, Bekehrung zum Leben. Nachfolge im Atomzeitalter, Moers 1987[4], Brendow Verlag.

Ronald J. Sider, Der Weg durchs Nadelöhr. Reiche Christen und Welthunger, Wuppertal 1978, Aussaat Verlag.

Tatjana Goritschewa, Die Kraft christlicher Torheit. Meine Erfahrungen, Freiburg 1986[4], Herder Verlag. Eine russische Emigrantin (1980 ausgewiesen) stellt Menschen aus Ost und West vor, die heute in überzeugender Weise den Glauben leben.

Reinhard Schinzer, Ethik ohne Gesetz. Christlich urteilen und handeln, Göttingen 1986, Verlag Vandenhoeck & Ruprecht. Eine vorzügliche, praktische und allgemeinverständliche Anleitung, seinen Glauben umzusetzen.

Punkt. Ein preiswertes, aktuelles und engagiertes christliches Magazin, erscheint monatlich im Bundes-Verlag, Witten.
Auf Schatzsuche

Bildnachweis:

S. 41 Villa Stuck, München; **S. 88** Paulus Hinz: DEUS HOMO. Das Christusbild von seinen Ursprüngen bis zur Gegenwart. Band II. Von der Romanik bis zum Ausgang der Renaissance, Evangelische Verlagsanstalt Berlin, Berlin 1988; **S. 111** Werner „Tiki" Küstenmacher, München; **S. 154** Robert L. Short: Ein kleines Volk Gottes: Die Peanuts, Friedrich Reinhardt Verlag, Basel; **S. 162** Süddeutscher Verlag GmbH – Bilderdienst / epd-bild / Neetz, München